国家自然科学基金青年基金项目（71802072）资助成果

企业基金会治理机制有效性研究

陈 钢 著

中国财经出版传媒集团
中国财政经济出版社

图书在版编目（CIP）数据

企业基金会治理机制有效性研究／陈钢著．-- 北京：中国财政经济出版社，2022.4

ISBN 978－7－5223－1060－2

Ⅰ.①企… Ⅱ.①陈… Ⅲ.①企业－基金会－研究－中国 Ⅳ.①F279.23

中国版本图书馆 CIP 数据核字（2022）第 011354 号

责任编辑：段　钢　　　　责任校对：胡永立

封面设计：卜建辰　　　　责任印制：史大鹏

中国财政经济出版社 出版

URL：http：//www.cfeph.cn

E－mail：cfeph@cfemg.cn

社址：北京市海淀区阜成路甲 28 号　邮政编码：100142

营销中心电话：010－88191522

天猫网店：中国财政经济出版社旗舰店

网址：https：//zgczjjcbs.tmall.com

北京财经印刷厂印装　各地新华书店经销

成品尺寸：170mm×240mm　16 开　12.25 印张　210 000 字

2022 年 4 月第 1 版　2022 年 4 月北京第 1 次印刷

定价：68.00 元

ISBN 978－7－5223－1060－2

（图书出现印装问题，本社负责调换，电话：010－88190548）

本社图书质量投诉电话：010－88190744

打击盗版举报热线：010－88191661　QQ：2242791300

前　言

随着经济与社会的迅速发展，自然人、团体、法人等将累积的财富用于公益慈善事业成为一种社会趋势。营利性企业参与慈善事业的呼声伴随着这种社会趋势愈发强烈，且参与意愿与力度也随之逐渐增强，催生了其从事慈善活动的新途径，即发起设立基金会。自2004年3月我国发布《基金会管理条例》以来，作为非公募基金会一种的企业基金会经过十多年的快速发展已经初具规模，日渐成为慈善事业中不可或缺的力量。但由于企业基金会特殊的生成机制以及我国社会组织治理改革的滞后，国内企业基金会在治理设计上并没有取得同步发展，还存在诸多问题。之所以将公司治理的研究投向我国企业基金会，不仅因为企业基金会作为现代慈善组织有对治理机制的一般性要求，而且因为企业基金会在非营利组织制度中所具有的独特性。这种独特性表现在：企业基金会由营利性企业设立，在物力、人力等有形或者无形资源的获取上对发起企业存有高度依赖，拥有其他类基金会所不具有的将社会性目的与经济性动机结合的特性，从而拥有双重身份，一种是独立法人身份，另一种则是服务于发起企业慈善动机的组织身份。这就决定了企业基金会的运作容易受到发起企业履行社会责任动机，比如利益相关者管理、形象管理等方面的影响，同时发起企业也有参与企业基金会治理的动力。这些使得对企业基金会治理的研究相对于其他类型基金会更具意义。基于此，本书采取定性分析与定量分析、规范研究与实证研究相结合的方法，深入考察我国企业基金会的特殊性，以及内外部治理机制的治理效应。

在第一章引言中重点介绍了本书的研究选题、研究方法等，第二章从企业履行社会责任、企业基金会的设立原因、表层与深层特殊性以及基金会治理等研究领域，介绍了国内外相关文献。第三章是制度背景与理论基础部分，首先，介绍了公司治理向社会组织治理转型过程中企业基金会所处的制度背景；其次分析资源依赖理论和委托代理理论等理论在本研究的适用性，并从这两个理论视角分析了企业基金会捐赠行为和绩效的特殊性；最后从利益相关者理论视角分析了企业基金会内外部治理机制存在治理效用的内在逻辑。

第四章开始进入本书的实证研究部分，以2011～2014年包含企业基金会的非公募基金会数据为研究样本，手工收集并整理其财务特征、治理特征和捐赠行为特征等方面的信息，从企业基金会及其治理特殊性的视角出发，深入考察其捐赠行为与组织绩效的特殊性，挖掘发起企业参与基金会运作可能存在的“双刃剑”影响，进而在此情境下验证理事会、监事会、外部审计、债权人等企业基金会内外部治理机制与绩效之间的具体关系，探究企业基金会治理机制的治理效应。

第四章考察了企业基金会与其他类型非公募基金会，以及不同性质企业背景的企业基金会之间的捐赠行为与绩效差异，结果表明，因存有发起人为营利性企业的特性，企业基金会捐赠行为与绩效具有特殊性，表现为相较于其他类型非公募基金会，企业基金会捐赠行为表现出多样性与非关联性，即年度捐赠项目更多和项目持续率较小，且在国有企业背景的企业基金会中更为凸显。同时，企业基金会运作绩效更好，即较高的业务活动成本率和较低的管理费用率，且国有企业背景的企业基金会管理费用率更低。这些发现意味着企业参与基金会运作存在“双刃剑”影响，尤其是在国有企业发起设立的基金会中表现更加明显，一方面企业基金会实际上是发起企业实现利益相关者管理、形象管理、声誉管理等动机的真正代理人，在行为上容易受到发起人从事慈善活动动机的约束；另一方面，发起企业有参与企业基金会治理的动力。

第五章考察了企业基金会内部治理机制有效性，结果表明部分内部治理机制设置不同，企业基金会的绩效存有差异，且在不同性质发起企业背景，以及不同捐赠行为特征的企业基金会中表现不同，体现为：一是相较于理事会规模较小的企业基金会，理事会规模较大的企业基金会拥有较高的业务活动成本率和更低的管理费用率，且在非国有发起企业背景，以及捐赠项目较少和持续率较大的企业基金会中更为显著；二是女性理事比例对企业基金会绩效没有显著影响，且在不同性质发起企业背景，以及不同捐赠行为特征的企业基金会中没有明显差异；三是监事会规模和女性监事比例分别与企业基金会绩效之间均无显著的相关关系，且在不同性质发起企业背景，以及不同捐赠行为特征的企业基金会中没有明显差异。这些结论表明，企业基金会的理事会规模较大有助于其运作绩效的提升，且在非国有企业背景，以及捐赠项目较少和持续率较大的企业基金会中更为凸显，而女性理事、监事会等均没有发挥治理效用。这说明企业基金会理事会能够发挥治理效应，但会因发起企业参与基金会治理的意愿和力度不同而引发“挤出效应”。

第六章考察了企业基金会外部治理机制有效性，结果表明外部治理机制设置不同，企业基金会的绩效存有差异，且两者之间关系在不同性质企业背景，以及捐赠行为特征不同的企业基金会中表现不同，体现为：一是相较于选择非百强会计师事务所的企业基金会，选择百强会计师事务所的企业基金会拥有较高的业务活动支出率和更低的管理费用率，且在非国有企业背景，以及捐赠项目数量较少和持续率较大的企业基金会中更为显著；二是相较于资产负债率较低的企业基金会，资产负债率较高的企业基金会拥有较低的业务活动支出率和更高的管理费用率，尤其在国有企业背景和捐赠项目持续率较小的企业基金会更为凸显。这些研究结论表明高质量的外部审计有助于提升企业基金会的运作绩效，但会因发起企业参与基金会治理的意愿和力度不同而引发“挤出效应”。而债权人不仅没有发挥治理效应，反而因其固有的还本付息特性有损于企业基金会的绩效，尤其是在国有企业背景和捐赠项目持续率较大的企业基金会中。

第七章为结论、不足与下一步研究。囿于数据的可得性较低，本书未进一步研究企业基金会运作是否受到除性质特征之外的其他发起企业特征的影响，以及企业基金会的运作对发起企业，比如绩效、管理层晋升等方面的具体影响，这是本书的不足，也是后续研究关注的重点。另外，仅限于探讨基金会资助项目数量和持续率等表面的捐赠行为特征，没有深入探究更为具体的捐赠行为特征，比如资助项目所属地区是否是企业产品主要销售地区等。囿于数据收集的局限，对于企业基金会理事会和监事会治理有效性的探讨局限于规模和女性成员比例变量，未考察更深层次的结构层面特征的影响，这也是本书研究的不足之处。当然，本书只关注单一治理机制的治理效应，而两种或两种以上治理机制之间的相互作用也有待考察。随着基金会，以及相关发起企业信息披露愈发完善，未来定能对这些问题进行较为全面的研究。

本书可能具有一定的理论意义，一是从资源依赖理论和委托代理理论视角剖析企业基金会的捐赠行为与绩效的特殊性，丰富社会性组织和经济性组织交叉领域的研究；二是考察不同性质企业背景基金会之间的捐赠行为特征与绩效水平差异，拓展营利性企业参与慈善事业动机的研究；三是从利益相关者理论视角挖掘企业基金会内外部治理机制的治理效应，深化企业基金会治理研究；四是考察不同性质企业背景，以及捐赠行为特征不同的基金会治理机制的治理效应的差异，拓展企业基金会治理主体间关系的研究。

而本书的实践启示可能在于，一是鉴于企业基金会拥有更高的绩效水平，政府及监管部门可以制定更为适宜的政策鼓励和引导企业基金会的发展，保障其成为真正的公益组织，而非发起企业实现慈善动机的工具；二是从改善内部治理结构入手，加强企业基金会决策自主性与监督有效性，比如适当地增加理事会人数，引入社会公众进入监事会等；三是强化外部约束，尽可能地选择高质量的外部审计机构，比如百强会计师事务所；四是选择合理的获取资金的渠道，在企业基金会自身造血能力欠缺的情况下，应慎重地选择通过负债获取资金的方式；五是发起企业应当适度地参与企业基金会治理，最大化经济性组织参与社会性事务的优势，尤其是国有发起企业，以及捐赠项目较多和持续率较小的企业基金会的发起企业，防止其对其他治理机制，如理事会、外部审计等发挥治理效用产生“挤出效应”。

本书的创新点可能在于：一是从发起人慈善动机差异视角，考察跨经济性与社会性组织的企业基金会与其他非公募基金会之间捐赠行为特征与绩效水平的差异，进而挖掘企业参与基金会运作存在的“双刃剑”影响，不仅丰富企业履行社会责任的研究，而且为经济性组织和社会性组织的交叉领域研究提供突破口；二是考察存在发起企业约束与监督情境下的企业基金会内外部治理机制的治理有效性，不仅拓展社会组织治理研究，而且为构建完善的企业基金会治理体系提供有益指引；三是基于发起企业参与治理视角考察不同性质发起企业背景，以及捐赠行为特征不同的企业基金会内外部治理机制治理效用的差异，不仅丰富营利性企业慈善动机研究，而且拓展企业基金会治理主体间关系的研究。

本书是我主持的国家自然科学基金青年科学基金项目“基于治理特殊性的企业基金会自主性研究（71802072）”的主要成果，同时受到我参与的河南省软科学项目“基于创新主体间关系的河南省深化科技体制改革对策研究”（212400410027）和“河南省工业和信息化产业技术创新‘揭榜挂帅’机制研究”（222400410007），以及河南省哲学社会科学规划项目“宗教传统、文化赋能与河南省民营经济发展：以豫商家族企业为例”（2021CJJ127）的资助。本书在写作过程中，得到了各方的支持与帮助，感谢中国财政经济出版社的竭力帮助，感谢南开大学李维安教授为本书撰写提供了全方位指导，感谢河南财经政法大学许卫华副教授、王霞副教授和王株博士，以及我的硕士研究生郭震宇和本科生刘申申、王丹、董若奇、王会会、刘静、运利敏、娄幸福等在本书撰写和修缮过程中给予的建设性意见和实质性协助，在此致以诚挚的感谢。

作　者

2022 年 4 月

目　录

第一章　绪论 …… 1
　第一节　研究背景与问题提出 …… 1
　第二节　研究问题、研究思路与研究方法 …… 7
　第三节　理论意义与实践意义 …… 11
　第四节　结构安排与主要创新点 …… 15
第二章　文献综述 …… 19
　第一节　企业履行社会责任的相关研究 …… 19
　第二节　企业基金会的设立原因 …… 21
　第三节　企业基金会及其治理的特殊性 …… 23
　第四节　慈善基金会治理相关研究 …… 29
　第五节　文献评述与本章小结 …… 35
第三章　制度背景分析与相关理论 …… 38
　第一节　制度变迁与治理转型背景分析 …… 38
　第二节　资源依赖理论 …… 42
　第三节　委托代理理论 …… 47
　第四节　利益相关者理论 …… 51
　第五节　本章小结 …… 59
第四章　发起人差异视角的企业基金会捐赠行为与绩效特殊性 …… 63
　第一节　理论分析与研究假设的提出 …… 63

第二节 研究设计 …… 73
第三节 实证检验结果与分析 …… 77
第四节 稳健性检验 …… 87
第五节 本章小结 …… 90
第五章 企业基金会内部治理机制、发起企业治理参与与绩效 …… 94
第一节 理论分析与研究假设提出 …… 94
第二节 研究设计 …… 102
第三节 实证检验结果与分析 …… 105
第四节 发起企业性质对内部治理机制有效性的影响 …… 114
第五节 捐赠行为差异对内部治理机制有效性的影响 …… 118
第六节 稳健性检验 …… 121
第七节 本章小结 …… 126
第六章 企业基金会外部治理机制、发起企业治理参与与绩效 …… 130
第一节 理论分析与研究假设提出 …… 130
第二节 研究设计 …… 137
第三节 实证检验结果与分析 …… 140
第四节 发起企业性质对外部治理机制有效性的影响 …… 145
第五节 捐赠行为差异对外部治理机制有效性的影响 …… 148
第六节 稳健性检验 …… 151
第七节 本章小结 …… 156
第七章 研究结论、启示、不足与未来展望 …… 159
第一节 研究结论 …… 159
第二节 启示意义 …… 165
第三节 研究不足与未来展望 …… 169

附录 企业基金会研究样本 …… 172
参考文献 …… 175

| 第一章 |

绪　论

第一节　研究背景与问题提出

随着经济与社会的迅速发展，个体、团体、组织等将不断累积的财富用于公益慈善事业日益成为一种社会趋势。尤其是2008年“汶川”地震之后，我国公益慈善事业更是进入了一个全新的发展阶段，越来越多致力于慈善事业的非营利组织蓬勃发展。而在所有的非营利组织中，基金会是一种相对特殊的组织，因为该类组织的生存、发展和管理是对资金的筹募和运作，并在该过程中体现其公益慈善本性。基金会作为处于公益慈善生态链上游的一种“资源中心”，承担着“筹钱、增值、散财”的功能。随着十六届三中全会以来多项涉及其管理体制的调整正式启动，以及2016年《慈善法》的颁布与实施，基金会迎来巨大的发展机遇。2004年我国发布的《基金会管理条例》（以下简称《条例》）将基金会定义为“利用自然人、法人或者其他组织捐赠的财产，以从事公益事业为目的，按照该条例的规定成立的非营利性法人”。并进一步将基金会根据筹资性质分为两类，一种是可以面向公众募捐的公募基金会，另一种是不可以向公众募捐的非公募基金会。自《条例》颁布以来，基金会迅速发展，尤以非公募基金会的发展速度更为凸显。根据表1－1中基金会数量来看，虽然2004～2010年，公募基金会的数量多于非公募基金会的数量，但2010年之后，非公募基金会的数量超过公募基金会，截至2014年非公募基金会占比64.69%。就基金会数量的增长速度而言，非公募基金会数量在2004～2014年年均31%的涨幅也远大于公募基金会的

10%的涨幅，且两者的差距进一步拉大。另外，非公募基金会依旧是新设立基金会的重要组成部分，2014年，全国成立非公募基金会500多家占总体基金会的绝对多数。传统的非公募基金会主要是由自然人、医院、大学等非营利属性的个体、组织或者法人捐资设立的非营利慈善组织。随着营利性企业参与慈善事业的呼声愈发强烈，其参与社会慈善的意愿与力度加大，催生了一种从事慈善活动的新型组织（Petrovits，2006），即由营利性企业发起设立的基金会，也就是本书旨在重点考察的企业基金会（company - sponsored foundation & corporate foundation）。根据《条例》规定，企业基金会属于非公募基金会的一种，近年来数量也不断增加，在社会慈善活动中发挥的重要性愈发凸显。我国有研究者将企业基金会定义为：由企业家或企业发起并捐资设立，且捐资金额超过基金会原始资金50%的非营利慈善组织（刘忠祥，2014）。从表1-1中《中国基金会独立发展报告》根据基金会中心网披露的相关信息而整理的企业基金会数量可看出，2004~2014年，我国企业基金会的数量由起初的寥寥数十家发展到五百多家，这意味着企业基金会正成为慈善事业中的一股主要力量。

表1-1　　2004~2014年中国企业基金会数量

年份	2004	2005	2006	2007	2008	2009	2010	2011	2012	2013	2014
公募	558	640	700	777	874	971	1092	1200	1311	1422	1487
非公募	178	244	346	490	646	838	1104	1389	1733	2205	2724
企业基金会	14	32	51	91	130	187	240	306	380	452	506

资料来源：中国基金会独立发展报告（2015）。

根据我国《条例》就基金会的定义对其进行分类，可看出有将企业与企业家成立的基金会进行分类的必要性，见图1-1。当然，在已有的企业基金会定义以及《中国基金会独立发展报告》中，企业基金会的发起人包括企业与企业家两类，而且可能存在多个发起方的情况，考虑到两者具有不同的发起人性质，以及研究的需要，本书考察的企业基金会是由单一企业发起设立，而非企业家，或者多个发起人设立。因为企业家捐资设立基金会更可能涉及个人慈善意愿、财富传承等方面的问题，如“老牛慈善基金会”等，自然不能纳入本书从企业慈善动机视角探究相关问题的框架中，所以接下来的论述中不包含此类企业家基金会，可作为未来研究关注的另一重点。

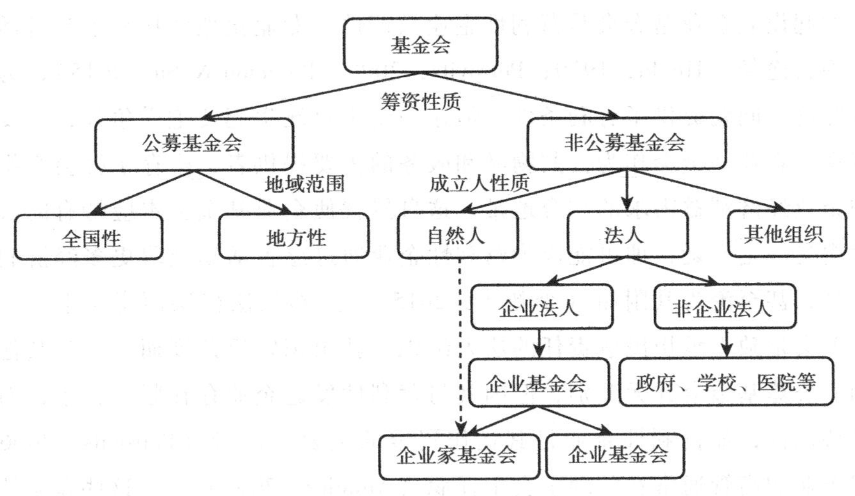

图 1－1　基金会的分类

资料来源：作者整理绘制。

一直以来，理论界与实践界对营利性企业这一经济性组织参与社会性慈善事业的问题争论不断。先前有关企业参与慈善事业的国内外研究大多聚焦于捐赠行为如何提升企业的竞争力或者金融业绩（Margolis & Walsh，2003；温素彬、方苑，2009），认为经济性方面的动机是企业参与慈善事业的主要考虑因素。进一步地，大量国内外相关文献研究发现，企业捐赠行为能够提升企业声誉（Fombrun & Shanley，1990）、增强消费者忠诚度（Burt，1983），或者提升员工吸引力和满意度、降低员工离职率（Greening & Turban，2000）、增加市场占有率（张川等，2012）等，进而有助于企业在适当的时机获得丰厚的间接收益。而另一种观点认为，营利性企业利用慈善行为获得收益对于社会而言是有益无害的，因为这能够增强企业向非营利部门提供额外资源的动力（Porter & Kramer，2006）。当然，这些研究关注的企业慈善行为均为企业内部临时性的直接捐赠计划（Petrovits，2006），而未给予企业长期性的、专业化的慈善行为，以及所产生的实质性社会影响足够的关注（Guthrie，2010）。有观点认为应该重点关注企业的长期慈善活动，因为随着企业参与公益事业的意愿和力度加大，能够带来潜在的正向社会影响。当然，不可忽视的是，将社会性事务同营利性企业紧密结合在一起，就会因为企业存在额外的市场动机而引发诸多疑虑与问题（Koushyar et al.，2013）。因此，营利性企业长期性地、专业化地从事慈善活动值得深入考察。

发起设立企业基金会是营利性企业长期性、专业化地间接从事慈善活动的一种新途径（Heald，1970；Petrovits，2006；Peterson & Su，2015），为深入研究这一问题提供了有利条件。但这一组织自诞生起便饱受争议，主要原因就在于企业基金会作为公共物品和服务的重要提供者，生存于社会组织需求和企业经济利益需求的结合地带。这自然就使企业基金会本应持有的公益本性遭受一定质疑，即可能成为营利性企业通过慈善活动获取更多经济利益的工具，甚至沦为其附庸（李新天，2015）。虽然从法律层面意义上讲，企业基金会是独立承担民事责任的法人组织，就组织宗旨角度而言，与其他类型的非公募基金会并无差别，但因其与营利性发起企业存在紧密关系，而表现出特殊性，如营利性企业是其运作资金的主要提供者（Petrovits，2006）；发起企业的高管通常在其理事会中任职（Anheier，2001）等。这些差异的存在就可能导致企业基金会的行为与运作绩效等方面存有特殊性。一方面，根据资源依赖理论，组织需要从外界，或者从其他的个体、组织等获取资源，以维持其生存和发展，但不可避免地要应对资源提供方的额外动机（Pfeffer & Salancik，1978）。这就意味着，企业基金会能够从发起企业获取维持其运作的有形和无形资源，但同时其行为也可能受到发起企业慈善动机的影响或者约束。研究认为，企业履行社会责任，或者说从事慈善活动是为了满足多种利益相关者群体的利益诉求，进而获取其经营所需的关键资源（Freeman，1984）。那么，作为企业间接从事慈善活动而设立的基金会为了从发起企业一方获取更多资源，必然要应对发起企业意欲满足多种利益相关者群体的利益诉求的动机，从而其行为受到发起企业从事公益事业动机的影响。再加之，企业基金会的理事会这一决策主体的成员大多来源于发起企业的高管团队，这使企业基金会的行为更容易受到发起企业的约束。另一方面，从委托代理理论视角，有研究认为委托代理问题不仅在营利性企业中存在，同样存在于非营利组织中（Jensen & Meckling，1976；Fama & Jensen，1983）。这就意味着，为了防止信息不对称情境下代理人牟取个人利益而对委托人利益造成损害，委托人会通过一系列措施干预或者监督代理人的运作。那么，在发起企业与企业基金会之间因为实现公益目标而构成的委托代理关系中，企业基金会的运作不仅可能受到发起企业强有力的干预，同时也可能会受到发起企业的监督，或者说治理参与。作为发起企业从事慈善活动的代理人，企业基金会的运作会对能够对发起企业经济利益造成间接影响的声誉、形象等产生重要影响（Fombrun et al.，2000），这就使作为委托人的发起企业有意愿且有能力干预或者监督企业基金会的运作。同时，企业基金会的理事会等决策者大多来源于发起企业，且他们的薪资通常由企业支付（Anheier，2001），那么，基金会的行为更可能服务于发起企业的额外动机而表现出不一样的特性。虽然之前有研究定性分析了企业基金会及其治理所具有的特殊性，但均未从理论角度进行深入剖析，并进一步利用实证研究范式给出充分的证据解答这些特殊性是否会使企业基金会受到发起企业，以及怎样影响这一极具意义的研究问题。有鉴于此，面对企业基金会这一跨社会性与经济性的边界组织（Herlin & Pedersen，2013），在公司治理向社会组织治理转型背景下（李维安，2015），为了验证在企业基金会因与营利性企业之间存有紧密关系而使发起企业参与基金会运作存在“双刃剑”影响，即捐赠行为会受到发起企业慈善目的之外的经济性动机、政治性动机等额外动机的影响，而组织绩效会受到发起企业资源支持和监督的影响，本书感兴趣的第一个问题是，企业基金会与其他类型传统非公募基金会的捐赠行为和绩效表现出怎样的差异？

进一步，不同性质企业从事慈善活动的动机与目标存有差异，这可能使拥有不同性质企业背景的企业基金会可能表现出不一样的捐赠行为特征和绩效水平。先前相关研究大多认为满足利益相关者的利益诉求，进而获得经济利益的动机是企业从事慈善活动主要考虑的因素（Burt，1983；Margolis & Walsh，2003；Greening & Turban，2000）。而另一些学者认为性质不同的企业从事慈善活动的动机存在差异。拉马兰德哈姆（Ramanadham，1991）研究指出，与私有企业相比，国有企业是国家所有制的主要体现形式，既是政府调控经济的工具与手段，也是一种组织形式。因此，国有企业承担社会责任存有两种目标：一种是涉及政治方面的非经济性目标，另一种则是经济性的目标。另外，在我国的制度背景下，一些学者分析了企业性质不同，它们承担社会责任存在多个方面的差异，如承担社会责任能力（Allen et al.，2005；张敏等，2010）、承担社会责任内容（张春敏、刘文纪，2007）、履行社会责任的动机（黄速建、余菁，2006；苏蕊芯、仲伟周，2011）、承担社会责任的社会期望（徐传谌、邹俊，2011；刘小菊，2016）等。这些研究普遍认为，国有企业是政府的合法代理，从建立时就被赋予履行社会责任的应当性，不仅存在经济性方面的动机，更可能存在政治性方面的动机。而对于民营企业而言，由于资源相对匮乏，为了获取更多的资源，民营企业从事慈善活动的动机更偏向于经济性动机。这就意味着两种性质企业对其设立的基金会的资源支持、监督以及行为干预等方面存有差异，进而使不同性质企业背景的企业基金会可能表现出不一样的捐赠行为特征与绩效水平。那么，为了验证拥有不同性质企业背景的企业基金会受到的发起企业影响不同，本书感兴趣的第二个问题是，不同性质企业背景的企业基金会的捐赠行为特征和绩效水平表现出怎样的差异？

对于营利性企业而言，合理设计治理体系能够提升组织决策的科学性（李维安，2009），对于非营利组织也不例外。先前有关基金会治理的研究大多从委托代理理论视角出发，认为设计合理的基金会内外部治理机制能够抑制管理者谋取个人利益引发的代理冲突，为保障组织良好运作提供有力工具（颜克高，2012；张立民等，2012；张立民、李晗，2013）。企业基金会具备其他类型基金会拥有的治理特征，具体而言就是虽然因存在“所有者缺位”和“非分配约束”等特点而不具有所有权与控制权分离引发的代理问题，但存在着捐赠人与决策人、决策人与管理者之间的代理问题（Fama & Jensen，1983；李新天、易海辉，2015）。同时，因为企业基金会的设立人是营利性企业，不仅在资源上对发起企业存有高度依赖，而且理事会成员大多来源于发起企业，这使企业基金会拥有双重组织身份：一种身份是独立的法人组织，另一种身份则是服务于发起企业的战略慈善的组织（Mindlin，2012），这使企业基金会面临的治理问题更具特殊性（Rey - Garcia et al.，2012）。具体而言，一方面，在企业基金会运作过程中受发起企业的约束和控制而缺乏自主性；另一方面，发起企业作为利益相关主体有参与企业基金会治理的意愿和权力。在这种情况下，构建有效的内外部治理机制，保障其他利益相关者有效地参与治理对于企业基金会的良好运作至关重要。那么，面对企业基金会这样一种极具特殊性的跨社会性与经济性的组织，本书感兴趣的第三个问题是，企业基金会如理事会、监事会、外部审计、债权人等内外部治理机制是否具有治理效应，以及如何发挥治理效应？进一步地，将发起企业视为企业基金会外部利益相关主体，也可以说是治理主体，在两种性质企业因存有不同的慈善动机、目标等而对参与其设立的基金会治理的意愿和力度存有差异的情况下，这引发了另一研究问题，即这些内外部治理机制在拥有国有企业背景与非国有企业背景的企业基金会中发挥的治理效用存在怎样的不同？同时，捐赠行为特征存有差异的企业基金会的发起企业治理参与的意愿和力度也会存在不同，这引发了又一研究问题，即这些内外部治理机制在捐赠行为特征不同的企业基金会中发挥的治理效用存在怎样的不同？

总之，本书在公司治理向社会组织治理转型的大背景下，从企业基金会及其治理特殊性的视角出发，基于资源依赖理论和委托代理理论，对企业基金会的捐赠行为和绩效可能受到发起企业慈善目的之外额外动机的影响而表现出的特殊性（较之于大学、医院等非营利组织设立的传统非公募基金会）进行深入剖析，并依据发起企业性质将企业基金会分为国有企业背景企业基金会与非国有企业背景企业基金会，进一步考察这两类企业基金会因为在中国制度背景下不同性质企业从事慈善活动存有的不同动机而表现出的捐赠行为与绩效差异。最后根据利益相关者理论，将企业基金会内外部治理机制纳入研究框架，考察它们在这样一种极具特殊性的组织中发挥的具体治理效用，以及在不同性质企业背景和捐赠行为特征存有差异的企业基金会中这些治理机制的治理效用存在的差异。上述问题的解答，不仅有助于加深对企业基金会及其治理特殊性，以及营利性企业从事慈善动机的认识，而且能够为探索经济性组织与社会性组织的交叉领域提供突破口。同时，本书研究结论可能对加强我国企业基金会慈善事业的建设，以及提升我国慈善事业水平都极具理论与实践意义。

第二节 研究问题、研究思路与研究方法

针对企业基金会及其治理所具有的特殊性，本书重点考察企业基金会捐赠行为与绩效的特殊性，以及企业基金会内外部治理机制的治理效应，具体而言，主要从以下两个方面的研究问题展开。

一、主要研究问题

（一）企业基金会捐赠行为与绩效特殊性

此部分考察企业基金会与传统非公募基金会，以及拥有不同性质企业背景的企业基金会之间的捐赠行为与绩效所表现出的不同。本部分主要从企业

基金会与其他类型非公募基金会，以及拥有国有企业背景的企业基金会与拥有非国有企业背景的企业基金会因发起方的性质不同而面临不同的从事慈善活动的动机进而受到不同的行为约束和监督力度视角，考察它们之间的年度资助项目总数和年度资助项目持续率等捐赠行为特征，以及业务活动支出率和管理费用率等组织绩效水平的差异。

（二）企业基金会治理机制有效性

本书探讨的第二主要问题是，企业基金会这一极具特殊性的组织，其治理机制能否发挥治理效用？如果有治理效应，又是如何发挥它们的治理效用的？具体而言，本部分主要考察包括企业基金会的理事会（理事成员数量、女性理事占理事会成员比例）、监事会（监事成员数量、女性监事占监事会成员比例）等内部治理机制和外部审计（百强会计师事务所）、债权人（资产负债率）等外部治理机制在内的治理机制各自与其绩效之间的具体关系。此外，将发起企业视为企业基金会外部的利益主体，还考察了这些内外部治理机制与绩效的关系在拥有不同性质企业背景，以及捐赠行为特征不同的企业基金会中表现出怎样的差异？

二、研究思路

针对几个方面的研究问题，本书的研究思路如下。

（一）相关研究文献介绍

本部分主要回顾先前有关企业基金会研究的相关文献，深化对企业基金会及其治理的理论认识。根据所属研究领域，企业基金会主要涉及企业从事慈善事业、非营利组织（主要是基金会以及企业基金会本身）、慈善基金会治理等三个领域。本书主要从上述三个领域回顾企业基金会相关的文献，为接下来基于企业基金会治理特殊性视角考察其捐赠行为与绩效特殊性提供理论基础。

（二）企业基金会发展的制度背景介绍及相关理论分析

从法律意义上讲，企业基金会属于非营利独立法人，但因与营利性企业存有紧密联系，所以存有特殊性。另外，根据资源依赖理论和委托代理关系，企业基金会不仅能够获得发起企业的有形或者无形资源的支持，还可能受到发起企业从事慈善活动慈善目的之外的，如经济性动机、政治性动机等额外动机的影响，这就可能导致其捐赠行为与绩效存有差异。同时，基于利益相关者理论，详细论述企业基金会内外部治理机制发挥治理效应的内在机理。因此，通过介绍我国企业基金会自身的发展历程，以及深入分析相关理论，有助于更加深入地认识企业基金会及其治理的特殊性，进而为接下来研究企业基金会捐赠行为与绩效的特殊性，以及内外部治理机制治理效应提供理论支持。

（三）企业基金会的特殊性与治理机制有效性研究

本部分主要就本书的主要研究问题，在理论分析的基础上进行实证检验，也是本书的核心部分，首先考察企业基金会与其他类型传统非公募基金会之间，以及拥有不同性质企业背景的企业基金会之间的捐赠行为特征与绩效水平差异；然后考察企业基金会治理机制有效性，即企业基金会内外部治理机制与组织绩效之间的具体关系等。研究思路见图 1－2。

本书研究的上述内容具有紧密的内在逻辑关系：第一部分企业基金会与传统非公募基金会之间，以及不同性质企业背景的企业基金会之间的捐赠行为与绩效差异研究，不仅回答了企业基金会因与营利性企业之间存在紧密关系而表现出不同的捐赠行为特征与绩效水平，同时也能够间接为营利性企业从事慈善活动存有慈善目的之外的额外动机进而对企业基金会的运作产生“双刃剑”影响提供依据，这为接下来的研究提供逻辑起点；第二部分考察可能存在发起企业约束与监督情况下的企业基金会治理机制有效性，包含企业内部治理机制与组织绩效，以及外部治理机制与组织绩效之间关系两个方面内容，不仅回答了具有不同治理机制的企业基金会之间表现出的绩效差异的问题，而且为如何设计合理的治理机制进而保障企业基金会决策科学性提供指引。同时，该部分考察了在拥有不同性质企业背景，以及捐赠行为特征不同的企业基金会中，这些内外部治理机制对组织绩效的影响存在怎样的差异。这能够为拥有不同性质企业背景，以及捐赠行为特征不同的企业基金会受到发起企业不同程度的治理参与意愿与力度是否对其他治理机制发挥效用造成影响提供解答，为不同类型的企业基金会设计有效的治理体系，实现机

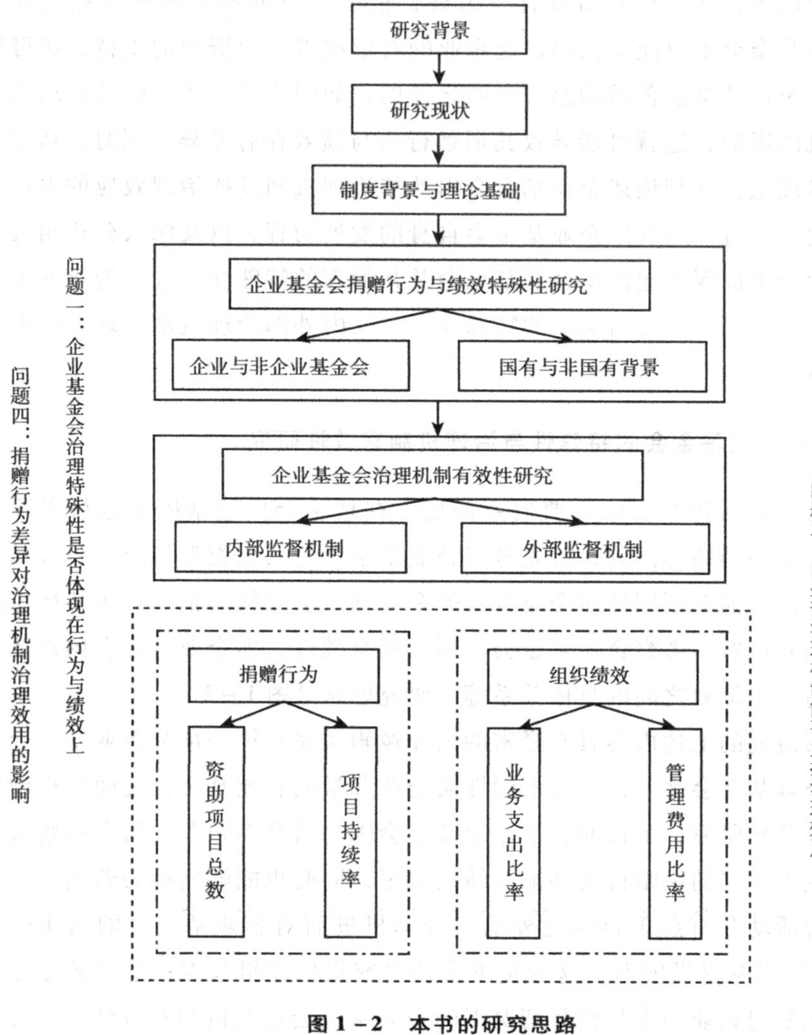

图1-2　本书的研究思路

资料来源：作者整理。

制间协同治理效应，继而提升企业基金会绩效提供有益借鉴。

（四）本书结论

该部分是本研究的结尾，主要对上述研究进行总结，提炼相关结论，以及研究的不足之处与下一步研究内容。同时，展示从这些研究结论中所获取的理论与实践上的相关启示。

三、研究方法

针对上述研究问题和研究思路，本书使用的研究方法主要包括以下几种。

（一）规范研究与实证研究相结合

本书研究过程中，首先使用规范研究，通过对企业基金会相关研究以及理论的梳理，对企业基金会捐赠行为和绩效存有特殊性的内在机理，以及内外部治理机制具有治理效用的内在逻辑进行规范性探讨，进而获得可供深入研究的结论。为了验证规范研究结论的可靠性、科学性，以 2011～2014 年包含企业基金会在内的非公募基金会为样本，实证检验了企业基金会和其他类型非公募基金会之间，以及不同性质企业背景的企业基金会之间表现出的捐赠行为与绩效的特殊性，并进一步检验了企业基金会内外部治理机制的治理效应，以及不同性质企业背景和捐赠行为特征不同的企业基金会中内外部治理机制与绩效关系的差异，从而有针对性地提出对策建议。

（二）定性研究与定量研究相结合

在本书研究过程中，首先运用定性研究的观察法发现可能存在的与企业基金会相关的问题，结合相关理论探究这些问题的内在机理，并将这些问题进一步纳入定量研究范式，运用多元回归分析等定量研究方法对所提出的研究问题进行分析，继而运用定性研究方法对由定量研究获得的研究结果而得出的研究结论进行深入解析，最终获得理论与实践方面的启示。

第三节　理论意义与实践意义

一、理论意义

（一）从资源依赖理论和委托代理理论视角剖析企业基金会的捐赠行为与绩效的特殊性，丰富经济性组织与社会性组织交叉领域的研究

企业基金会是由营利性企业发起设立的社会组织，不仅具有一般基金会

所拥有的非分配约束、公益性等方面的非营利组织共性，更具有其特殊性，即与营利性企业存在紧密关系而成为跨经济性与社会性的边界组织。因为这种特殊性的存在，从资源依赖理论和委托代理理论视角来看，相较于由大学、医院等非营利属性的个体或者组织设立的基金会，企业基金会在有形（资金、物品）和无形资源（管理经验）获取方面更具优势，以及受到更强的监督意愿与力度，进而能够获得更好的组织绩效，但同时企业基金会的行为也可能受到发起企业慈善目的之外的额外动机的影响而表现出特殊性，如满足多种利益相关者群体所追求的利益、进行形象管理等。有鉴于此，本书从资源依赖理论、委托代理理论等视角出发，考察企业基金会与其他类型非公募基金会之间的捐赠行为特征与绩效水平差异，挖掘营利性企业参与基金会运作的“双刃剑”影响，不仅丰富营利性企业从事慈善活动的研究，而且丰富经济性组织与社会性组织交叉领域的研究，同时也为接下来的研究搭建逻辑起点。

（二）考察不同性质企业背景基金会之间的捐赠行为与绩效差异，拓展营利性企业参与慈善事业动机的研究

先前相关研究大多认为，满足利益相关者的利益诉求，进而获得经济利益的动机是企业从事慈善活动主要考虑的因素。之后，有研究根据我国的制度背景考察发现，不同性质的企业从事慈善活动的动机、目标等方面存有差异。在我国的制度背景下，国有企业与民营企业拥有不同的资源禀赋。相较于国有企业，民营企业资源相对匮乏，为了获取更多的资源，民营企业从事慈善活动的动机更偏向于经济性动机。而国有企业作为政府的合法代理，从建立时被赋予履行社会责任的应当性，不仅存在经济性动机，还包括政治性动机，甚至政治性方面的动机要强于经济性方面的动机。这些就可能使两种性质的企业对其设立的基金会的支持、监督以及干预等存有差异，进而表现出不同的捐赠行为和绩效。有鉴于此，本书考察拥有不同性质企业背景的企业基金会的捐赠行为与绩效的差异，不仅丰富企业基金会的研究，而且拓展营利性企业参与慈善事业动机的研究。

（三）从利益相关者理论视角挖掘企业基金会内外部治理机制的治理效用，深化企业基金会治理研究

设计相适宜的企业基金会治理机制，保障企业基金会健康发展成为企业基金会治理研究中的重中之重。尽管有少量文献涉及企业基金会治理问题的

研究，但大多局限于定性分析，而未有研究系统性地采用定量研究，更未有研究从企业基金会具有的治理特殊性出发考察其内外部治理机制的治理有效性。另外，作为极具特殊性的跨经济性与社会性的边界组织，企业基金会拥有双重身份，一种是独立的法人组织身份，另一种是服务于发起企业慈善动机的组织身份，而使其面临更为复杂的治理问题：一方面是发起企业（委托方）与基金会（代理方）之间的代理问题，另一方面是营利性发起企业的约束和控制问题。这就使除发起企业之外的，如理事会、监事会、外部审计、债权人等利益相关者参与治理显得尤为重要。有鉴于此，本书进一步考察企业基金会内外治理机制对组织绩效的影响，深化企业基金会治理研究。

（四）考察发起企业参与治理对企业基金会治理机制治理效应的影响，拓展治理主体间关系的研究

发起企业作为企业基金会外部利益相关主体，为了维护自身利益不受损害，存有参与基金会治理的意愿和权力，这会对其他治理机制的治理效用产生影响。同时，在不同性质企业存有不同的履行社会责任动机、目标等情况下，国有企业与非国有企业参与基金会治理的意愿和力度可能存在差异，这就会使在国有企业和非国有企业背景的基金会中，内外部治理机制的治理效用存在差异。另外，捐赠行为特征不同的企业基金会的发起企业也可能存有不同的参与治理的意愿和力度，这也会使它们之间的内外部治理机制的治理效用存有差异。本书研究发现，在拥有不同性质企业背景，以及资助项目特征不同的企业基金会中，理事会、外部审计等内外部治理机制对组织绩效的影响存在差异，也就是说，发起企业作为企业基金会的外部治理主体对其他企业基金会治理机制发挥治理效用造成“挤出”效应，如国有企业背景，以及捐赠项目数量较多和持续率较小的基金会的理事会难以发挥治理效用，拓展企业基金会治理主体间关系的研究。

二、实践意义

（一）有助于直观地认识由企业设立的基金会的特殊性，为其长期性和专业化地从事慈善活动提供有益指引

营利性企业从事慈善活动一直饱受争议，因为将其同社会性事务紧密结合在一起，就会因其可能存在额外的慈善动机，如利益相关者管理、形象管理等而引发诸多疑虑与问题。而企业基金会是营利性企业长期性和专业性地从事慈善活动而成立的基金会，作为公共物品和服务的重要提供者，生存于社会组织公益需求和企业经济利益需求的结合地带，这自然也使企业基金会本应持有的公益本性遭受一定质疑，即可能成为实现营利性企业慈善动机的工具。有鉴于此，本书从行为和绩效两个角度考察企业基金会的捐赠项目和绩效的特殊性，研究结论可能有助于更为直观地认识由营利性企业设立的基金会的特殊性，为企业长期性和专业化地从事慈善活动提供有益指引，进而更好地履行社会责任。

（二）有助于企业基金会设计更加完善的治理体系，保障组织决策科学性

对于营利性企业而言，合理设计治理体系能够提升组织决策的科学性，这同样适用于企业基金会。与营利性企业相比，企业基金会更易受到环境影响，更加需要完善的治理体系来保障组织决策的科学性，进而实现组织资源的合理配置。现有国内基金会治理研究大多将基金会视为具有单一组织边界的非营利组织，主要针对委托人与代理人之间的代理问题，考察治理机制对组织绩效的具体影响，寻找缓解代理冲突的路径。然而，对于企业基金会这样一种跨社会性与经济性的边界组织，且可能面临更具特殊性的治理问题情况下，即发起企业约束和控制问题，这些研究结论可能不再适用。有鉴于此，本书考察企业基金会内外部治理机制的治理效用，以及在不同性质背景和捐赠行为特征不同的企业基金会中存有的差异，研究结论可能有助于企业基金会设计更加完善的治理体系，规范企业基金会的运作，不仅提升组织财务管理和监督能力，而且有利于科学地进行决策，实现组织资源的合理配置。

（三）有助于政府及监管部门制订具有针对性的政策，提供更适于企业基金会实现公益使命的外部环境

虽然企业基金会是基金会或者非公募基金会的一种，具有这类组织的一般特性，但因其由营利性企业发起设立而极具特殊性，这可能使得将其放置于一般基金会大类中进行监管不再合适。作为提供社会产品和服务的社会组织，企业基金会不仅能够从具有丰厚资源的企业获取运作所需的有形和无形资源，也可能沦为发起企业实现慈善动机的工具。为了防止因发起企业而造成的对企业基金会真正公益使命造成损害的事件发生，降低企业基金会声誉受损的可能性，加强外部监管成为可供选择的途径。本书研究结论可能有助于政府及社会组织监管部门制订具有针对性的政策，进而提供更适于企业基金会实现公益使命的外部环境。

第四节　结构安排与主要创新点

一、结构安排

本书总共包括七章内容，各章节安排如下：

第一章为绪论。主要对本书进行简要介绍，包括研究背景与研究问题的提出、研究意义、研究思路、研究方法、主要研究内容以及研究的路径与创新点。

第二章为文献综述。主要对企业从事慈善活动动机与后果、企业基金会设立原因、特殊性（包括自身特殊性与治理特殊性）、慈善基金会治理等方面研究的文献进行回顾与评述。

第三章为制度背景与相关理论分析。该章首先分析脱胎于营利性企业的企业基金会在公司治理向社会组织治理转型过程中所处的制度背景，论述企业基金会治理研究的重要性，然后基于资源依赖理论等理论视角分析企业基金会因与发起企业之间存在的紧密关系而可能表现出的捐赠行为与绩效的特殊性，以及其内外部治理机制能够发挥治理效用的内在机理。

第四章为企业基金会的捐赠行为和绩效特殊性研究。该章首先从理论视角分析企业基金会与其他类型传统非公募基金会，以及拥有不同性质企业背景的企业基金会之间存有的差异，提出相关研究问题，在此基础上构建本章有待检验的相关假设；其次，介绍考察的样本数据来源、采用的研究方法、对相关变量进行定义；最后，根据理论分析构建逻辑模型，并设计实证检验模型，对提出的假设进行检验，根据所得出的实证结果对假设是否成立进行分析，并进行相关的稳健性检验。

第五章为实证检验企业基金会内部治理机制与绩效之间的具体关系。包括理事会、监事会等治理机制对企业基金会业务活动支出率与管理费用率的具体影响，以及它们之间的关系在拥有不同企业背景，以及捐赠行为特征不同的企业基金会中存在的差异。通过理论分析构建实证模型，并进行实证检验与结果分析，以进一步探讨内部治理机制在企业基金会运作过程中发挥的具体治理效用。

第六章为实证检验企业基金会外部治理机制与绩效之间的具体关系。包括外部审计、债权人等治理机制对企业基金会业务活动支出率与管理费用率的具体影响，以及它们之间的关系在拥有不同企业背景，以及捐赠行为特征不同的企业基金会中表现出的差异。通过理论分析构建实证模型，并进行实证检验与结果分析，以进一步探讨外部治理机制在企业基金会运作过程中发挥的具体治理效用。

第七章为全书总结、不足与展望。通过上述研究，得出研究结论，总结本研究存在的局限性以及下一步的研究方向，并提出启示与政策建议。

全书框架结构如图 1 – 3 所示。

二、主要创新点

本书围绕企业基金会因与营利性企业之间存有紧密关系而使其自身及其治理存有特殊性，从资源依赖理论、委托代理理论、利益相关者理论等理论视角出发，对企业基金会捐赠行为和绩效的特殊性，以及内外部治理机制有效性等具有理论意义与现实意义的命题进行深入分析研究，可能的主要创新点如下。

（1）从发起人慈善动机差异视角，考察跨经济性与社会性的企业基金会所具有的与其他非公募基金会之间捐赠行为特征与绩效水平的差异，进而挖掘企业参与基金会运作存在的“双刃剑”影响，不仅丰富企业履行社会责任的研究，而且为交叉领域研究提供突破口。虽然有研究探讨社会组织与企业之间在履行社会责任方面的关系，但并不适用于企业基金会这一同营利性企业之间存有紧密关系的新型组织。另外，在我国的制度背景中，不同性质企业在慈善动机、目标等方面存有差异，这就可能使不同性质企业背景的企业基金会受到不同的行为约束和监督力度，进而表现出不一样的行为特征和绩效水平。本书在相关理论与文献分析的基础上，以中国企业基金会为研究对象，尝试探索其因与营利性企业之间的紧密关系而表现出的捐赠行为和绩效

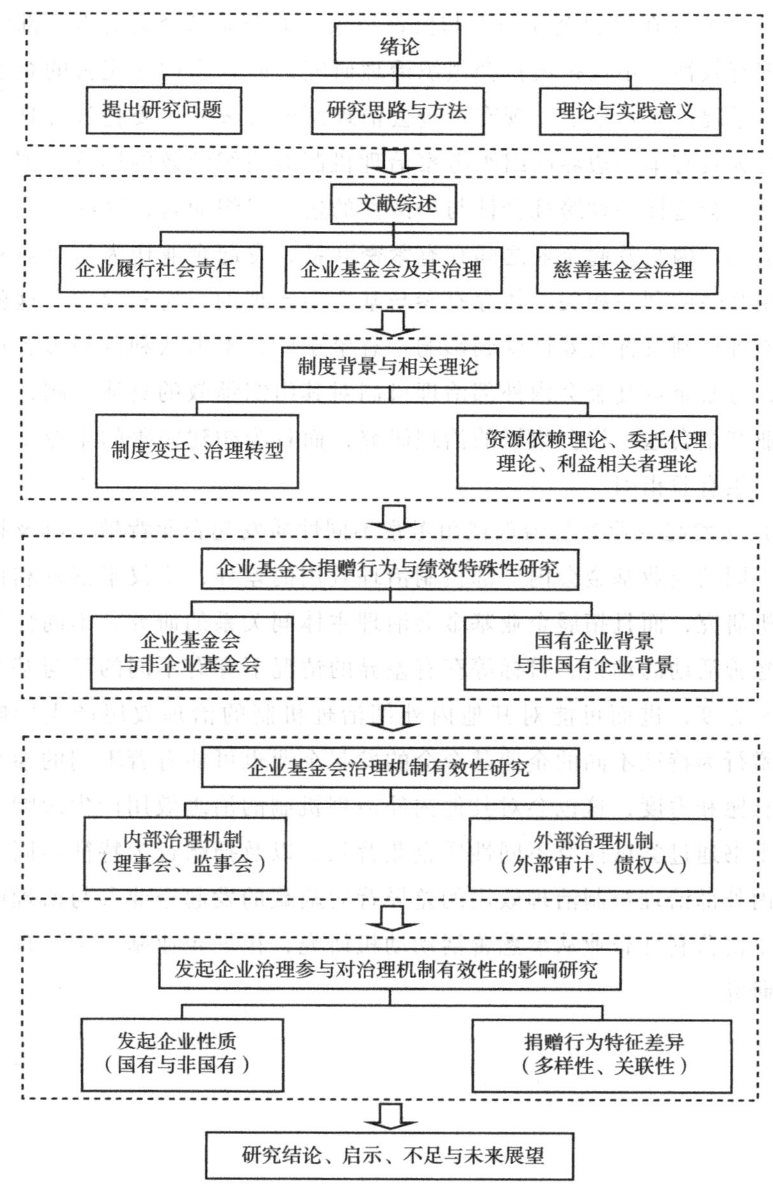

图 1-3　本书的结构框架

资料来源：作者整理。

特殊性，以及不同性质企业背景的企业基金会的捐赠行为和绩效差异，不仅丰富企业长期性、专业性地从事慈善活动的研究，而且为经济性组织和社会性组织的交叉领域研究提供突破口。

（2）考察存在发起企业约束与监督情景下的企业基金会的内外部治理机制的治理有效性，不仅拓展社会组织治理研究，而且为构建完善的企业基金会治理体系提供有益指引。现有基金会治理研究大多基于委托代理理论，将基金会视为具有单一边界的组织考察治理机制对组织绩效的影响。那么，对于企业基金会这样一种跨社会性与经济性的边界组织而言，这些研究结论可能不再适用。因与发起企业之间存有紧密联系，发起企业作为与企业基金会存在紧密联系的利益相关主体存有参与基金会治理的意愿和权力，这就可能使其他治理机制发挥有效性受到影响。有鉴于此，本书从利益相关者理论视角出发，考察企业基金会内外部治理机制对其组织绩效的具体影响，不仅丰富了企业基金会这一社会组织的治理研究，而且为构建完善的企业基金会治理体系提供有益指引。

（3）从发起企业参与治理视角考察不同性质发起企业背景，以及捐赠行为特征不同的企业基金会内外部机制治理效用的差异，不仅丰富营利性企业慈善动机研究，而且拓展企业基金会治理主体间关系的研究。不同性质的企业从事慈善活动的动机、目标等存有差异的情况下存有不同的参与基金会治理意愿和力度，进而可能对其他内外部治理机制的治理效用产生影响。另外，捐赠行为特征不同的企业基金会的发起企业也可能有着不同的参与基金会治理意愿和力度，这也会对其他内外治理机制的治理效用产生影响。有鉴于此，本书通过尝试探究不同性质企业背景，以及捐赠行为特征不同的企业基金会内外部治理机制治理效用的差异背后蕴藏的发起企业参与治理的内在机理，丰富营利性企业从事慈善活动动机研究，拓展企业基金会治理主体间关系的研究。

| 第二章 |

文献综述

企业基金会是营利性企业为了间接从事慈善事业而发起设立的一种新型组织，这使该组织与发起企业之间存有紧密的联系。随着企业基金会的快速发展，日益演变成营利性企业长期地、专业地间接地履行社会责任的重要工具，但也面临着沦为发起企业实现慈善动机的工具的窘境。实际上，企业基金会作为慈善基金会的一种，是具有独立民事法律地位的法人，这为本书从企业基金会及其治理视角分析和考察其捐赠行为与绩效是否因企业作为其发起人而表现出特殊性，并为挖掘内外部治理机制的有效性提供了逻辑起点。有鉴于此，本章主要从企业履行社会责任、企业基金会及其治理、慈善基金会治理三个方面回顾国内外相关文献，并对相关文献进行评述，加深对企业基金会及其治理的认识，同时为接下来的各章节研究内容夯实基础。

第一节　企业履行社会责任的相关研究

营利性企业是否应该履行社会责任一直是理论与实践界争论的主要议题之一。传统的股东利益最大化理论认为，企业履行社会责任有损于股东理应获得的利益（Friedman，1970）。然而，根据利益相关者理论，营利性企业应当承担社会责任（Freeman，1983），这一理论观点逐渐被接受，并得以实际推广。明丘洛和佩德里尼（Minciullo & Pedrini，2015）综合先前相关研究成果认为，营利性企业履行社会责任能够产生诸多益处，例如，为其带来经营所需的重要资源（Levy & Shatto，1978；Brayden & Whetten，2008）；增强有助于提升其在市场中的竞争力的外界认同度（Smith，1994；Rumsey & White，2009）；能够带来更好的社会声誉，为企业创造更好的经营环境（Fry et al.，1982；Navarro，1988；Haley，1991；File & Prince，1998；Saiia et al.，2003；Carter，2006；Bronn & Vidaver－Cohen，2009）；能够鼓励消费者的正面行为（Ellen et al.，2000）。我国也有学者考察了企业履行社会责任所产生的好处，如能够提升市场占有率（张川等，2012）、增加财务绩效（温素彬、方苑，2009；王文成、王诗舟，2014）、缓解融资约束（李维安等，2015）等。除此之外，有研究根据企业性质的不同，分析了它们承担社会责任具有的动机差异。拉马兰德哈姆（1991）研究指出，与私有企业相比，国有企业是国家所有制的主要体现形式，既是政府调控经济的工具与手段，也是一种组织形式。因此，国有企业承担社会责任存有两种目标，一是涉及政治方面的非经济性目标，另一种则是经济性的目标，两种目标并非孤立存在的，而是相互交织的。也有学者基于我国独特的制度背景，从企业性质角度分析了国有企业在承担社会责任方面与民营企业之间存在的不同动机。黄速建和余菁（2006）研究认为，在承担社会责任具有的动机方面，国有企业更可能出于非经济性方面目标的实现。张春敏和刘文纪（2007）认为私有企业的目标更可能是实现利润最大化和资本增值，不存在与生俱来的承担社会责任的动力，且主要是受到外在压力的影响才履行社会责任。苏蕊芯和仲伟周（2011）认为，相较于我国民营企业，国有企业面临着更为复杂的代理冲突，民营企业承担社会责任更可能受到经济性动机的驱动，同时也会受到寻求政府政治保护等政治因素的驱使，而国有企业不仅需要关注经济性的目标的实现，更可能受到非经济性目标的驱使，如国有企业被赋予的天然的政治责任等。赵存丽（2014）认为国有企业在承担社会责任的驱动机制方面同民营企业存在差异，这可以从中国社会科学院近年来发布的《企业社会责任蓝皮书》中的社会责任发展指数得到印证，即前者的指数比后者的指数高。

通常情况下，企业承担社会责任的一个重要途径是从事慈善事业，而且这更被称为最高层次的责任（Carroll，1979）。尽管慈善概念的出现可追溯到几个世纪以前，但直到19世纪晚期才开始出现企业的慈善行为，而企业慈善行为合法化则是在20世纪50年代（Bormann，1994）。之后，国内外一些研究开始专注于考察企业从事慈善活动的动机与后果。首先，企业从事慈善动机方面的研究。弗莱和凯姆（Fry & Keim，1982）认为企业进行慈善捐赠拥有三个方面的动机：一是为了获取更多的经济性利益；二是不违背领导者或者行政特权的现代责任理念，以企业的名义进行捐赠；三是带有政治性色彩进行捐赠。其次，企业从事慈善活动与组织绩效之间的关系方面。郑杲娉和徐永新（2011）通过实证研究发现，企业的捐赠支出排名越高，所获得的短期和长期的累计超额回报率都更高，意味着企业从事慈善事业可以为其带来价值增值。汪凤桂等（2011）通过实证研究发现，企业从事慈善事业有助于带来更好的组织绩效。刘小菊（2016）使用中国沪深A股公司2003～2014年的捐赠数据考察了捐赠支出与组织绩效之间的具体关系，并将企业性质纳入研究框架，考察企业间不同的捐赠支出水平与绩效之间的关系，发现慈善捐赠支出越高，组织绩效越好，且在非国有企业中更为明显。

相较于现有研究对企业直接从事慈善活动，如内部捐赠计划等的关注，对企业间接从事慈善活动的关注较为匮乏。企业基金会作为企业间接从事慈善活动而发起设立的非营利组织，拥有跨社会性与经济性的特殊属性，对其进行深入研究具有重要的意义。随着企业基金会的快速发展，有学者陆续进入企业基金会的领域进行探究，接下来的部分将重点综述有关企业基金会的各方面研究，为进一步认识企业基金会提供有利线索。

第二节　企业基金会的设立原因

从表面上看，营利性企业追求慈善事业专业化和组织化是企业基金会诞生的主要原因（李新天、易海辉，2015），但归根结底，企业自身拥有是否发起设立基金会的最终决定权，这促使一些学者开始关注企业设立企业基金会的原因。通过回顾先前研究可知，企业有以下四种发起设立基金会的主要原因：一是出于战略慈善的考虑。有学者研究认为，企业发起设立基金会是为了获取利益相关者的更多支持，进而增强企业竞争力，这是因为成立基金会是向其利益相关者传达一种信号，也就是说，企业重视他们的利益诉求（Carroll，1991；Porter & Kramer，2002）。另一些学者认为，企业发起设立基金会一方面可以为其带来丰厚的经济性方面的直接收益（Porter & Kramer，2011），如税收方面的优惠（Sansing & Yetman，2006）；另一方面可以带来诸如形象、声誉（Fombrun et al.，2000；Westhues & Einwiller，2006；Kwiecińska，2015）、员工士气（Parket & Eibert，1975）和员工认同（Pedrini & Minciullo，2011）等多种类型的有助于获取间接的经济收益的无形资产。二是约束高层管理者谋取个人利益。一般情况下，因为信息不对称的普遍存在，通过开展公益慈善活动，企业高层管理者会谋取丰厚的个人利益，这会对企业的股东的利益造成损失（Atkinson & Galskiewicz，1988；Wang & Coffey，1992）。企业发起设立基金会成为解决这种问题的一种途径，因为通过设立基金会，可以将企业高层管理者与慈善捐赠行为进行隔离，进而抑制他们在开展这种活动中可能存在的机会主义行为。有研究指出，美国的一些企业指明公司的 CEO 不能任职于其发起设立的基金会（Useem & Kutner，1986）。三是出于专业化和规范化从事慈善活动的考虑。一些研究者认为，慈善活动一般情况下与企业关键业务没有直接关联，所以理应重视慈善活动的专业性、长期性（Seifert et al.，2004；Godfrey，2005），于是一些企业发起设立独立的机构从事慈善活动（Anherier，2003）。其主要是因为基金会与自然人个体、企业等不具备专业的慈善运作能力的组织相比而言，是一种能够更加专业地从事公益活动，而且优势更为凸显的组织（李新天、易海辉，2015）。这就意味着，企业发起设立基金会是其将从事慈善事业视为一种长期战略，且更为注重其专业化的一种标志。有研究指出，企业发起设立基金会一方面能够在一定程度上解放事务本就繁杂的员工，另一方面能够更为专业地处理遇到的社会问题（Kietlińska & Mikołajczyk，2014）。四是出于纯粹利他主义慈善的考虑。马丁（Martin，2001）认为，作为经济市场中重要组成部分的企业也在社会中扮演着不可或缺的角色。所以一些企业发起设立基金会完全是为了纯粹地履行作为一种社会角色理应负有的社会责任与义务，或者说社会承诺。例如，在德国这样的西方国家中，一些企业基金会通常在官网上发布其创立的宗旨便是为了扮演“好的”企业市民角色，及承担这一角色应有的社会义务（Westhues & Einwiller，2006）。

第三节　企业基金会及其治理的特殊性

一、企业基金会特殊性

（一）企业基金会的表征特殊性

根据《条例》规定，非公募基金会的一个重要组成部分就是企业基金会。自然地，企业基金会隶属于非营利组织大类，同时也属于基金会的一个重要组成部分，意味着企业基金会具有非营利组织，或者说基金会的一般特征。但是，因为企业基金会与其发起人之间存在着不可分割的联系，致使其必然拥有其他类非营利组织，或者说基金会所不具备的特性，所以企业基金会的特殊性成为理论界与实践界探讨的一个重要议题。

一方面，有研究者从门类划分角度探讨了企业基金会这一类组织的特点，但未获得一致观点。根据第一部门的“公领域”政府、第二部门的“私领域”企业和第三部门的非营利组织等三者之间的关系，一些学者给出了企业基金会的门类所属的界定。费尔南德斯（Fernandes，1994）认为企业基金会具备由萨拉蒙和安海尔（Salamon & Anheier，1992）提出的第三部门非营利组织的基本特征，主要包括正式化、私有性、非盈利分配、自愿性、公共性和自主性等，所以他认为可以将作为捐资者从事慈善活动、实现公益目标的代理人的企业基金会视为第三部门的非营利组织的一个组成部分。然而，明德林（Mindlin，2012）认为在大多数情况下，企业基金会的资金和管理均对发起企业有着高度依赖，导致其并不一定具备自主性这一特征。因此，法尔康尔（Falconer，1999）认为企业基金会不应该纳入第三部门组织的范畴，即使是具有这类组织的所有特点。其原因主要在于：“所有者缺位”这一第三部门组织都具备的特性同样适用于企业基金会，然而，不同的是，企业基金会的资金、物资等资源主要依赖于营利性发起企业，这与其他第三部门组织的资源依赖于个人，或者独立的非营利性组织捐赠的特点有着很大区别，因为前者使发起企业的地位与公司的股东具有类似的地方。从这种情况来说，如果营利性企业发起设立基金会是出于战略性目标的考虑，这就赋予了发起企业任命基金会主要高层管理者的权力。实际上，从法律角度来看，企业基金会的资源分配和战略方向都应该由组织自身的高层管理者决定。如果企业基金会内部的一些高层管理者是由于发起企业为了达成战略目标而被任命，这就使发起企业拥有了影响企业基金会决策的相当大的能力。鉴于企业基金会与营利性企业和非营利组织之间均存有密切关系，明德林(2012) 研究认为将其定性为这两类部门组织之间的中间组织（two and a half）则显得更加适合。

另一方面，一些研究者和相关机构所给出的企业基金会的特征是根据基金会具有的主要特征进行界定的。安海尔（2003）认为基金会主要包括五个方面的特征，分别是非关系性、私有性、非分配约束、自治性、公益性等。欧洲基金会中心（European Foundation Centre）指出，企业基金会是一种新型的基金会，虽然具有一般性特征，但也有其特殊之处，原因主要在于：向其提供年度捐资的发起人是第二部门组织（企业）；理事会成员大多是由发起企业指定，或者举荐的；企业基金会的行为通常不仅包括慈善资助，运作也是其主要的行为，或者“资助+运作”这种两者皆有的行为模式。经梳理相关文献发现，研究者主要根据企业基金会与发起企业之间存有的紧密联系，给出了这类基金会独有的以下几个方面特征：第一，企业向其提供设立与运作所需的资金(Petrovits，2006)；第二，发起企业不仅提供年度资金，而且给予员工、后勤支持、知识或者专有技术等非资金方面的支持（Frooman，1999）；第三，企业基金会的理事会部分成员通常来自发起企业的高层管理者团队（Anheier，2001)；第四，企业基金会名称通常与发起企业名称存在相似之处（Rey - Garcia et al.，2012）；第五，企业基金会可能同发起企业进行合作共同完成慈善资助项目。根据以上对该类基金会所属的门类和存有的特点的论述发现，这些研究关注的大多是其显而易见的特征，并没有深入探讨其具有的更深一层的特征，这对全面认识企业基金会的特殊性造成一定的局限。

（二）企业基金会的深层特殊性

除了上部分回顾的关于企业基金会表面特征的相关研究之外，经梳理国内外相关文献发现，还有一些研究分别从资源依赖理论和边界组织理论等理论视角关注与分析其更深一层次的特征。

第一个特征是与发起企业之间存在相互交织的特殊关系。根据资源依赖理论，普费弗和萨兰斯克（Pfeffer & Salancik，1978）研究认为任何组织都需要从外界获取生存与发展必需的有形或者无形资源，但同时也会因这种依赖关系的存在而受到外界影响。这一理论观点成为许多学者开展相关研究的出发点（李维安等，2015）。企业基金会作为一种非营利社会组织，其生存与发展需要依赖于从发起企业获取的资金、物资、管理经验等有形或者无形资源。正是因为存在这种高度依赖关系，使企业基金会与发起企业在运作过程中存有紧密的特殊关系，并且可能产生互相影响（见图2-1）。一方面，企业基金会能够对发起企业的行为与价值产生影响。有学者分析了企业设立基金会与盈余管理行为之间的关系，彼得罗维茨（Petrovits，2006）研究认为企业发起设立基金会一般情况下是其达到战略慈善目标的最佳渠道，且有助于发起企业通过盈余管理行为达到粉饰财务报表的目的，原因主要包括三个方面：（1）有助于将发起企业管理者从慈善捐赠决策中脱离，进而削减管理者利用捐赠行为获取个人利益的能力；（2）有助于发起企业的慈善捐赠处于一个不受商业周期影响的稳定水平；（3）有助于发起企业选择利用慈善捐赠活动获取税收优惠的最佳时机。基特林斯卡和米科瓦伊奇克（Kietlińska & Mikołajczyk，2014）研究认为，通过发起设立基金会有利于企业更好地承担社会责任，从而使其能够融入社会，进而获取更为丰厚的经济利益。奎辛斯卡（Kwiecińska，2015）以波兰企业基金会作为研究案例，分析了企业基金会与发起企业之间的相互关系，并探讨了企业基金会在公司声誉和社会参与计划等方面的构建所发挥的作用。另一方面，企业基金会的运作会受到以获取经济利益为主要目标的发起企业的影响。沃贝尔和卡特（Werbel & Carter，2002）利用美国160家企业基金会的相关数据，研究了发起企业高管对其设立的基金会行为的影响，结果表明发起企业CEO与外界的联系能够对其设立的基金会的捐赠决策产生重要影响，如设立基金会的企业的CEO更可能向其兼职的国际组织提供丰厚资助。另外，知识转移会发生于存在互动交流且具有紧密联系的两个组织间，在这个过程中知识接收方的行为会受到影响（Goh，2002）。这意味着，发起企业与企业基金会之间也会发生知识转移。明丘洛和佩德里尼（2015）以意大利企业设立的基金会为研究样本给出了证据，发现知识转移会在发起企业与其设立的企业基金会之间发生，继而对基金会这一知识接收方的运作绩效产生重要影响。沃克（Walker，2013）利用关注卫生方面的基金会为样本，从制度和战略视角研究了发起企业对企业基金会捐赠决策的影响，发现企业间网络关系能够对企业基金会捐赠支出产生影响，例如，随着发起企业当地的其他非企业基金会捐赠支出的增加，该企业设立的基金会的捐赠支出也会提升。

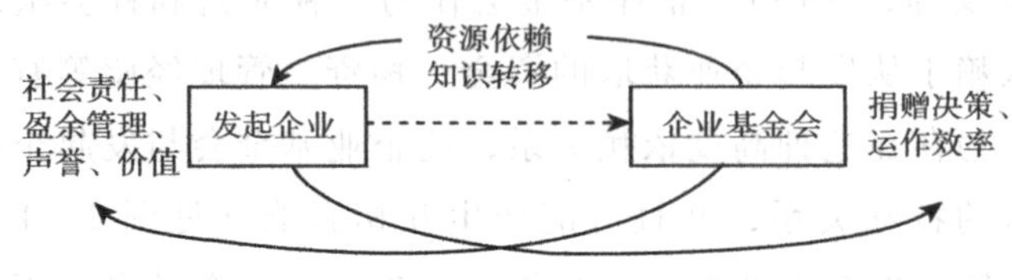

图 2－1　企业基金会与发起企业关系

资料来源：作者整理。

第二个特征是一种跨经济性与社会性的边界组织。在处理社会和环境方面极具多样性和复杂的问题上，依靠各类组织间传统的孤立模式不足以有效解决这些问题（Lindenberg，2001），这使第二部门的企业和第三部门的非政府组织的边界外延，寻找不同部门间合作的可能性。虽然跨部门伙伴关系的协同作用不仅能够为参与各方带来更多的资源和更大的竞争力，而且可以带来丰厚的社会价值，但是两类部门间不同的战略方向、文化和运作模式一直都是阻碍这种合作关系形成的主要原因（Herlin & Pedersen，2013）。除此之外，有研究认为部门之间欠缺相互信任和“话语权”不对等也使达成这种部门间合作关系更为复杂（Babiak & Thibault，2009；Bowen et al.，2010）。赫林和皮德森（Herlin & Pedersen，2013）认为企业基金会作为一种潜在的边界组织（boundary organizations），有利于营利性企业与非政府组织之间搭建合作关系。他们根据边界组织理论，采用案例研究法，探讨了丹麦 DTS（Dan Technology Solutions）设立的企业基金会的特殊性，认为其是处于发起企业与非政府组织之间的一种边界组织，可以将其看作第二部门的企业与第三部门的非政府组织之间的“桥梁”，能够起到聚集（convening）、转化（translation）、调解（mediation）和协作（collaboration）四个方面的作用，进而促使这两类组织共同承担社会责任（见图 2－2）。

二、企业基金会治理特殊性

营利性组织领域研究关注的治理问题源于所有权与控制权的分离，而非

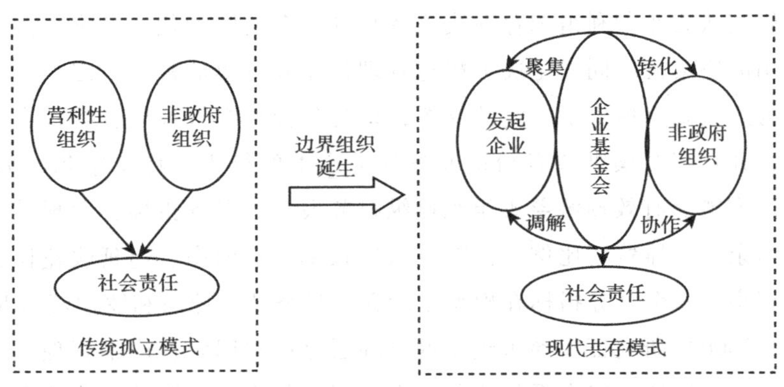

图 2－2 “企业—基金会—非政府组织”关系

资料来源：作者整理。

营利组织不具有这两种权力分离的特征。其原因在于该类组织不存在股东或者说所有者，那么，认清在这种情况中是否存在代理冲突是研究其治理问题的关键（Mindlin，2012）。詹森和麦克林（Jensen & Meckling，1976）认为清晰的委托代理关系存在与否不是判定代理成本是否存在的关键，只要情景中涉及合作行为，便会产生代理成本。同时，他们指出，代理问题极具普遍性，不论组织是属于营利性还是非营利性，均无法避免这一问题。之后，有学者将代理冲突的定义拓展至非营利性组织研究领域，开始探寻此类组织可能存在的代理问题。法玛和詹森（Fama & Jensen，1983）指出，在非营利性组织领域的研究中应用代理理论是必要的，原因在于虽然公司领域探讨的剩余索取权不存在于这类组织，使捐赠人同剩余索取权所有者之间的代理问题得以避免，但是仍旧存在代理冲突，这种冲突主要存在于捐赠人同决策者之间。也就是说，因为非营利组织具有非分配约束的特征，所以由剩余索取权引发的代理冲突不再是这类组织面临的治理问题。但是它们的发起者，或者说捐赠者，与决策权拥有者之间可能会发生冲突。非营利组织的发展依赖于一些为了实现公益目的的个体、团体或者组织的自愿捐赠，这些捐赠者希望他们捐赠的资源被有效利用。然而，代理冲突会因该类组织的决策方和捐赠方之间存在不一致的利益函数而出现。具体来说，虽然非营利组织不受获取利润的约束，且因特殊的制度背景、宗旨等而不具有被收购或者兼并的压力，但在“经济人”假设下，作为代理人的决策方拥有自己的利益诉求，继而可能谋取个人利益而无法达成作为委托人的捐赠者所追求的公益目标。此外，法玛和詹森（1983）

进一步研究认为非营利组织存在决策者与管理者之间的代理冲突，因为这类组织使用的决策机制同样是决策权与管理权相互分离的模式。之后，一些实证研究为这些观点提供了一定的支撑，认为慈善组织管理层会管理自己的财务信息，并且存在操纵或者粉饰业务活动成本的行为。特拉塞尔（Trussel，2003）研究能够有效预测慈善组织操纵财务报告的财务指标，发现慈善组织的每年结余、待摊费用比例、捐赠收入增长率、折旧率、递延收益比、业务活动费用率等六个财务指标在模型中均存在显著性。琼斯和罗伯茨（Jones & Roberts，2006）研究证实慈善组织的管理层存在利用联合成本管理业务活动费用率，进而维持一定水平的业务成本费用率的现象。因此，非营利组织的代理冲突主要在捐赠主体与决策主体之间，以及决策主体与管理主体之间发生（李新天、易海辉，2015），继而同样面临复杂的治理问题。

企业基金会是非公募基金会的一种，自然具备其他类基金会可能存在的一般性的代理冲突。然而，因为与营利性发起企业之间存有不可分割的关系，使企业基金会与其他类基金会之间存在重要差异，继而势必拥有特殊的治理问题。明德林（2012）研究认为缺乏自主性是企业基金会面临的特殊的治理问题，主要通过以下几个方面得以体现：一是理事会中的成员与发起人之间存在紧密的联系（Petrovits，2006）。企业基金会的设立与运作主要依赖企业提供的资源，这使发起企业有向其理事会派驻代表的权力，进而确保所提供的资源能够得到有效配置，然而这些成员一般情况下是企业的高管，他们在做决策的过程中可能会倾向于为发起企业的战略目标的实现提供服务，意味着企业会对企业基金会的运作产生不容忽视的影响。二是目标受益人的选取可能是基于企业的潜在消费群体进行的（Westhues & Einwiller，2006）。毋庸置疑，营利性组织和非营利组织拥有不同的宗旨、使命。一般情况下，企业基金会的组织使命应该是追求公益价值最大化，包括扶贫、环保等，而企业的组织使命是追求经济价值最大化，包括增强知名度、拓宽市场等。企业基金会为了体现其组织使命，可能“表面上”向目标受益人进行捐赠。然后，目标受益人的选取可能是发起企业干预的结果。因为发起企业的形象、声誉等能够通过企业基金会的良好运作得以提升（Fombrun et al.，2000），而这些是除产品、服务等因素之外的有助于企业发掘和维持消费群体不可或缺的因素，所以发起企业有较强的意愿干预企业基金会的运作。三是企业基金会拥有双重身份。一种身份是与其使命范围和目标受益人紧密关联的社会组织，另一种身份是服务于发起企业的战略慈善和获取声誉、形象等方面资本的组织。第一种身份意味着企业基金会是独立法人，法律意义上来说与发起企业不应该存在依附关系；第二种身份表示企业基金会可能服务于企业慈善战略目标的实现，其运作能够对发起企业的形象、声誉等产生影响，这使发起企业有干预其运作的动力，进而缺失一定程度的自主性。

另一些研究也探讨了企业基金会的治理特殊性。雷·加西亚等（Rey - Garcia et al.，2012）研究认为，企业基金会需要更为透明地运作而拥有更为复杂的代理问题，主要存在两个方面的原因：一是是否向基金会进行捐资的主体是公司的高层管理者，而公司的股东是这些资源的最终拥有者或者承受方。因为信息不对称的存在，股东无法清楚了解基金会的运作。二是公司的股东可能不是基金会的理事会成员，无法有效监督基金会的运作，这给予基金会管理者产生机会主义行为创造有利环境，进而有损于公司股东的利益。我国也有研究者初步分析了企业基金会的治理相关问题。李新天和易海辉（2015）基于委托代理理论分析了企业基金会在运作过程中存在的代理问题，及其治理路径，认为企业基金会是为了实现公益使命而由多个委托方和代理方之间契约关系形成的集合和纽带。作为受托人的企业基金会，在发展过程中，与捐赠人（主要是企业）、受益人、政府、评估机构和社会公众等多个利益相关方之间存在直接或间接的利益关系，从而形成多重代理关系。他们认为企业基金会一般情况下被企业看作子公司或内设部门，在履行公益使命的过程中，同样容易出现慈善腐败和公益“失灵”等极具典型性的治理问题，主要表现为损害政府、社会公众以及其他非企业捐赠方的利益，而发起企业自身的利益难以受到损害。另外，他们指出企业基金会的代理问题出现的原因包括以下几个方面：独立性不够；信息不对称存在于多个利益相关方之间；监督不充分；激励不明显；责任不健全；公益慈善法律不完备等。总之，根据该部分论述，与营利性企业之间存有紧密关系是企业基金会具有治理特殊性的根源。

第四节 慈善基金会治理相关研究

国内外有关基金会治理的研究将基金会视为具有单一社会性边界的组织，并集中于对基金会组织特征、内外部治理结构等与组织绩效之间的具体关系进行考察。

一、基金会组织特征对绩效的影响研究

有关基金会组织特征与绩效之间的关系研究，主要关注以下几个方面的特征，包括基金会规模、基金会资产负债率、基金会设立的年限、基金会收入的结构等。首先，对于基金会规模与绩效之间的关系。丁克曼（Tinkelman，1996）研究认为，非营利组织的规模越大，越能够获得更好的绩效，如更高的业务活动支出率。克里希南和绍尔（Krishnan & Schauer，2000）也发现了类似的结论，研究发现更大规模的非营利组织往往拥有更高的绩效，也就是说，基金会规模与绩效之间呈正相关关系。我国研究者张立民和李晗（2013）使用全国性基金会的相关数据，将基金会规模作为控制变量，研究发现该变量与业务活动成本率之间在10%的水平上呈正相关关系，与管理费用率在1%的水平上显著负相关。其次，有关基金会资产负债率对其绩效影响的研究没有得出一致结论。卡伦和福克（Callen & Falk，1993）研究认为，基金会资产负债率会对绩效产生重要影响，而且是负面影响的可能性更大。张立民和李晗（2013）研究发现，基金会的资产中的负债占比越高，业务活动成本率越低，而管理费用率越高。再次，就基金会成立的年限对绩效的影响研究。丁克曼（1998，1999）研究发现，基金会的成立年限越长，越能够获得的捐赠收入越高。这一观点得到了印证，有研究发现基金会的成立年限与其捐赠收入具有正相关关系（Kitching，2009）。最后，就基金会的收入结构对绩效的影响研究。格林利和特拉塞尔（Greenlee & Trussel，2000）研究指出，基金会是否复杂，以及财务信息是否稳定的判断标准是其收入集中度。帕森斯和特拉塞尔（Parsons & Trussel，2008）研究证实了非营利组织收入集中度确实对信息披露质量和捐赠收入有影响。他们发现非营利组织的收入来源越分散，越能够带来相对较高的财务信息披露质量，以及更高的捐赠收入。张立民和李晗（2013）根据普费弗和萨兰斯克（1978）所指出的依赖外部捐赠的组织会将理事会关注的重点更为偏向于外部的筹资环境，而非组织内部的运作绩效，进而降低组织的绩效，在考察基金会内部治理机制的治理效应时控制了捐赠收入率（捐赠收入与总收入的比值）。有鉴于此，根据相关研究，本书将基金会部分特征变量作为控制变量纳入回归模型。

二、基金会治理特征对绩效的影响研究

同营利性组织不同，非营利组织受市场机制与竞争机制的缺失限制，更加需要构建完善的治理结构来保障其平稳、良好地运转，以此来应对外部市场机制和竞争机制缺失造成的种种问题（程昔武、朱小平，2008）。就非营利组织而言，拥有更加凸出的治理问题，治理结构完善程度会对治理效率产生直接影响，其应有的社会性价值更可能受损，且极具深远影响的社会后果（刘丽珑，2015）。一些学者着手研究了包括基金会在内的非营利组织治理结构与绩效之间的关系，为改善非营利组织薄弱的治理能力，构建更加有效的内外部治理机制，引导非营利组织能够发挥在社会福利事业建设中应有的作用提供有益指引。基金会作为非营利组织重要的组成部分，有关其治理问题的研究也越来越丰富。

从非营利组织内外部治理结构两个视角考察绩效的影响因素的研究较为丰富。其中，理事会对绩效的影响是有关非营利组织内部治理研究关注的重点，包括成员数量、结构等方面的理事会特征。首先，现有非营利组织理事会规模对绩效影响产生怎样影响的研究没有获得一致的结论。耶马克（Yermack，1996）考察理事会成员数量对组织价值的影响，发现两者之间存在负相关关系，表明理事会成员数量越少，组织的决策与监督越有效。奥尔森（Olson，2000）利用 43 家高等学校的相关数据研究发现理事会规模对财务绩效存有显著正向影响，表现为理事会成员数量越多，组织能够获得的总收益越高。这与耶马克（1996）的研究结果不同，他的研究结果表明理事会成员少，组织的运作可能存在低效现象。其次，现有对非营利组织理事会的结构如何影响组织绩效的研究也较为丰富，且所得结论导向不一。布拉德肖等（Bradshaw et al.，1992）研究认为，理事会的多个方面结构能够对组织绩效产生积极影响：如理事会中拥有筹资能力强的成员；秘书长能够与理事会紧密合作；成员之间能够观点共享、遵循好的治理经验、较少的内部纠纷；理事会成员的数量、年龄、种族、性别等方面的构成较为合理；理事会成员拥有较强的能力、相关经历和社会关系等。卡伦等（1993）利用加拿大 73 个从事健康事业的基金会的相关数据进行研究，发现理事会结构没有对组织绩效产生明显的影响。里根和奥斯特（Regan & Oster，2002）研究同样没有发现理

事会成员的个体特征会对组织绩效产生显著影响。而奥尔森（2000）研究发现了理事会结构能够对组织绩效产生显著的正向影响，如理事会拥有合理的任期结构、理事会拥有适量的具有行政管理经验的成员等。我国也有学者考察了非营利组织理事会特征对组织绩效的具体影响。颜克高和罗欧琳（2015）以 88 家高校基金会和校友会为研究样本，考察理事会成员与校友会关联模式对组织绩效的影响，发现理事长的社会关联对筹资绩效没有显著的影响，而秘书长社会关联对筹资绩效产生负面影响。

此外，还有学者就非营利组织是否设立审计委员会，以及是否存在捐赠者监督等方面治理特征进行考察。在审计委员会所能发挥的治理效果方面，普利根（Pridgen，2005）研究认为非营利组织内部的审计委员会所能发挥的监督作用非常有限。在捐赠者的治理效应方面，耶特曼（Yetman，1989）研究认为借款人或者捐赠者监督组织运作的意愿越强，组织的财务报告质量越好。卡伦（2011）实证考察了非营利组织主要捐赠者参与率对组织绩效的影响，发现参与率越高的非营利组织，它们的总费用和业务活动成本比率越低。该研究的结论印证了法玛的预测观点，即非营利组织主要捐赠者会通过参与理事会的途径进行监督。巴勃罗等（Pablo et al.，2011）利用西班牙非政府发展组织作为研究对象，发现机构捐赠者的出现能够为组织提供更好的监督机制，进而使组织更为有效地配置资源。

另外，一些国外学者对基金会外部治理主体，如外部审计机构、政府监督以及媒体监督等对其运作产生的具体影响进行研究。对基金会外部审计具有的治理效应研究，基钦（Kitching，2009）考察后发现，外部审计质量能够影响到基金会外界捐赠方的决策制定，具体表现为选聘审计质量的会计师事务所能够对基金会产生积极影响，外界捐赠者对这些事务所审计与披露的财务信息更为敏感。在政府监管对基金会发挥的治理效应方面，赛德尔和哈兰（Saidel & Harlan，1998）研究认为，政府部门能够在基金会运作过程中发挥治理效用，但受限于其是否拥有向基金会拨款的契约话语权。这一研究结论得到里根和奥斯特（2002）的证实，他们采用美国纽约非营利组织的相关数据同样研究发现拥有向基金会拨款的契约话语权是政府能够在基金会运作过程中发挥治理效应的前提条件，理事会关注的重点会随着政府拨款力度的变化而存在明显差异，理事会行为会由筹资职能变换为财务监督职能。对基金会媒体监督具有的治理效应研究，鲍尔萨姆和哈里斯（Balsam & Harris，

2014）研究认为媒体监督能够发挥积极的治理效应，发现通过媒体向外界传递与基金会管理层的过高薪酬相关的信息，这会降低公众向基金会进行捐赠的意愿。我国也有学者从治理角度出发探讨影响基金会绩效的各种因素。张立民等（2012）使用2005～2009年全国基金会相关数据，考察了捐赠收入同外部审计师排名的具体关系，即在中国慈善市场上，外部监督机制之一的外部审计是否具有治理效应及治理职能如何有效实现，发现外部审计能够通过提供较高质量的基金会财务信息，进而有助于其获取更为丰厚的捐赠。张立民和李晗（2013）使用2007～2009年全国性基金会的相关数据，考察了基金会内部治理特征对其绩效的具体影响，包括理事会成员数量、监事会成员数量、负责人政治联系、理事会会议次数等，结果发现相较于成员数量较少的理事会，成员数量较多的理事会具有更好的监督效用。李晗等（2015）采用2006～2012年全国性基金会样本的相关数据对媒体监督与基金会绩效之间的关联关系进行考察，发现媒体监督能够发挥有效的治理作用，继而有助于基金会获取更好的绩效。

三、基金会捐赠行为与绩效的测量

（一）基金会捐献行为特征变量的测量

现有对基金会捐赠行为的研究较少，且集中于捐赠支出上，而从具体的捐赠项目特征视角考察捐赠行为的研究更为鲜见。沃贝尔和卡特（2002）利用捐赠支出作为捐赠决策的测量变量，使用美国160家企业基金会样本的相关数据，结果发现发起企业CEO能够对企业基金会的捐赠决策产生影响。沃克（2013）同样以捐赠支出作为捐赠行为的测量变量，从制度和战略视角研究了发起企业对企业基金会捐赠决策的影响。库夏尔等（Koushyar et al.，2013）从资源依赖理论视角分析了美国企业基金会与独立基金会之间具体的捐赠行为可能存在的差异。他们研究认为根据资源依赖理论，资源获取方需要对资源提供一方从事慈善活动的动机做出回应，鉴于企业基金会与其他类型独立基金会的原始发起人性质存有差异，这就使两类基金会的捐赠行为必然有所不同，具体可能体现在捐赠项目总数、捐赠项目平均支出额度和捐赠项目持续比率上。然而，该研究没有对企业基金会是由企业还是企业家发起设立进行明确的界定，这可能对研究结果产生影响。而且，基于美国这一发达国家情景所得出的结论并不一定适用于我国企业基金会发展起步较晚的情况。另外，使用捐赠项目平均支出额度作为捐赠行为的测量指标存有不妥之处，原因在于平均支出额度不仅受捐赠项目总数的影响，而且受基金会本身拥有的可支配的资金多少的影响。

因此，为了验证本书从资源依赖理论和委托代理理论视角认为基金会会受到其发起方间接从事慈善活动的动机的影响而表现出不同的捐赠行为特征，以及借鉴库夏尔等（2015）的做法，选取资助项目总数和资助项目持续比率作为基金会捐赠行为特征的两个衡量指标。其中，基金会捐赠项目总数测算为每年资助项目的总和，资助项目持续比率测算为样本年与样本年前一年相同项目的数量与前一年项目总数的比值。

（二）基金会绩效的测量

通常情况下，运用会计方面的指标衡量公司业绩，包括资产收益率、权益收益率、托宾 Q 值变动、净收益及销售成长率等。然而，因为营利性企业与非营利性基金会的追求目的存有本质区别，前者追求经济性价值最大化，后者则追求社会性价值最大化，或者说公益价值最大化，所以这两者存有截然不同的绩效测量指标。现有国外相关研究测量基金会绩效时使用的指标主要包括业务活动成本率、管理费用率和筹资费用率等（Weisbrod & Dominguez，1986；Yetman，1989；Tinkelman，1996；Stout，1997）。其中，业务活动成本率测算为业务活动成本与总费用的比值，管理费用率测算为管理费用与总费用的比值，筹资费用率测算为筹资费用与总费用的比值。对于它们各自代表的含义，业务活动成本是指基金会为完成其公益使命和宗旨进行捐赠或者救助的投入，业务活动成本率越高，代表基金会配置在业务活动方面的资源所占比重越大，也就是说越好完成公益使命，继而拥有越高的公益活动绩效。管理费用率代表基金会内部运作绩效，管理费用率越低，代表基金会运作绩效越高，也就是管理绩效越好。筹资费用是指基金会筹集所需资金或者善款而发生的费用，筹资费用率降低代表基金会筹资绩效提高。

结合我国制度背景和法律法规，国内一些相关研究在采用公益活动绩效的基础上，加入筹资绩效这一测量基金会绩效的指标。颜克高（2012）考察基金会的理事会特征对财务绩效的具体影响，从四个方面测量基金会的绩效，分别是公众支持程度，运用捐赠收入与总收入的比值测算；公益性，运用公益支出与总支出的比值测算；财政绩效，测算为总费用所占总收入的比率；筹资绩效，测算为对总收入取自然对数。张立民等（2012）利用捐赠收入作为全国性基金会绩效的测量指标，考察基金会外部审计师的治理效用。张立民和李晗（2013）同样利用全国基金会的相关数据考察内部治理机制的治理效用时，运用业务活动成本率、管理费用率和筹资费用率等三个方面财务指标测算慈善基金会的绩效。李晗等（2015）以全国基金会为样本考察媒体监督与基金会绩效之间的关联关系，使用捐赠收入和业务活动成本率作为基金会财务绩效的代理变量。这些研究使用的样本不仅包括非公募基金会，而且包含公募基金会。

鉴于两种类型的基金会在筹资方式方面存有根本区别，所以本书认为捐赠收入作为企业基金会绩效的测量指标不再适用。再加上，企业基金会的特殊性使其捐赠收入来源结构也与其他类型基金会存有不同，大多数企业基金会在成立时，就可能确定了每年能够从原始出资人处所获得的捐赠额度，且成为主要的捐赠收入来源，这在一定程度上说明企业基金会能够获取的资金支持同其之后的运作关联程度不同于其他类型基金会，尤其是可以向公众募集资金的公募基金会，所以利用捐赠收入作为企业基金会绩效的测量指标的科学性值得商榷。有鉴于此，本书借鉴国内外研究都经常使用的基金会绩效测量指标衡量企业基金会绩效，即业务活动成本率、管理费用率和筹资费用率。然而，经收集和整理本书研究所使用的企业基金会样本的相关数据后发现，存有筹资费用一项的企业基金会样本较少，而且平均筹资费用率偏低（0.3%），所以本书主要采用业务活动成本率和管理费用率作为基金会绩效的测量指标。

第五节　文献评述与本章小结

一、国外研究述评

通过以上国外相关研究的回顾，可以清晰地梳理出企业基金会的相关研究动态。国外有关企业基金会的研究主要是基于其与营利性企业之间紧密关系开展的，主要包括三个层面：第一层，主要关注微观层面的个体。国外有研究证实了发起企业 CEO 的社会关系能够对公司设立的基金会的决策制定产生重要影响。第二层，中观层面主要关注组织。国外有关企业基金会组织层面的研究主要基于战略理论、资源依赖理论等探讨其企业发起设立基金会的原因，企业基金会具有的特殊性等，且有研究实证考察了企业基金会与非企业基金会之间的行为差异。另外，该层面的研究关注到了企业基金会自主性问题，认为企业基金会作为独立的法人组织，因与发起企业之间存有紧密联系，所以面临自主性方面的治理问题，而设计完善的企业基金会治理机制是保障其自主性的关键。第三层，宏观层面主要关注不同组织之间的关系。有研究基于宏观层面的制度背景探讨了企业基金会的特殊性，认为企业基金会是旧的经济与社会制度破灭，新的经济与社会制度形成过程中的产物，是融合于经济制度背景与社会制度背景之间的中介组织，能够使企业与非政府组织构成紧密的关联关系，进而更好地为解决社会问题提供服务。因此，从企业基金会与营利性企业之间关系出发，探究企业基金会及其治理特殊性成为这一领域的主要研究视角。

然而，国外相关研究也存有一定不足的地方，这正是本研究得以展开的出发点。首先，虽然有研究从企业基金会与发起企业之间紧密关系的角度探讨了企业基金会及其治理特殊性，但仅限于定性分析，没有从理论角度深入分析这些特殊性的内在机理，以及从定量角度考察对企业基金会造成的具体影响；其次，相关研究大多将基金会视为具有单一非营利性边界的社会组织，主要考察其绩效的影响因素，而对于企业基金会这一跨经济性和社会性的边界组织的绩效关注不足，而且鲜有涉及企业基金会具体捐赠行为的研究；最后，虽然有零星研究关注到企业基金会的治理机制设计问题，但仅限于定性分析，且不具有系统性，更未利用实证范式考察企业基金会内外部治理机制的治理效用。

二、国内研究的不足

（一）国内探讨非营利社会组织，尤其是企业基金会与营利性企业在慈善事业中存在的关系的研究较少，且大多限于定性分析

国内有关社会组织与营利性企业之间关系的研究大多基于宏观的经济与社会层面探讨这两类组织在提供社会产品与服务的互补性，并未就两类组织之间可能存在的直接影响进行探讨。企业基金会作为由营利性企业发起设立

的社会组织，虽然有研究分析了其面临的治理问题，但只是定性分析了发起企业作为捐赠人与基金会之间存有的契约关系，以及可能引发的治理问题，如自主性受损，并未具体考察发起企业对企业基金会运作的具体影响。鉴于国外研究认为，发起企业能够对企业基金会的运作产生影响，所以本书从企业基金会因与营利性企业之间存有紧密关系而产生的治理特殊性出发，考察其捐赠行为与绩效的特殊性。

（二）国内研究对企业基金会绩效关注不足，更未有关注到企业基金会捐赠行为方面的研究

虽然国内有大量研究关注到非营利社会组织，或者说基金会绩效方面的问题，但考虑到企业基金会同其他类型的非营利组织，或者说基金会存有差异，其绩效更可能受到发起企业的影响而表现出特殊性，使之前的相关研究结论不再适用，这就需要对企业基金会绩效展开深入考察。另外，作为提供公益产品和服务的社会性组织，但与经济性企业存有紧密关系，企业基金会行为也值得深入考察，尤其是其是否受到营利性发起企业的影响更具研究意义。因此，本书首先对比分析企业基金会与传统非公募基金会之间的捐赠行为和绩效水平差异，并将企业基金会根据发起企业性质进行分类，进一步考察它们之间的捐赠行为与绩效水平差异。

（三）国内研究基于委托代理理论定性分析了企业基金会治理问题，并未进一步给予定量的实证支持

国内有研究认为企业基金会是与捐赠人、政府、受益人、第三方评估机构等之间存有契约关系的独立法人，拥有治理特殊性。但该研究仅限于基于委托代理理论的定性论述，并未进一步给予定量的实证支持。所以本书在国内外先前研究基础上，根据利益相关者理论指出的为了平衡组织各利益相关群体的利益诉求，各利益相关群体均可参与治理的理论观点，探讨企业基金会内外部治理机制的治理效应。另外，国内对基金会的研究主要集中于基于委托代理理论对全国性基金会治理机制有效性问题的研究，而没有给予企业基金会这一跨社会性和经济性的新型基金会足够关注。有鉴于此，本书基于利益相关者理论，考察企业基金会内外治理机制对组织绩效的具体影响，以及在拥有不同性质企业背景和捐赠行为特征不同的企业基金会中，这些内外部治理机制与绩效之间关系表现出的具体差异。

| 第三章 |

制度背景分析与相关理论

本章首先介绍我国企业基金会及其治理研究在由公司治理向社会组织治理转型过程中所处的制度背景，然后重点分析在资源依赖理论和委托代理理论两种理论视角下企业基金会因具有治理特殊性而可能表现出捐赠行为与绩效特殊性的内在机理，最后探讨利益相关者理论在企业基金会治理研究中的适用性，并从该理论视角出发分析理事会、监事会、外部审计、债权人等企业基金会内外部治理机制可能发挥的治理效用。

第一节　制度变迁与治理转型背景分析

一、制度变迁背景分析

根据利益相关者理论，以获取利润为最终导向的企业应该承担社会责任（Freeman & Reed，1983），这能够为企业带来一系列有益之处（Minciullo & Pedrini，2015），例如，获得经营所需的必要资源（Brayden & Whetten，2008）；增强外界认同度（Rumsey & White，2009）；创造更好的社会声誉（Fry et al.，1982；Bronn & Vidaver－Cohen，2009）等。伴随外界对企业应该承担社会责任越来越强烈的呼声，企业的参与形式也不再一成不变。一般情况下，投向慈善事业是企业承担社会责任的一个重要表现形式（Carroll，1979）。除了企业对外界进行的直接捐赠之外，企业捐资发起设立基金会成为其间接地、更具系统性地投向慈善事业的一种正式的新方式（Heald，1970；Petrovits，

2006）。第一家真正意义上由营利性企业设立的慈善基金会，即奥特曼基金会（Altman foundation）由美国的奥特曼百货公司（Altman department stores）在1913年捐资发起设立，自此拉开了一种新型慈善组织跃上历史舞台的大幕。之后，除美国之外，另一些西方发达国家由企业捐资发起设立的基金会也越来越多（Anheier，2003），并且在慈善领域中扮演着越来越重要的角色（Morweiser，2001），日渐成为企业履行社会责任的重要工具（Porter & Kramer，2011；Pedrini & Minciullo，2011）。相较于西方发达国家，我国企业基金会出现较晚，无论是其发展，还是与之相关的理论研究均处于起步阶段（李新天、易海辉，2015）。当然，企业基金会是隶属于基金会门类的组织，它们的发展自然依托于基金会行业发展所处的制度背景。接下来对我国基金会行业发展所经历的制度变迁进行梳理，进而分析企业基金会发展过程中经历的制度背景的变化。

1981年是我国基金会行业日渐兴起的开端，在四十多年的快速发展期间，历经了三个对其发展有着决定性意义的时期：1981～1995年的缓慢发展期；1995～2004年的平稳过渡期；2004年以后的加速发展期。各个期间，我国出台与基金会行业相关的重要法律法规与制度规范为它们的快速发展提供越来越宽松的发展环境。1988年，我国颁布的《基金会管理办法》是最早与基金会发展相关的法律法规，这一立法规定建立基金会，需要由基金会管理部门报经中国人民银行审查批准，在民政部门进行登记注册获取许可证而具有法人资格后，才可以实施业务活动。这标志着我国基金会的成立拥有了合法依据。1999年，民政部获得中国人民银行根据国务院相关社团、基金会由其统一管理的决定而移交的基金会的审批和监督职责，且同时启动新的基金会管理立法。2004年，我国颁布《基金会管理条例》（简称“条例”），逐步放开对基金会的登记注册，鼓励非公募基金会的发展。该条例的出台，标志着民间公益基金会进入新的历史阶段，基金会总量开始高速增长，尤其以非公募基金会的增长最为明显。2011年，民政部提交的《基金会管理条例（修订草案送审稿）》中不再存在有关业务主管单位的规定，标志着长期以来存在的民政部与业务主管单位“双重管理”制度的消失，预示着构建基金会多元治理获得重大突破。2013年，民政部颁布《关于进一步促进公益服务类社会组织发展的若干规定》，明确规定将非公募基金会登记的管理权限下放给已获授权的行政单位，同时提出县级以上人民政府和民政部门是公益服务类社会组织的登记管理机关。这一举措为非公募基金会提供了更加宽松的发展环境，尤其是该类基金会登记管理权限的下放是我国慈善事业发展中的一个里程碑。同样在 2013 年，十八届三中全会上对国家发展与改革委员会提出的慈善组织“直接登记注册”政策表示全面肯定，并将其写入《中共中央关于全面深化改革的若干重大问题的决定》。这标志着慈善组织发展取得全面进展，尤其是“直接登记注册”这一突破瓶颈式的改革，是现行体制对慈善组织全面接纳的信号，进一步带来促进我国慈善组织发展的热潮（陈丽红等，2014）。2014 年国务院发布《关于促进慈善事业健康发展的指导意见》，这是自中华人民共和国成立以来，第一个以中央政府名义发布的关于规范慈善事业发展的文件。它对推动基金会治理做了重大战略部署，是基金会治理发展历史中的另一里程碑，这使基金会治理问题成为学术界和实务界的一个重要课题。2016 年《慈善法》的颁布与实施标志着我国慈善事业的首部法律走上前台，成为规范我国慈善事业的第一部基础性和综合性法律，更具里程碑意义。这为基金会等社会组织的发展提供更为有利的环境，同时也预示着基金会治理研究正值当时。那么，作为脱胎于营利性企业的企业基金会与其他类型基金会存有差异，在这样的制度背景下，其治理问题理应受到理论界与实践界的关注。

二、治理转型背景分析

从法理的角度来说，企业基金会虽然主要由营利性企业捐资发起设立（除直接的捐资外，企业也可以进行“实物”捐赠，如办公场所、设备等），但并不隶属于企业，而是需要承担民事责任的独立法人，同时享有税收减免的优惠政策（Petrovits，2006；李新天、易海辉，2015）。实际上，企业基金会与捐赠人（主要是企业）、政府、媒体、受益人、社会公众等之间都存有紧密的联系。正是因为这些关系的存在，使企业基金会在发展过程中会可能面临诸多治理问题，如企业基金会与发起企业之间存在紧密关联，前者有成为后者附庸的倾向，进而为企业获取私利提供服务而对企业基金会的公益本性造成损害（李维安，2015）。企业基金会由企业发起成立，在原始资金、理事、工作人员、项目运作等方面都与发起企业关联。这些关联在企业基金会发展初期可能起到重要作用，但随着企业基金会的发展壮大，如关联交易等与企业相关的公司治理模式将严重影响非营利组织的社会性。为了解决企业基金会员工待遇，以及降低企业基金会行政支出，让员工从发起企业领取薪酬，这虽然能够在表面上向外界传递一种达到管理指标的信号，但实际上严重违背公益慈善成本管理的内在逻辑（赵俊男，2013）。除此之外，企业基金会在发展的过程中还可能存在着投资监管滞后、社会化监督不力、声誉评价缺失等方面的问题（宋昊泽，2013；李新天、易海辉，2015）。其根源在于，面对从企业脱胎而来的企业基金会这种社会组织，各利益相关方仍然沿用企业治理的方式。有研究指出，根据“条例”规定，企业基金会具有独立法人资格的组织，需要与发起企业之间保持适度的区隔，构建独立的法人治理结构（赵俊男，2013）。因而，破解企业基金会发展难题的重中之重，就是要实现从企业治理到社会组织治理的转型（李维安，2015）。

李维安（2015）指出，社会治理的一个重要主体是社会组织，建立现代社会治理体系的关键之一便是建立以及完善社会组织治理。在计划经济时期不存在真正意义上的社会组织，“社区单位化”“企业办社会”等现象尤为突出，原因在于在政府直控型社会管理体制下，行政型事业单位和企业共同履行社会组织的职能。随着计划经济向市场经济的转型，企业开始剥离所承担的社会职能，大量对政府存有依附的事业单位寻求改革，一些真正意义上的社会组织开始出现并快速发展，如从事公益类的组织、行业协会等。然而，近些年成立的社会组织中的大多数仍旧依赖政府拨款进行运作，或者人事方面的任免权也属于政府部门，从而具有天然的“二政府”的行政型治理特征，而且缺乏运作的透明度。同时，引发信任危机事件的频发使外界对社会组织的认同度大大降低。另外，社会多元主体通过自发社会组织积极参与社会治理的积极性不足，进而无法履行社会治理的职能，原因在于这些组织通常欠缺独立性，没有自主治理的能力。尤其是在目前政府简政放权、下放更多社会治理职能，以及企业寻求深化改革路径的情况下，非真正意义上的社会组织难以承担起社会治理职能；而且这类组织没有扮演好其在社会治理中承担的角色，特别是社会结构急剧变化、利益格局愈发复杂和民众诉求更趋多元的情况下。因此，社会组织治理、公司治理和政府治理之间形成协同治理模式是提升社会治理水平的关键。然而，从我国治理改革的顺序和进程来看，社会组织治理的改革已经明显滞后于公司治理和政府治理，从行政型治理向社会型治理转型是激活社会组织、为社会治理的创新注力的唯一途径。因此，在公司治理向社会组织治理、行政型向社会型治理转型的大背景下，着力研究企业基金会治理问题尤其重要。现有研究主要关注企业基金会的设立原因、特殊性、发展困境等，仅有少量研究关注其治理特殊性。虽然这些研究认为，企业基金会及其治理特殊性源于企业基金会与发起企业之间存有的紧密关系，但未就其内在机理进行深入探讨，更未考察企业基金会可能存有特殊性的捐赠行为与绩效。有鉴于此，本书从资源依赖理论、委托代理理论等理论视角探讨企业基金会与发起企业之间紧密关系导致企业基金会及其存有治理特殊性的内在机理，在此基础上考察企业基金会的捐赠行为与绩效的特殊性，并进一步深入探究企业基金会内外部治理机制的治理有效性。

第二节　资源依赖理论

一直以来，资源依赖理论是现代组织研究的一种主要理论，它的萌芽与兴起可追溯至19世纪40年代，而理论界将其广泛运用于探讨组织间关系是在20世纪70年代之后。该理论的形成基础源于1949年塞尔兹尼克（Selznick）对美国田纳西河流域当局进行深入考察而详细阐述的“共同抉择”过程，主要讲的是为了解决当局面临的向南部农村地区推广农业技术和电力的自身能力不足的困境，而将南部地区的一些精英纳入自身的决策结构中，进而形成这一过程。这种过程有被招募者分享决策权力的倾向，但也有学者指出它仅仅可能是一种具有象征性的符号策略，由此该过程牵涉的各方权力的相对均衡构成现代组织间关系研究中存有的主要争论的源泉，并形成了各种理论观点。汤普森和麦克尤恩（Thompson & McEwen，1958）在共同抉择的基础上加入联盟（合资公司）和协商（商业谈判）形成了不同组织间合作关系的三个基本模式。埃默尔森（1962）试图构建关于社会关系的权力与依赖理论，他认为社会关系中包含着交往双方对彼此的依赖，这或多或少地会产生一方对另一方的影响或控制能力。1967年，汤普森在融入了埃默尔森（1962）的观点和迪尔（Dill，1958）构建的任务环境概念的前提下，提出了一种综合性的新模式，在这种模式中组织间的权力是相互依赖的。具体而言，就是一个组织在运营过程中对另一个组织提供的有形和无形资源或服务的需求越大，则会产生越强的依赖，而随着能够提供同类资源或服务的可替代组织的出现，这种依赖程度会相对减弱。这也引发一个问题，即对资源存在需要的组织会对提供资源的组织产生潜在的依赖，而提供资源的替代组织无法轻易获取，于是在一定程度上对组织的发展产生负面影响。因此，扎尔德（Zald，1970）从“政治经济”的角度详细论述了组织变迁的方向和过程，指出一个组织的独立性会因对自身运营与发展所需资源的依赖而被削弱。之后，普费弗和萨兰斯克（1978）出版了标志着资源依赖理论正式形成的《组织的外部控制：一个资源依赖的视角》一书，该书中的组织研究延续学界脱离封闭系统模式对组织进行研究的路径，将关注的重点投向了组织间的分析层次，详细论述了资源依赖理论的四大假设及所对应的观点。他们认为，获取和维持资源的能力是组织生存的关键，然而并不存在一个组织能够实现对资源的完全控制，进而对其他组织所拥有的资源存有需求而产生依赖，继而要应对提供资源的组织的额外动机。伯特（Burt，1983）在普费弗和萨兰斯克（1978）研究的基础上构建“结构自主性”这一拓展了资源依赖理论的新模式，认为组织都处于社会网络中，需要尽可能地避免对其他个体或者组织的依赖。原因在于：在社会结构中，作为相对稀疏资源拥有者的个体或者组织能够从对其存有依赖的其他个体或者组织的资源索取过程中受益，而资源索取者需要为此付出一定的代价。这一观点在之后进行的产业研究中得到印证，发现能够获取较为丰厚利润的产业通常具有较高结构自主性，而严重依赖于其他产业的产业会陷入发展困境。贝克（Baker，1990）基于资源依赖视角，对公司与其投资银行之间构成的依赖关系进行分析与考察，详细探讨了组织处理这种关系的方式。他提出假设，公司尽可能地维系与其投资银行之间构建的长期且紧密关系的前提是在资金、信息等有形和无形资源上对其投资银行存有高度依赖，一旦这个前提不再存在，两者之间的合作将会变得短暂。

一、资源依赖理论的主要观点

（一）组织环境

斯科特（Scott，2002）在《组织理论：理性、自然和开放系统》一书中指出，根据资源依赖理论，一个组织在非封闭的系统中必然会受到环境的影响，当然也不是完全开放的，且对环境中的任何动静都会作出反应。那么，探究组织身处的情景，即组织环境，是认知组织行为的前提。鉴于理论界界定环境的概念框架和方法导向存有差异，所以对其理解和认识也存在不同观点。斯科特（2002）将环境分割为四个层次：第一，组织丛，即根据既定组织的立场审视环境。在该层次上进行的研究主要关注既定组织受到信息与资源的流动及其联系等所造成的影响，继而深入探究了既定组织的资源、利益和依赖性及其生存策略。第二，组织种群，即具有相似性的组织结合在一起形成的群体。这一层次主要关注组织之间的竞争分析、竞争的不同策略和环境变化引起的选择性效果等几个方面。第三，组织间群落，该层次环境中的组织不再是作为集合体的单一组织单位，而是重视组织间形成的关系网络，将其视为范围更大、跨度更广的系统的组成成分。第四，组织领域，聚集在同一领域中的组织拥有公认制度。在这一层次的环境中，组织会因在共同的领域中运作产生联系，并形成共同的文化准则和意义体系，但这种联系并不是直接的，而是组织间体现出具有相似特征的结构和关系。另外，艾美瑞（Emery，1965）依据资源分配的形式和系统内组织不得不考虑其他组织行为的程度，将环境划分为四种：第一，平静—随机环境，在这一种环境中，组织运作与发展所需的资源是随机分布的，它们通常可以以固定的概率获取。组织能否生存就要看是否拥有使用相同种类资源的能力。第二，平静—聚集环境，这一种环境中的资源虽然不会变化，但具有集结性，这意味着组织所处的位置对其生存与发展有着重要影响。如果组织高度依赖这种环境中的资源，是否能够生存取决于寻找资源，以及找到多少资源的能力。第三，扰乱—回应环境，组织本身的行为决定其在这种环境里获取资源的可能性，因为这种环境中存在同类的组织，这就会引发对有限资源的竞争，当然也会相互之间进行交易，所以在这种环境里，一个组织的生存与发展取决于自身对竞争者的行为策略的应对能力。第四，动荡环境，在这一种环境中的任何组织都不是孤立存在的，而是互相关联的，于是形成了组织在运作过程中必须重视的多重组织间关系或者网络。

（二）组织与环境的相互依赖

根据资源依赖理论，对一个组织而言，减弱其依赖于拥有生存所需关键资源的外部组织的程度，以及寻找能够影响且持续掌握这些外部组织拥有的关键资源的方法是其首要目标。该理论进一步指出将组织与其所处周围环境联系在一起的核心纽带是相互间的资源交换，而资源包括组织发展所需的人力资本、有价值的信息、政治支持、社会支持等，继而强调脱离一定社会网络的任一个或者一类组织都无法生存。组织个体对其所处的环境都存有依赖，并且形成相互依存与作用的关系，继而从中获取有助于实现生存与发展所需的资源。具体而言，其中涵盖了三层意义：第一，任一组织与其所处环境是相互依存，而非孤立存在的。第二，组织有调整对周围环境依赖程度的其他选择；第三，认知环境属于一个行为过程，不应被视为静态的客观存在。另外，资源依赖流派的观点大多是基于以下几个理论假设形成的：第一，生存是组织的首要目标。第二，组织不具备生产生存所需资源的条件和能力。第三，组织依赖的环境中存在其他组织，它们之间应该是互动关系。第四，组织生存的一个基础条件是拥有控制自身与其他组织之间关系的能力。该流派进一步认为，以下三种因素决定了某个组织依赖其所处环境中的其他组织的程度，首先，资源对组织的生存而言具有的重要程度；其次，组织内外部既定群体能否处理资源；最后，能否容易地获得替代性资源。某一组织严重依赖于能够提供其生存所需关键资源（专业技术）的其他特定组织的前提是：该组织自身难以生产这类资源，替代性资源稀缺且极难获取。也就是说，组织从外部环境中的其他组织获取的有形或无形资源的稀缺性、重要性及可替代性决定了该组织对这一特定组织的依赖性程度（Thompson & McEwen，1958；Baker，1990；马迎贤，2005；颜克高，2012），这就构成了组织间的依赖关系。根据上述理论假设，资源依赖理论指出了两个核心论点：一是组织因自身不能生产与提供其生存与发展所需的全部资源，而对外部环境中的提供资源的组织产生高度依赖，继而遭受外部控制，这能够影响其内部权力安排；二是组织能够通过自身主动的调整来脱离因资源依赖所产生的外部控制对其行为的限制，提升组织自主性。

二、资源依赖理论视角下企业基金会捐赠行为与绩效特殊性

通过以上详细论述资源依赖理论以及形成的观点，本书认为将其用于解释企业基金会捐赠行为和绩效特殊性具有很好的适用性。一是从资源获取的

角度来看。企业基金会对发起企业产生依赖的前提是能够获得生存与发展所需的资源，不仅包括货币资金、物资资源等有形资源，而且包括竞争经验、管理经验、技术知识等无形资源，这些有助于企业基金会获取更好的绩效。有研究指出，一个组织拥有的知识会在与另一个联系较为紧密的组织进行互动交流时发生转移，进而对这一接收知识组织的行为产生影响（Goh，2002）。明丘洛和佩德里尼（2015）利用意大利企业基金会的相关数据，研究结果表明，企业基金会会接收到从发起企业转移过来的知识，进而对其运作绩效产生影响。同时，基金会的理事会成员通常是发起人的高层管理者，这为无形资源的转移提供便利渠道。相较于非营利组织，营利性企业不仅拥有更为丰厚的资金、物资等有形资源，而且拥有更为丰富的竞争经验、管理经验、技术知识等无形资源。这就意味着企业基金会能够更好地从事公益活动，获得更好的绩效，具体可能表现为更好的业务活动支出率，或者更低的管理费用率。二是从资源依赖引发行为受限的角度来看。企业基金会是一种高度依赖于其所处的外部环境，以及环境中的其他组织，尤其是发起企业的慈善组织。该类组织的运作大多高度依赖于发起企业提供的其发展所需的货币资金、物资资源、人力资源等有形和无形资源，这就使它们的行为容易受到发起企业的影响。企业基金会虽然具有从除发起企业之外的环境中吸纳资源的可能性，但囿于其涉及经济性组织的背景，这种能力相较于其他类型非营利性组织，或者说其他类型非公募基金会而言就显得较弱。因为理论界与实践界大多认为，企业从事慈善活动本身就具有获取经济利益的强烈动机，这就使作为企业间接从事慈善活动而设立的基金会的公益本性更容易遭受怀疑。有研究发现，捐资设立基金会是企业通过盈余管理行为粉饰财务报表的一种渠道（Petrovits，2006）。这就使除发起企业之外，其他有意愿向企业基金会捐资的个体、组织等可能较少，这又会进一步强化企业基金会对发起企业的依赖程度，加大其行为受发起企业影响的可能性。当然，企业基金会的运作能够有助于发起企业获得更好的声誉、形象等无形资源（Fombrun et al.，2000），进而有助于发起企业获得更高的经济回报。基于上述分析可知，企业基金会在与发起企业进行资源交换过程中，自然要应对发起企业存有的从事慈善活动的动机，这会对企业基金会的捐赠行为和绩效水平产生影响。通常情况下，发起企业从事慈善活动的目的是满足利益相关者的利益诉求（Freeman，1984），如解决大量消费者和员工面临的，以及政府方面希望由企业出面解决的各种社会问题。更有研究认为发起企业设立基金会的目的之一便是向其利益相关者传达一种重视他们利益的信号（Westhues & Einwiller，2006）。相较于大学、医院等组织，营利性企业更加重视利益相关者管理。那么，企业基金会为了获取更多资源，捐赠行为可能会迎合企业实现慈善动机的需要，而向多种利益相关者提供资助，进而表现出多样化，也就是说项目总数较多。另外，营利性企业通过从事基于市场或者政治目的考虑的慈善活动而获取具有承诺性社会支持的可能性不大，企业更可能关注的是有助于品牌、形象等方面管理的外在象征性价值（Koushyar et al.，2013），通俗地讲就是“做了”慈善，而且，这种能够获得社会支持的象征性关联价值比任何一种特定的捐赠行为产生的影响力持续时间更长。所以为了最大限度地获取象征性价值，在有限的资源支持情况下，企业更希望企业基金会尽可能多地选取不同的项目，而非长期性地固定资助某一个，或者某一类项目，进而扩大其慈善涵盖范围，这就使企业基金会的捐赠行为可能表现出非关联性，也就是说项目更换率较高。

第三节　委托代理理论

20世纪60～70年代，委托代理理论以委托代理关系假设的出现为基础逐渐形成，并作为制度经济学契约理论的主要内容受到越来越多的研究者的关注。詹森和麦克林（1976）将委托代理关系定义为：一个或者多个行为主体（委托人）雇佣或者委托其他行为主体（代理人）提供能够为其带来利益的服务，同时授予代理人一定的自主决策权而形成的显性或者隐性的契约关系。普拉特和泽克豪森（Pratt & Zeckhauser，1987）则更加直接地表达了对委托代理关系的认知，他们认为一旦一个或者多个主体对其他个体的活动存有依赖，就形成了委托代理关系。在此基础上形成的代理理论的基本思想便是委托人与代理人之间拥有不一致的利益函数，需要设计制衡机制来抑制代理人的权力滥用或者机会主义行为。其中蕴含着两个基本的假设（刘有贵、蒋年云，2006）：一是委托方同代理方之间拥有不一致的利益诉求。在“理性经济人”的假设下，双方都是以各自利益最大化为导向的。委托人一方期望代理人一方以其利益最大化为决策与行为导向，而代理人一方也拥有自身偏好，可能利用委托人提供的资源服务于自身利益最大化。这就需要设计一些机制来协调双方的利益冲突。二是委托方与代理方拥有不对称地获取信息的地位。在信息不对称的情境中，委托方无法完全地认识到代理方的工作努力的程度，使代理方的工作情况难以得到委托方的客观评价，这给予了代理方利用身处的获取信息的优势地位谋取自身利益最大化的空间。因此，除尽可能多地获取更丰富的信息以外，委托方也会设计机制来监督和激励代理方，使代理一方更好地为委托方的利益最大化服务。

一、委托代理理论在非营利组织中的适用性

非营利组织的运作需要多个主体以及多种形式的捐赠，如自然人、团体或者法人提供的物资、志愿者提供的时间和技能、政府提供的财政拨款等。这些捐赠方均是以对社会中存在的弱势群体或者某种共同利益的关心为前提而向其进行捐赠的。这些捐赠行为具有以下特征：第一，具有明确的公益或者互益；第二，捐赠资源的使用需要依据捐赠协议进行；第三，捐赠方对捐赠资源的所有权、处置权和收益权等随着捐赠行为的发生而失去，即将这些权力转移到作为受赠者的非营利组织。当然，捐赠方仍旧拥有一定程度的控制权，也就是说，一旦组织没有依据签订的捐赠协议分配所获得的资源，捐赠方有权力索回其捐赠的资源并进行转赠（颜克高、陈晓春，2010）。因此，非营利组织通常表现出以下产权特征。

首先，不存在完整意义上的产权主体。非营利组织的利益关联方，如捐赠方、受赠方和受益方等仅具有对资产的部分权利，任一关联方都不可能同时拥有经营、处分、收益和监督等多种权利，因此都不是该类组织产权的完整拥有者。其次，模糊的所有权归属。绝对意义上的所有权不会被捐赠方、受赠方和受益方的任何一个享有，原因在于捐赠方在捐赠行为完成时意味着所有权的放弃，受益人是没有具体指向的社会群体，更不会是所有权的拥有主体，受赠方虽然拥有该类组织的资产支配权，但不能够享有收益权。再次，所有权与经营权相分离。理论意义上的所有权拥有者与产权主体是一致的，即社会公众，但作为不特定多数的社会公众显然无法实现对非营利组织日常运营的具体管理，因而非营利组织在实际运营中普遍存在委托经营的情况。最后，剩余索取权与剩余控制权相分离。非营利组织通常情况下没有既

定的受益群体，这导致受益权的拥有者不存在明确的主体，也就是说，呈现出虚拟化的剩余索取权主体的特点，从而造成拥有所有权的主体和拥有受益权的主体不相同，继而使剩余控制权同剩余收益权相分离。因此，委托代理理论奠定了非营利组织发起人，或者捐赠方与执行者（管理者）之间关系的理论基础。

二、委托代理关系视角下企业基金会捐赠行为与绩效特殊性

企业基金会是隶属于基金会大类的非营利性组织，自然拥有“所有者缺位”的属性，同时也具有非分配约束这一最显著的特征，换句话说，尽管企业基金会能够产生收益，却不能回报于发起人或者出资人（Mindlin，2012）。刘宏鹏（2006）根据委托代理关系产生的包括所有权、决策权、控制权和收益权等在内的四种权益分离情况，分析了营利性企业与非营利组织之间的区别，指出营利性企业组织的四种权益会构成一种闭合回路，也就是说，所有权拥有者享有收益权，而非营利组织因所有者缺位的特性，会形成一种单向路径的“四权分离”模式，即发起方或者出资方没有获取收益的权力。然而，企业基金会因为同营利性企业之间拥有不可分割的关系，而与其他类非营利组织存有明显的区别，即企业基金会的发起者主要是企业（Petrovits，2006），且其理事会的主要成员可能是发起企业的高管（Anheier，2001）。诸多研究表明，企业基金会的良好运作不仅对发起企业的形象、声誉等方面产生积极影响（Fombrun et al.，2000；Kwiecińska，2015），同时可以向发起企业的利益相关方传递重视他们利益诉求的信息（Westhues & Einwiller，2006），这些方面的有益之处均能够为发起企业带来间接的回报。也就是说，虽然企业设立基金会没有被赋予直接的收益权，但因企业基金会的运作能够为企业带来无形的回报，所以发起企业依旧享有一定的潜在收益权。因此，本书认为，因为这种特殊性的存在，所以企业基金会的“四权分离”模式不同于其他类型非营利组织，体现为一种特殊模式，即单向路径与潜在的闭合回路共存，见图 3－1。这就意味着发起企业更可能对企业基金会行为进行干预和监督。

传统的非营利组织研究认为，因为出资方没有受益权，即剩余索取权，所以通常情况下监督或者干预其设立的非营利组织运作的意愿较小。但这种

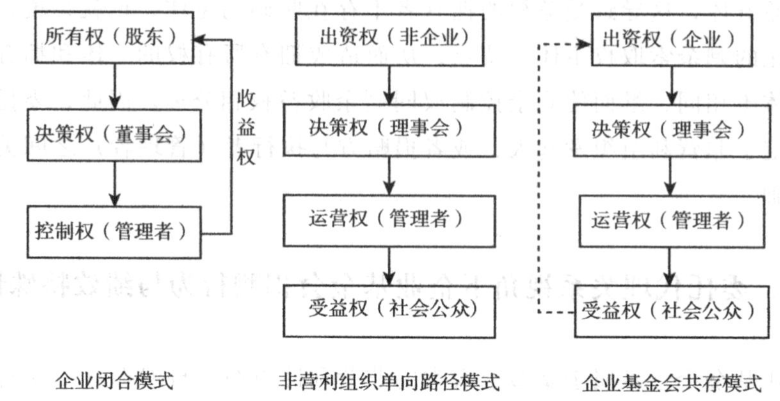

图 3－1　基于法律的三类组织形式的“四权分离”模式

资料来源：作者整理。

情况可能不适用于企业基金会。在上述企业基金会的四种权力分离模式下，虽然发起企业不拥有直接的受益权，但能够获得间接的收益，这也是现有研究认为企业从事慈善活动的真正目的所在，促使发起企业有意愿且有能力干预或者监督所设立的基金会的运作。从行为干预视角来看，企业为了实现其公益活动慈善动机之外的动机，如进行利益相关者管理和形象管理等，可能会干预企业基金会的运作。虽然从法律意义上讲，企业基金会是独立法人，发起企业一旦完成出资就不再拥有干涉基金会运作的权力，但不说明发起企业不会干预企业基金会的运作。因为企业基金会本身就是发起企业间接从事慈善活动的代理人，且理事会成员大多是发起企业的成员，这不仅意味着发起企业有干预企业基金会运作的动机，而且拥有较为便利的干预渠道。就来源于发起企业高管的理事会成员而言，他们的利益可能与发起企业拴在一起，为了自身利益的最大化，在履行他们在基金会的职能时，可能倾向于考虑发起企业的利益诉求，进而使企业基金会的行为服务于发起企业的利益，进而表现出上部分论述的捐赠行为多样性以及非关联性。从监督视角来看，发起企业委托其设立的基金会实现其慈善目标，一旦企业基金会因不良运作，或者利用其投入的资金牟取个人私利等产生负面影响，不仅使其投入的资源没有得到有效配置，也会对企业的声誉、形象、品牌等产生不利影响，这促使发起企业有意愿对企业基金会实施监督，进而有助于企业基金会获得更好的绩效，即表现为更高的业务活动支出率，或者更低的管理费用率。

第四节　利益相关者理论

利益相关者理论源于公司治理领域的研究，其雏形形成于 20 世纪 30 年代，在 60 年代左右才得以在西方国家逐步发展，期间存在着长达半个世纪“企业应该是谁的，谁应该拥有企业所有权”这一争论的话题，到 80 年代以后影响力逐渐扩大。在 80 年代中期之前，一些学者认为，股东因向企业注入实物资本而承担其剩余风险，这为其成为企业剩余索取权与剩余控制权的拥有者提供依据（Gorssman & Hart，1986；Hart & Mooer，1990），进而股东天生拥有企业的所有权是主流观点，但也有不少学者提出不一样的观点。杜德（Dude，1932）认为，公司的董事会很有必要成为真正意义上的受托人，仅仅为股东获取利益提供服务是不够的，要代表其他利益相关主体的利益诉求，进一步正视履行社会责任能够发挥的作用，这对股东利益最大化的传统观点提出了挑战，形成了利益相关者理论的雏形。20 世纪 70 年代，布莱尔（Blaier）出版了《所有权与控制：面向 21 世纪的公司治理探索》，该书提出这样一种观点，即公司仅仅为股东的利益诉求提供服务是不合理的，而有必要尽可能地满足所有的利益相关者群体的利益诉求，因为在现代公司中，股东只是负有限的责任，而债权所有人等也要承担部分风险。20 世纪 80 年代中期以后，利益相关者理论经过数十年的发展，逐渐成为公司治理研究中的另一种主要理论观点，得以在全球普及，并且被深入推广。之后，经济合作与发展组织（OECD）确认利益相关者的合法权益纳入了《公司治理原则》中关于强调公司治理的框架方面的条款，并在西方一些国家得以运用。该理论指出，企业不仅属于股东，而且应该是属于向其投入了一定的专用性投资的其他利益相关者的，因为利益相关者也分摊了企业经营过程中的一部分风险，或者付出了一定的代价，所以都应该拥有企业的所有权（Blaier，1998）。此后，利益相关者理论得到各界学者的广泛认同和高度重视，将其视为认知现实中企业的工具，且其理论体系也日渐完善（贾生华等，2003）。进一步地，我国有学者指出企业主要存在三个方面的利益相关者：一是与企业有直接联系，主要包含股东、债权人、员工、消费者、供应商等直接与企业存在交易行为的各类群体；二是与企业有间接联系的，包括政府、当地居民和社区、媒体等；三是受企业经营活动直接或者间接影响的，包括自然环境、人类后代等（胡建锋，2012）。企业需要积极地应对这些利益相关者不断变化的利益诉求，这样才能有助于企业的生存与发展。根据利益相关者理论，理查德森（Rchardson，1972）指出企业是一个系统，它由向其提供生存与发展所需的不同要素的群体构成，其目标是为这些要素提供者创造更为丰厚的财富以及价值。因此，在某种层面上讲，该理论的宗旨是提升整体绩效，目标则是实现社会整体的利益最大化。

一、利益相关者理论在非营利组织治理中的适用性

对于利益相关者理论在非营利组织治理研究领域中具有的适用性，我国学者胡建锋（2012）从该类组织的宗旨、特征及机制等三个方面给出了详细分析。第一，非营利组织的组织宗旨方面。根据非营利组织的定义可知，该类组织是志愿地提供非营利性的、非政府性的、利他性的产品和服务的组织，其运作目标并非获取自身利益，这与以经济利益为导向的营利性组织和以社会利益为导向的政府组织均存在不同，且拥有独特的运行机制。该类组织的宗旨决定其必然是以社会利益为运作导向的，也可以说是以追求社会福利最大化为目标，与利益相关者理论强调营利性企业理应满足利益相关群体的利益诉求具有共通性。第二，非营利组织的特征方面。学者们将该类组织的特性概况为三种：一是非营利性，二是非政府性，三是志愿性。对于非营利性而言，主要体现为：一是运作不以自身利益，而是以社会整体或一定范围内的共同利益为最终诉求；二是非利润分配，即虽然运作过程中能够产生收入，但不能分配给组织成员，而是要用于组织存续和实现组织使命；三是组织的资产是属于社会的，不能以任何形式私有化，即使无法存续，也只能转交给其他非营利组织或者政府。这一特性决定了仅仅满足捐赠人，尤其是主要捐赠人或者组织自身利益并不是非营利组织维系生存和发展的“合约”基础，而追求整个社会福利的最大化才是非营利组织存续的根本。对于非政府性，主要体现在两个方面：一方面，组织具有自治属性，生存与发展所需的资产大部分依赖于社会的捐赠，即使接受企业捐赠或者政府资助，也会因与这些捐赠方脱离产权归属关系转变为归属社会的公益资产；另一方面，组织具有自下而上的民间属性，即组织需要依赖广大民众才能得以生存，其运

作机制与企业获利特性和政府维权特性不同，需要依靠横向的网络联系和牢固的民众基础动员社会资源进而增进社会福利。对于志愿性，也主要体现在两个方面：一方面，组织的资源具有志愿分配特性，是基于志愿精神进行分配的，包括具有亲社会性的志愿者群体以及社会捐赠等体现志愿精神的资产供给行为；另一方面，组织活动需要确保拥有社会公开性与透明化。资产来源方面的志愿性意味着非营利组织需要拥有较高的公信力，才能使外界向组织不断注入社会资本，这就使组织经由一定途径将自身运作的过程和效益向捐赠者和社会公开。综合上述三个特征可知，非营利组织是依赖具有志愿精神的社会捐助以及志愿者行为而成立的有效追求社会福利最大化为目标的一种组织。这与利益相关者理论强调履行社会责任，实现社会福利整体利益最大化的观点具有共通性，因此，从这个方面来讲，该理论是适用于非营利组织治理领域研究的。第三，非营利组织的组织机制方面。该类组织的组织机制主要包含三个方面：决策机制、执行机制、监督机制。一是决策机制方面。当前，《中华人民共和国公益事业捐赠法》《基金会管理条例》等法律法规等对非营利组织的人事管理、财务管理、资产管理、项目管理等的决策机制设定均做了规定，基本保障了这些机制都以公益价值最大化目标为导向。二是执行机制方面。为了确保组织具有公益属性的决策目标的实现，组织建立了官僚权威执行机制和志愿服务执行机制，其相关法律法规对两种执行机制所涉及的人员的选举、职责、权利、义务等相关事项做出了明确的规定。前一种机制是依据组织层级管理的要求而形成命令—服从的层级节制的决策执行机制，因此所建立的理事会制度和日常管理组织机构主要涉及理事会、理事长、副理事长、秘书长以及监事会等。而后一种机制将志愿者合法地纳入组织项目运作流程，并赋予其权利、义务和责任，使他们有序地参与公益活动。虽然当前还没有明确关于志愿者参与组织活动应该具有的资格条件方面的法律法规，但通过确保组织的行为合法进而间接规范志愿者的行为合法，这就意味着具有志愿精神的合法民众都能够成为志愿者，参与组织活动。三是监督机制方面。相关法律法规以及相关制度规范为组织构建了有效的内外部监督机制，进而保障这类组织服务社会公益的本质特性。从组织内部来看，逐渐形成了以会员大会领导、对理事会进行监督、理事会决策、对秘书处工作进行监督，以及监事会专门监督组织运作的内部机制。另外，从组织外部来看，逐渐形成了以业务主管部门的业务监督、行政审批机构的行政监督为主导、社会各界监督组织运作的系统性监督机制，从而补充与完善组织的监督机制。通过组织内外部监督机制的有效协同运作，才能保障公益或者互益资产体现出真正的公益价值，达成真正的公益目标。综合以上三个方面的组织机制的分析，非营利组织的组织机制设定均以实现公益目标，追求社会福利最大化为目标导向。这也与利益相关者理论强调履行社会责任、实现社会福利整体利益最大化的观点极具共通性，因此，从这个方面来讲，利益相关者理论也是适用于非营利组织的。

就非营利组织治理而言，因为该类组织具有先天的“所有者缺位”特征，尤其需要各利益相关者参与治理，进而体现组织的民主价值和公益使命，最终影响组织行为和决策。与非营利组织的生存和发展有密切关联，或者可能受到组织行为及决策影响的利益相关主体包含捐赠人、理事会、管理层、雇员、志愿者、服务对象或受益人、专业协会、第三方评估机构、媒体、其他非营利组织、政府主管部门和当地社区等。由于非营利组织的公共性，利益相关者对组织的生存与发展起着至关重要的作用，因此这些利益相关主体参与组织治理便是逻辑的必然。刘春湘（2006）通过研究非营利组织治理结构总结指出，认为利益相关者参与组织治理一方面有助于完善组织内部治理结构，缓解代理冲突；另一方面能够营造有助于组织达成所承担的公益使命及社会责任的外部治理环境。他总结指出，利益相关者参与非营利组织治理的方式虽然具有多元性的特征，但归根结底无外乎两个途径：一是加入理事会、监事会等机构以组织内部利益相关者的身份参与治理；二是处于组织外部，以独立、客观的姿态进行监督，构建组织外部治理结构。

二、利益相关者理论视角下企业基金会治理机制有效性分析

同其他类非营利组织一样，企业基金会也具有“所有者缺位”特性，意味着同样需要各个利益相关群体参与治理。企业基金会在运作过程中，同样存有多种利益相关群体，如捐助人、理事会、监事会、管理层、评估机构等。同时，企业基金会拥有双重身份，一种身份是与其使命范围和目标受益人紧密关联的社会组织，另一种身份是服务于发起企业的战略慈善和获取声誉、形象等方面资本的组织。第一种身份意味着企业基金会是独立法人，法律意义上来说与发起企业不应该存在依附关系，第二种身份表示企业基金会

可能服务于企业慈善战略目标的实现，其运作能够对发起企业的形象、声誉等产生影响，这使发起企业有干预其运作的动力，进而缺失一定程度的自主性（Mindin，2012）。根据上述两章分析，企业基金会与发起企业之间存有紧密联系，从资源依赖视角和委托代理理论视角来看，企业基金会的运作会受到发起企业的干预，甚至成为发起企业间接地获取从事慈善活动所带来的潜在收益的代理人，这意味着企业基金会在运作过程中不仅可能存在因信息不对称引发的管理层的机会主义行为，更可能存在的是发起企业约束的问题，这类似于营利性企业中存在的大股东控制问题，即第二类代理问题。借鉴这一公司治理中的研究思路，本书认为发起企业控制问题可能是企业基金会运作过程中存在的主要代理问题之一。一旦企业基金会的运作仅为发起企业这一发起者和重要捐赠者的公益目标，或者说公益慈善活动动机服务，自然会有损于其他利益相关群体的公益目标，这就使其他利益相关者参与治理的必要性更加凸显。同时，这也会对其他利益相关者参与治理的有效性产生影响。对于企业基金会而言，利益相关者参与治理的方式也主要包括两类（见图3－2）：一是通过理事会、监事会等内部监督机构参与治理；二是处于组织外部的，如外部审计、债权人、政府、评估机构等监督机构实施监督职能，这是企业基金会外部治理机制。考虑到数据可得性，本部分从内外部两个视角出发，以理事会、监事会、外部审计、债权人等为主要考察对象，分析它们具有治理效用的内在机理。

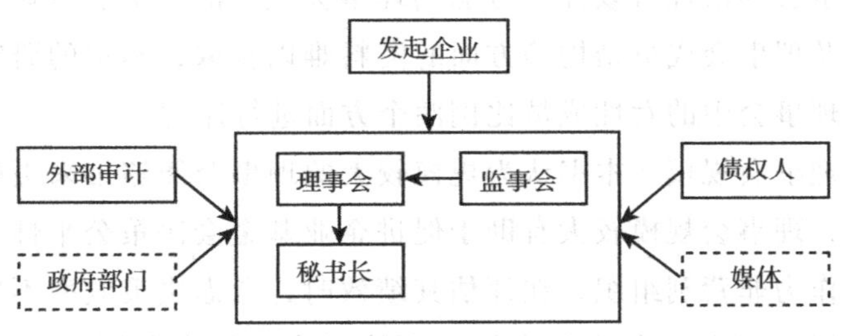

图3－2　企业基金会利益相关者治理

资料来源：作者整理。

首先，从企业基金会的内部来看，理事会、监事会是参与治理的主体。理事会是企业基金会的决策机构，一方面有权利与义务维护和保障组织的公益本性，也就是说，理事会拥有法律法规所赋予的保障企业基金会成为独立的非营利组织，而不是任其沦为发起企业获取间接利益的工具的权利和义务。根据《基金会管理条例》规定，基金会首届理事会的成员由主要发起人推荐的成员，这就说明还需要其他成员的加入，这也为理事会保持一定的独立性提供前提条件。另一方面企业基金会理事会可能受到声誉压力等方面的影响，一旦管理者为了迎合发起企业的需求，一味地选择有利于发起企业获得间接利益的项目，这会使理事会的声誉等遭受损失，原因在于作为公益组织，企业基金会的理事会自然地被冠以公益的名声，或者声誉，所以迫于声誉方面的压力，理事会不仅拥有参与治理的较强意愿，而且拥有参与治理的能力。监事会的主要职能是监督理事会和管理层运作，自然要对企业基金会的公益本性负责。而且，相关法律法规也赋予了监事会参与企业基金会治理的权力。其次，从企业基金会外部来看，具有独立性的外部审计师是参与治理的主体。外部审计师作为外界最可能直接地接触企业基金会运作的主体，不仅拥有法律法规等赋予的参与治理的权力，而且也会受到声誉压力等方面的影响而有意愿参与企业基金会治理。对于债权人而言，因向企业基金会投入专用性资产而成为组织的外部利益相关者，能够为企业基金会的运作和发展提供资金支持，显然将其排除在企业基金会公司治理体系之外是不合理的。具体来说，有以下内容。

（一）理事会治理有效性

对于理事会的治理有效性，考虑到理事会成员的学历、专业、社会关系等背景，以及理事会成员结构等方面的资料难以获取，本书的研究主要从理事会规模和理事会中的女性成员比例两个方面进行探讨。

首先，理事会规模。本书认为规模较大的理事会能够带来更好的组织绩效。一方面，理事会规模较大有助于促进企业基金会决策公平性，进而提升组织绩效。作为非营利组织，在评估其绩效时，考虑决策效率不应当成为首选，而应该把管理人员在公益决策方面体现出的社会公平放在首位（德鲁克，2007；张立民、李晗，2013；刘丽珑，2015）。同其他类型基金会一样，企业基金会作为非营利组织，主要功能也是为广泛的社会民众服务，自然遵循同样的绩效评估原则。虽然在企业基金会治理中，理事会规模较大可能会影响到其决策效率，但更可能保障决策的公平，进而有助于提升企业基金会的绩效。因为在规模较大的理事会中，成员对于组织决策是服务于发起企业的利益，还是服务于组织的公益宗旨持有不同意见的可能性更大。为了达成一致的意见，理事会成员之间必然存在一系列观点“碰撞”，需要经过充分的沟通与协调，这虽然会降低决策的效率和监督的有效性，但相对来说不容易受到发起企业的约束和控制，使理事会拥有更好的决策与监督自主性。同时，理事会的成员数量越多，能够代表更多利益相关者的利益的可能性越大，这也会使理事会规模较大的企业基金会决策更具公平性，进而有助于提升组织绩效。当然，声誉压力也可能是促进企业基金会决策公平性的因素之一。作为公益组织，企业基金会的理事会自然地被冠以公益的名声，或者声誉。相较于规模较小的理事会，规模较大的理事会中的成员如果一味地迎合发起企业的需求，可能受到更大的来自声誉方面的压力，这也使理事会的成员更倾向于实现企业基金会的公益目标，而非发起企业的需求，继而促进组织的决策公平性。另一方面，较大规模的理事会拥有的认知和经验更为丰富，有利于提升组织绩效。对于大多来源于营利性发起企业高管团队的理事会成员来说，他们更可能拥有丰富的获取经济性利益的经营管理、危机处理与监督等方面的经验，而对于如何做好社会性慈善的经验可能相对较为缺乏，因此在较大规模的理事会中，成员拥有的知识和信息涉及面更广，能够产生更强的互补性，这就使较大规模的理事会能够更为有效地进行决策和监督。

其次，理事会女性理事比例。对于企业基金会理事会中女性理事会比例与绩效之间关系，本书认为在女性理事数量普遍较少的情况下，女性理事参与理事会不利于企业基金会更有效率的运作，可能的原因在于：一方面，虽然在女性理事更为关注履行社会责任的情况，理事会中引入女性能够促使企业基金会更加倾向于以真正的社会公益价值最大化为目标进行运作，但受限于我国女性长期受“男主外，女主内”“三从四德”的思想观念影响，存在明显的顺从、缺乏主见，不愿意承担风险、保守等特点（刘丽珑，2015），这使企业基金会的理事会在决策过程中更容易受到发起企业的约束，进而降低组织的决策公平性，对组织绩效产生不利影响；另一方面，研究认为女性理事能够发挥积极作用的常常依赖于理事会中存在较多的女性成员（Erkut et al.，2008）。但经过搜集整理企业基金会理事会中女性成员数量及其所占比例来看，男性理事仍旧占据绝大多数，那么，这意味着女性理事在决策过程中很难获得话语权，无法对理事会的决策产生实质性影响，进而无法保障决策的公平性。

（二）监事会治理有效性

监事会作为监督理事会和管理层的机构，是企业基金会治理体系中必不可少的组成部分（李新天、易海辉，2015），可以从企业基金会内部和外部两个方面分析其发挥监督作用的重要性。从企业基金会内部来看，捐赠者尤其是中小捐赠者缺乏监督基金会运作的动力和能力。同时，基金会的受益人大多是零成本获益的，也没有动力对企业基金会进行监督（刘丽珑，2015），这使代理问题在企业基金会中更为凸显。那么，对组织运作进行公平、有效的监督就显得更为重要。较大规模的监事会可能拥有更为丰富的认知和经验，有利于对理事会和管理层进行更为有效的监督。从企业基金会外部来看，在监事会的成员也可能由发起企业推荐的情况下，规模越小的监事会，越容易受到发起企业的约束和控制，无法发挥有效的监督作用。在这样一种情境下，较大规模的监事会可能更加有利于监督理事会和管理层的运作，保障企业基金会决策公平性，提升组织绩效。进一步地，公司领域的研究认为，虽然女性所具有的谨慎、保守的特点有助于规避风险，但过度监管反而会限制组织发展。亚当斯和费雷拉（Adams & Ferreira，2009）研究指出，公司董事会中存在女性董事时，来自她们过于严苛的监督和干预不仅不会有助于组织绩效的提升，反而会对其造成一定程度的损害。通常情况下，公司中的女性比男性更愿意履行社会责任（Ibrahim & Angelidis，1995）。那么，在以社会公益为宗旨的基金会中，女性内心中的强烈社会责任感更容易被尽可能地释放，这就使她们不愿意承担风险和保守的行为被强化，这可能会导致过度的监督行为，使基金会无法与外界进行更好的沟通，建立良好的联系（刘丽珑，2015）。这一观点同样适用于企业基金会，尤其是在其可能受到发起企业控制的情况下更可能如此。因此，监事会中女性监事参与治理不利于提升组织绩效。

（三）外部审计治理有效性

面对外部审计执业质量良莠不齐，极具差异性的情况（张立民等，2012），对于会计师事务所参与企业基金会治理的有效性，本书认为具有较高质量的会计事务所更可能提升企业基金会的运作绩效。一方面，高质量的外部审计机构可能拥有更为丰富的审计经验，有助于发挥更好的监督作用。与较低质量的会计师事务所相比，较高质量的会计师事务所不仅可能拥有更为丰富的知识积累和应对复杂情况的经验，而且更不容易受到可能来自发起企业的影响或者干预，进而能够更加有效地监督企业基金会的运作；另一方面，高质量的外部审计机构有更强的维护声誉的动力（Defond，1992；Richard，1998），进而能够更好地发挥监督作用。会计师事务所声誉能够对其审计质量产生积极影响，原因在于：在同等条件下，如果会计师事务所出现审计失误或者失败的状况，相比于品牌声誉较低的会计师事务所，品牌声誉越高的会计师事务所的专业性和独立性更可能遭受质疑，进而失去更多的潜在客户，这就使声誉越高的事务所更可能拥有出具高质量审计结果的意愿，进而维护自身较高的声誉（Defond，1992）。因此，出于维护自身声誉的考虑，高质量的会计事务所有意愿且更有能力更好地参与企业基金会治理，提升企业基金会绩效。

（四）债权人治理有效性

引入外部债权人参与企业基金会治理可能有利于其更加有效地运作。具体而言：一是从约束管理者的视角，企业基金会进行负债融资，需要与债权人签订负债契约，该契约赋予了负债融资还本付息的刚性特征。那么，企业基金会管理者为了避免违约，会尽可能地维持组织的现金流量，且负债额度越高，这种约束力就会越强（Harris & Raviv，1990，1991）。二是从资源依赖的视角来看，企业基金会进行负债融资，为自身的获取运作资源提供了一种新途径，这能够在一定程度上降低企业基金会对发起企业存有的高度资源依赖，进而缓解发起企业可能存在的对企业基金会的过度干预，使企业基金会的决策更具公平性，继而提升组织绩效。三是从债权人监督意愿视角来看，企业基金会作为一种非营利组织进行负债融资，便多了一种向其投入专用资产而与之签订契约关系的利益相关方。债权人为了确保自身的利益不受损失，或者防止投入的资金被企业基金会用于实现发起企业的慈善目的之外的额外动机，拥有监督企业基金会的管理层的行为的意愿和能力。

第五节　本章小结

首先，通过分析我国企业基金会产生与发展的制度背景，了解企业基金会及其治理研究的重要性。在公司治理的研究主体由一般公司向社会组织治理转型的过程中，企业基金会作为营利性企业间接从事慈善事业设立的组织拥有双重身份：一种是独立的公益法人身份，另一种是服务于企业战略慈善的组织身份。后一种身份使企业基金会的公益性容易遭受质疑，同时也使研究其治理问题更具理论与现实意义。

其次，通过详细分析资源依赖理论、委托代理理论在企业基金会及其治理研究中的适用性，进而探讨了在这两种理论逻辑框架下企业基金会可能表现出的捐赠行为与绩效特殊性的内在机理。通常情况下，同非营利组织相比，营利性企业从事慈善活动存有不同的动机、目标、内容等，不仅需要满足更多利益相关者群体的利益诉求，而且有更强地进行形象管理、声誉管理的动力，这就可能使具有双重身份的企业基金会表现出有别于其他类型非公募基金会的行为特征和绩效水平。从资源依赖视角来看，一方面，企业基金会因为从发起企业获取运作所需的资源，进而需要应对发起企业的慈善动机，从而使其行为受到发起企业慈善动机的影响或者说约束，即满足更多利益相关者群体的利益诉求、进行形象管理等。另一方面，企业基金会能够从发起企业获得更为丰富的管理、危机处理、成本控制等方面的经验，进而有助于其获得更好的绩效。从委托代理理论来看，作为委托人的发起企业不仅拥有干预企业基金会行为的意愿和能力，进而促使企业基金会的行为服务于其慈善目的的实现，还拥有监督企业基金会或者说参与企业基金会治理的动力，进而抑制投入的资源被企业基金会低效或者无效配置，这也会使企业基金会表现出不同于其他类型非公募基金会的行为特征和绩效水平。进一步地，在我国的制度背景下，国有企业与非国有企业之间存在不同的从事慈善活动的动机、目标、内容等，意味着国有企业与非国有企业可能有着不同的资源支持、行为干预、监督等方面的力度，这就会使两种企业设立的企业基金会表现出不一样的捐赠行为特征和绩效水平。

最后，通过分析利益相关者理论在企业基金会及其治理研究中的适用性，探讨了包括理事会、监事会等内部监督机制，以及外部审计、债权人等外部监督机制的重要性，并分析了这些治理机制能够在企业基金会运作过程中发挥治理效用的内在机理。根据利益相关者理论，除发起企业这一治理主体外，企业基金会的治理参与主体还包括理事会、监事会、外部审计和债权人等能够参与基金会治理的利益相关方。那么，在企业基金会的行为容易受到发起企业影响或者说约束，以及发起企业有监督企业基金会运作或者说参与企业基金会治理的意愿和能力的情况下，其他内外部治理机制的作用机制存有区别，自然会表现出不一致的治理效用。原因在于这些治理机制不仅要致力于解决企业基金会自身组织层面的代理问题，而且要面临着发起企业干预和监督企业基金会的运作而可能引发的代理问题。进一步地，鉴于作为治理主体之一的发起企业为了更好地实现其慈善动机也可能参与企业基金会治理，这必然会对其他治理机制的治理效用产生影响。在我国的制度背景下，国有企业与非国有企业从事慈善活动的动机、目的等存在差异使两种企业设立的基金会受到的约束与监督力度可能不同，进而使其他治理机制在两种性质背景的企业基金会中发挥不同的治理效用，如出现“挤出”效应。另外，在企业基金会捐赠行为特征不同的情况下，一方面意味着其运作受到发起企业的影响不同，如服务于发起企业进行形象管理等的慈善动机；另一方面发起企业能够获取的潜在收益不同，如形象管理、利益相关者管理等带来的经济收益，这些也会使企业基金会受到发起企业的约束与监督力度可能不同，使捐赠行为特征不同的企业基金会治理机制的治理效应存有差异。

总之，与传统非公募基金会的非营利发起人不同，企业基金会的发起人是营利性企业，这就使企业基金会与传统非公募基金会的运作必然会因发起人慈善动机的不同而存有差异。从资源依赖理论视角来看，基金会不仅能够获得发起人提供的无形或有形资源的支持，而且会受到发起人的行为约束。从委托代理理论视角来说，基金会的运作同样会受到发起人的监督和行为干预。那么，这些就意味着发起企业参与企业基金会运作可能存在“双刃剑”影响：一方面，企业基金会的行为会受到发起企业慈善动机的影响或者约束，具体来说，企业基金会因对发起企业存有高度资源依赖而需要应对发起企业的额外动机，同时发起企业有干预和控制作为其代理人的企业基金会的行为的意愿，这就可能使企业基金会的捐赠行为服务于发起企业基于经济性或者政治性目标考虑的慈善动机。另一方面，企业基金会能够获得更好的运作绩效，具体而言，企业基金会不仅能够从发起企业获得更为丰富的管理经验、成本控制等方面的资源，而且会受到发起企业更为有效的监督，这就可能使企业基金会拥有更好的运作绩效。进一步地，根据利益相关者理论，除发起企业这一治理主体外，企业基金会的治理参与主体还包括理事会、监事会、外部审计和债权人等能够参与基金会治理的利益相关方。那么，在企业基金会的行为容易受到发起企业影响或者说约束，以及发起企业有监督企业基金会运作或者说参与企业基金会治理的意愿和能力的情况下，其他内外部治理机制的作用机制存有区别，自然会表现出不一致的治理效应。原因在于这些治理机制不仅要致力于解决企业基金会自身组织层面存在的代理问题，而且面临着发起企业干预和监督企业基金会运作而可能引发的代理问题。同时，在发起企业参与基金会治理的意愿和强度不同的情况下，这些治理机制发挥的治理效应也会存有差异。在此基础上，构建本书的理论框架，如图 3 - 3 所示。

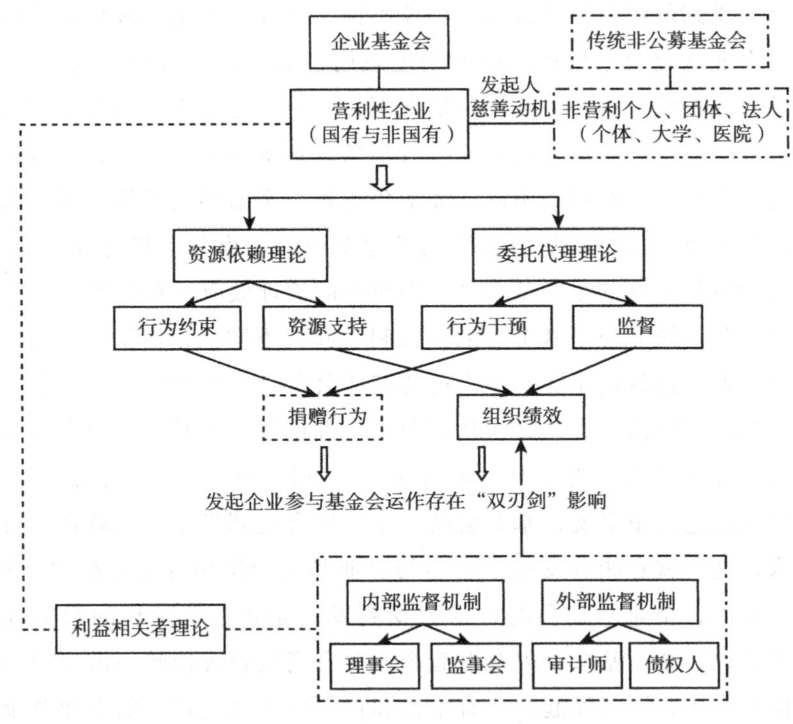

图 3 - 3 本书的理论框架

资料来源：作者整理。

第四章

发起人差异视角的企业基金会捐赠行为与绩效特殊性

从本章开始进入本书的理论分析与实证检验部分，这一章主要基于企业基金会及其治理特殊性，从资源依赖理论和委托代理理论视角出发，考察企业基金会这一由营利性企业发起设立的非公募基金会同由具有非营利属性的个体、团体或者法人发起设立的传统非公募基金会之间，以及拥有不同性质企业背景的企业基金会之间表现出的捐赠行为特征与绩效水平的差异，给出企业基金会在运作过程中是否会受到发起企业慈善动机影响这一问题明确的解答，继而挖掘企业基金会是发起企业从事慈善活动的真正代理人的有利证据。

第一节　理论分析与研究假设的提出

作为非营利组织重要组成部分的基金会在国内外公益事业中所扮演角色的重要性愈发凸显，而在我国，作为基金会重要组成的非公募基金会近年来发展尤为迅速，成为理论界与实践界关注的焦点之一。企业基金会作为非公募基金会的一种，因其特殊性获得了我国一些研究者的关注（李新天、易海辉，2015）。有研究认为，如果仅仅考察慈善组织的宗旨和受托人的目标，那么，企业基金会与传统非公募基金会并不存在明显的差异（Galaskiewicz & Colman，2006）。这是因为两者都是通过多种渠道获取资金，然后将资金分配给其他致力于解决社会特殊问题的组织或者机构的非营利慈善组织。然而，因为企业基金会由营利性企业发起设立，且存在紧密的关系（Petrovits，

2006；Minciullo & Pedrini，2015），这与传统非公募基金会由自然人、大学、医院等设立不同，所以从资源依赖理论、委托代理理论等视角出发，剖析企业基金会同传统非公募基金会所受到的资源支持、行为干预、监督等诸多方面存在差异可能更具说服力。而这些方面存在的差异可能会导致不同类别的基金会表现出不同的捐赠行为特征和绩效水平。

一、发起人性质与企业基金会捐赠行为特殊性

依据资源依赖理论的核心观点可知，组织需要从其所处的外界环境中其他的个体，或者组织等获取资源以维持其生存和发展，从而对它们产生高度依赖，继而遭受能够影响其内部权力安排的外部控制，所以不可避免地要应对资源提供方的额外动机（Pfeffer & Salancik，1978）。营利性企业作为企业基金会生存与发展所需的资源主要提供方，换句话说，企业基金会对发起企业有着高度依赖，这就导致企业基金会的运作可能受到发起企业的控制或者说约束，其行为表现出营利性企业所希望实现的从事慈善活动的各种动机。有关营利性企业从事慈善活动动机的研究大都证实，仅出于纯利他性动机而从事慈善活动的企业可能并不存在。纳瓦罗（Navarro，1988）验证了理论模型，该模型指出追求利润最大化的动机在公司从事慈善事业过程中发挥重要驱动力。之后，有研究进一步认为，营利性企业有维持和提升利润的更高层次潜在动机，甚至是他们从事慈善事业的首要条件（Galaskiewicz & Colman，2006）。另外，一些研究从企业基金会成立原因视角出发，分析了营利性企业从事慈善活动可能拥有的多方面动机，如利益相关者管理（Walker，2013）、增强企业竞争力（Carroll，1991；Porter & Kramer，2002）、进行声誉与形象管理（Fombrun et al.，2000；Westhues & Einwiller，2006）、提升员工士气（Parket & Eibert，1975）、增强员工认同（Pedrini & Minciullo，2011）和专业化慈善（Anherier，2003）等，不难发现这些原因背后均潜藏着一定程度的经济性动机，或者政治性动机。这与其他类型非公募基金会的发起人不同，如大学、医院等，这一类组织自身就属非营利性，它们基于经济性动机，或者政治性动机从事慈善活动可能性较之于营利性企业而言会小很多。再加之，企业基金会的理事会成员普遍来源于发起企业，其运作决策更容易受到发起企业的影响，进而使企业基金会的行为服务于发起企业利益的可能

性更大。因此，从资源依赖理论视角，本书认为较之传统非公募基金会，企业基金会的捐赠行为会受到发起企业慈善目的之外的额外动机的影响，如利益相关者管理、形象管理等，使企业基金会的社会性目标同发起企业的经济性目标或者政治性目标紧密联系在一起的可能性较大。

从委托代理关系视角来看。传统的非营利组织研究认为，因为出资方没有受益权，也就是剩余索取权（刘宏鹏，2006），所以它们没有监督或者干预其设立的非营利组织的运作的意愿。但鉴于企业基金会因与营利性企业存在紧密联系，而与传统非营利组织之间存在差异（Falconer，1999；Mindlin，2012），这种观点可能不适用于企业基金会。在第三章详细论述的企业基金会特殊的四种权力分离模式下，发起企业虽然不拥有直接的受益权，但能够间接受益，为了确保能够获得更为丰厚的潜在收益，发起企业可能有干预企业基金会运作的意愿，并且有这种能力。虽然从法律意义上讲，企业基金会是独立法人，发起企业一旦完成出资就不再拥有干涉基金会运作的权力（李新天、易海辉，2015），但这不说明发起企业不会干预企业基金会的运作，同时也无法从根本上抑制发起企业对企业基金会的干预。一方面，如前述资源依赖理论观点分析，企业基金会无法完全脱离发起企业生存与发展，对其有高度依赖，这就使企业基金会有应对发起企业慈善目的之外的额外动机的很大可能，这就给了发起企业干预其行为的突破口；另一方面，因为企业基金会的理事会成员大多是发起企业的高层管理成员（Anheier，2001），这也为发起企业干预企业基金会的行为提供了便利渠道。这些理事会成员通常不会在基金会中获得报酬，而他们的报酬来源于发起企业，而且他们还会参与到发起企业的运行决策中，不仅使他们可能服务于企业的利益，而且更为了解发起企业的动机，进而在做企业基金会的决策时有很大可能服务于发起企业利益，进而表现出同发起企业慈善动机相关联的捐赠行为特征。

有关营利性企业履行社会责任，以及从事慈善活动行为的研究都是基于利益相关者理论视角进行的。根据该理论，企业是多种利益相关方之间通过显性或者隐性契约关系构成的集合体，在运营过程中需要平衡多个外部利益相关方的利益诉求（Freeman，1984），如政府、消费者等。有研究认为，企业从事慈善活动有助于其获得能够增加销售额或者商誉的特别回报。而且，企业也可能会利用参与慈善事业的途径去维护自身所处环境的权利和自主权（Neiheisel，1994；Burlingame & Young，1996）。因此，弗里曼（Freeman，1984）构建利益相关者模型，认为企业需要满足多个利益相关者群体的利益诉求，进而获取有助于其生存与发展所需的关键资源。一些研究从企业会利用从事慈善活动的途径满足利益相关方的利益诉求的角度给予了这一观点有力支持，伯特（1983）根据企业对大众消费者的依赖程度差异研究发现，隶属于对消费者需求拥有较强依赖的行业中的企业能够通过向慈善组织投入广告和更多捐赠减少经营过程中的不确定性。布朗等（Brown et al.，2006）根据企业所处行业的差异进一步研究发现，石油行业的企业会向关注环境的非营利组织投入更多的资金，制药行业的企业会更可能向关注健康的非营利组织进行捐赠，而很少接触跨国业务的行业的企业则往往不会向跨国非营利组织进行捐赠。相较于非营利个人、团体、法人等，企业需要满足利益诉求的利益相关者群体更多，例如，不仅要解决大量消费者和员工面临的各种社会问题，还可能要应对政府方面希望由企业出面解决社会问题而给予的压力。而且，企业从事慈善活动的可接受的另一目标是将一个广泛的社会问题与企业品牌和声誉等联系在一起（Koushyar et al.，2013）。那么，为了应对企业平衡多种利益相关者群体，以及进行形象管理等方面的需求，企业基金会的捐赠行为可能表现出多样性，即资助项目总数较多。另外，通常情况下，传统非公募基金会与它们资助的非营利组织之间会构建长期的关系，如规模较大的基金会与大学或者医院之间会建立长期的资助计划（Koushyar et al.，2013）。而营利性企业通过从事基于市场或者政治考虑的慈善活动而获得具有承诺关系的社会支持的可能性不大，更可能意味着企业追求一系列象征性关联价值，通俗地讲就是企业向外界传达“做了”慈善的信号。而且，这种能够获得社会支持的象征性价值比任何一种特定的捐赠行为产生的影响力持续时间更长。那么，企业基金会在应对发起企业进行利益相关者管理和形象管理的过程中，不会倾向于长期性地资助某些项目，就可能会动态地更换组织的资助项目。这就意味着，相较于其他类型非公募基金会，企业基金会的慈善捐赠项目持续率较低。有鉴于此，本部分提出假设：

假设4－1：相较于其他类型非公募基金会，企业基金会的慈善资助项目总数较多。

假设4－2：相较于其他类型非公募基金会，企业基金会的慈善资助项目持续率较低。

进一步地，研究认为不同性质的企业拥有履行社会责任的不同的动机、目标、内容等。拉马兰德哈姆（1991）研究指出，与私有企业相比，国有企业是国家所有制的主要体现形式，既是政府调控经济的工具与手段，也是一种组织形式。因此，国有企业承担社会责任存有两种目标：一种是涉及政治方面的非经济性目标，另一种则是经济性的目标。另外，在我国的制度背景下，一些学者分析了企业性质不同，承担社会责任存在多个方面的差异，如承担社会责任能力（Allen et al.，2005；张敏等，2010）、承担的社会责任内容（张春敏、刘文纪，2007）、履行社会责任的动机（黄速建、余菁，2006；苏蕊芯、仲伟周，2011）、承担社会责任的社会期望（徐传谌、邹俊，2011；刘小菊，2016）等方面存在的差异。赵存丽（2014）认为国有企业在承担社会责任的驱动机制方面同民营企业存在差异，这可以从中国社会科学院近年来发布的《企业社会责任蓝皮书》中的社会责任发展指数得到印证，即前者的指数比后者的指数高。具体来说，在社会赋予的履行社会责任期望方面，国有企业作为政府的合法代理，从建立时就被赋予了强大的履行社会责任的应当性，这也是国有企业性质的重要体现，其需要关注更多类型的特殊社会问题。2016年国资委印发《关于国有企业更好履行社会责任的指导意见》提出国有企业应该积极履行社会责任，在遵循法律与道德的透明行为的前提下，在经营过程中对利益相关方、社会和环境等负责，最大限度地创造经济、社会和环境的综合价值，促进可持续发展。这意味着国有企业需要加大履行社会责任的力度。而且，我国社会大众的普遍观念认为，国有企业既然从国家获取丰厚资源，通过从事慈善活动的途径回馈社会也是理所应当的。在履行社会责任的动机方面，黄速建和余菁（2006）研究指出国有企业履行社会责任的动机更倾向于实现非经济性目标。苏蕊芯和仲伟周（2011）研究认为国有企业从事慈善活动不仅拥有经济性方面的动机，而且需要将政治性方面的因素纳入考量，甚至满足政治性方面的需求的动机要远大于追求经济方面的动机。国家作为社会福利事业的主体，自然要应对多种利益相关者群体的需求，这就意味着国有企业的慈善活动需要平衡更多利益相关者群体的利益诉求，如解决大量消费者和员工面临的，以及政府方面希望由企业出面解决的各种社会问题，并且有着营造良好形象或者声誉的强烈意愿，进而表现出多样性的慈善行为。而就非国有企业而言，张春敏和刘文纪（2007）研究认为私有企业的主要目标是实现利润最大化与资本增值，不存在与生俱来的承担社会责任的动力，而主要是受到外在压力的影响才承担社会责任。徐传谌和邹俊（2011）同样指出非国有企业，即西方经济学所研究的私人企业，或者外资企业等，最终目标就是追求经济性利润最大化，因此这一类企业并不是天生关注社会责任。刘小菊（2016）研究指出非国有企业从事慈善活动在更大程度上是一种自主意愿行为，因此社会公众对非国有企业进行慈善捐赠可能会拥有较为强烈的期待。疏礼兵（2012）研究认为民营企业履行社会责任的动机在于需要，主要包括企业自身存续、获得社会权力、企业家个人价值和社会认同等三个方面的需要。一些关于民营企业融资约束方面的研究可以为这一观点提供一定的证据。虽然民营企业长期以来一直是社会慈善事业的主要力量，但却受到资源相对匮乏的约束，这使从事慈善活动成为其获取资源的一种重要途径（李维安等，2015）。因为在我国当前金融体系中，国有银行仍然占据主导地位，掌握了全国主要的金融资源（李健、陈传明，2013），且其主要流向是国有资本控制的相关企业（Allen，2005）。而民营企业面临着所有制歧视（张敏等，2010），这就使其面临的融资约束高于国有企业。在这种情况下，为了获得银行，尤其是国有银行的青睐，民营企业可能通过从事慈善活动的途径获得更多发展所需的资源。还有研究认为，非国有企业为了缓解资源约束，可能利用从事慈善活动的途径试图与政府之间构建紧密的关系，进而获得政府的支持（苏蕊芯、仲伟周，2011）。这些研究意味着，非国有企业更倾向于基于经济性动机的考虑从事慈善活动而带有明确的目的性，或者说，非国有企业更可能通过从事慈善活动的途径从某一利益相关方获取发展所需的资源，进而慈善活动具有针对性。因为从事慈善活动是企业承担社会责任的最高表现形式（Carroll，1991），所以根据上述分析，有理由推断国有企业从事慈善活动更具多样性，而非国有企业则相对集中、具有针对性。

根据上一部分论述的在资源依赖理论和委托代理理论视角下，企业基金会与其他类型基金会的捐赠行为存在差异，一方面企业基金会为了从发起企业获取资源，需要应对发起企业从事慈善活动的额外动机；另一方面因为营利性企业能够从企业基金会的运作过程中获得潜在收益，所以拥有干预企业基金会运作的动力。本书认为，在中国制度背景下，拥有不同性质企业背景的企业基金会所受到的影响也存有差异，进而表现出不同的捐赠行为特征。具体来说：对于国有企业而言，因其拥有天然地履行社会责任的属性，而且履行慈善活动的动机不仅在于获得经济性方面的利益，而且在于满足政治性方面的需要，所以需要平衡多种利益相关者群体的利益诉求，进而慈善活动可能更具多样化。那么，拥有国有企业背景的企业基金会为了获取资助企业提供的资源，作为国有企业间接从事慈善活动而成立的组织，必然要对存有高度依赖的国有发起企业的慈善动机做出回应，在国有发起企业可能干预其运作的情况下，捐赠行为也可能更具多样化。另外，国有企业从事慈善活动更偏向于政治性方面的考虑，这就意味着更注重象征性价值，就是说向政府传达一种“做了”慈善，而且是“做了”多种慈善活动的信号，进而使从事慈善活动行为具有非关联性，这就使企业基金会的捐赠项目的持续比率可能较低。而对于非国有企业而言，因为其不具有履行社会责任的天然属性，更多的是因为其拥有经济性方面的需要所进行的，所以较之于国有企业，需要安抚的利益相关者群体更具针对性，进而慈善活动可能相对较为集中。那么，拥有非国有企业背景的企业基金会的捐赠项目可能较少。另外，非国有企业为了确保能够从某一类利益相关者那里获得资源，仅仅传达一种“做了”慈善的信号可能还不足以获得利益相关者的认同，所以慈善活动的持续时间可能较长。这就意味着，拥有非国有企业背景的企业基金会的资助项目持续比率较之于拥有国有企业背景的企业基金会更高。有鉴于此，本部分提出假设：

假设 H4－3：与非国有企业背景的基金会相比，国有企业背景的基金会资助项目总数较多。

假设 H4－4：与非国有企业背景的基金会相比，国有企业背景的基金会资助项目持续率更小。

二、发起人性质与企业基金会绩效特殊性

紧接着，基于资源依赖理论和委托代理理论，本部分详细分析企业基金会的绩效可能表现出的特殊性。具体来说，有以下内容。

一是资源获取方面。根据资源依赖理论，资源是任何组织能够持续且有效地运营的关键因素之一（李维安等，2015）。非营利组织自然不会例外，其维系公益使命并发挥重要作用必然需要依赖于充裕的资源（Froelich，1999）。当然，非营利组织的发起人，或者说提供资源主体的性质不同，它们获得的资源必然存有差异，特别是作为由营利性企业设立的企业基金会能

够获取的资源必然不同于传统非公募基金会获取的资源。首先，企业基金会不仅能够从营利性发起企业获取运作资金、硬件支持（办公设场所或者设备）等有形资源（Petrovits，2006），还能够获得更加丰富的管理经验、技术支持、竞争经验等无形资源（Frooman，1999）。而对传统非公募基金会而言，它们的发起人是个体、团体、大学和医院等，虽然能够获得运作资金的资助，但所获得的竞争经验、管理经验等必然与企业基金会有所不同。有研究认为，两个存有紧密关系的组织之间存在知识转移，并对知识接收方的运作产生重要影响（Minciullo & Pedrini，2015），那么发起方的管理经验等都会向其成立的基金会转移，进而影响基金会的运作。虽然所有基金会都会从发起方获得管理经验、技术支持等无形资源，但相较于营利性企业在激烈的市场竞争中累计的管理、危机处理等多方面的经验，其他非营利组织拥有的经验能够发挥的作用自然有限。此外，基金会理事会成员大多来源于发起方的高层管理人员，这也为知识、经验的转移提供了一种渠道，而且营利性企业的管理人员自身拥有的运作、管理等经验比非营利组织的高层管理人员更为丰富，这些都有助于企业基金会更加有效地配置其所拥有的资源而表现出更好的绩效。

二是成本控制方面。基金会为了最大化可用于分配给其他非营利性组织，或者慈善项目的资金，可能会寻求最小化他们支付的管理费用等方面的成本。相较于传统非公募基金会，企业基金会可能利用多种形式的交叉补贴，安置发起企业闲置的人员和技术资源，这自然有利于控制组织运作的成本。例如，将发起企业支付薪资的管理者安排在企业基金会中做小时工或者临时工（Galaskiewicz & Colman，2006）。除了人力资源方面外，发起企业也可以向基金会管理部门提供办公场所或者设备。另外，因为企业基金会与发起企业之间存在知识转移（Minciullo & Pedrini，2015），基金会可能通过多种渠道从发起企业获知组织运营过程控制成本的经验方法。这些都有助于企业基金会将更多的资源投入慈善活动中，以更低的管理费用完成业务活动。

三是监督方面。詹森和麦克林（1976）研究指出，委托代理问题不仅发生在营利性组织中，在非营利组织同样是普遍存在的。法玛和詹森（1983）指出在非营利性组织领域的研究中应用代理理论是必要的，原因在于虽然公司领域探讨的剩余索取权不存在于这类组织，使捐赠人同剩余索取权所有者之间的代理问题得以避免，但是仍旧存在代理冲突，这种冲突主要存在于捐赠人和决策者之间。原因在于：在“经济人”假设下，作为代理人的决策方拥有自己的利益诉求，可能使组织的行为不能实现捐赠人期望获得的营利性或者非营利性回报，这就会导致代理冲突的发生。那么，为了保障自身利益不受侵害，委托人就有责任和意愿监督代理人的行为。然而，非营利组织具有“所有者缺位”特性，出资方没有收益权，这就使传统非公募基金会的出资方没有监督其运作的强烈意愿。但是，与传统非公募基金会不同，企业基金会的发起企业会因为基金会的运作而获得潜在的受益。因此，相较于传统非公募基金会的非营利性发起方，企业基金会的发起企业不仅拥有更强的意愿，而且拥有更大的能力监督基金会的运作，进而抑制基金会的高层管理者可能存在的牟取私利的个人倾向，从而拥有更好的绩效。首先，营利性企业更可能会因为其设立的基金会的不良运作而遭受声誉、品牌等方面的损害（Fombrun et al.，2000），进而对其市场竞争力、经营业绩等造成负面影响。这就使营利性企业有更强的意愿监督基金会的运作，使基金会的管理者更好地履行自身公益使命（对于企业而言，更可能是具有象征性价值的公益行为），这有利于提升基金会的绩效。其次，企业在经营过程中对管理者可能存在的机会主义行为更加了解，且拥有较为成熟完整的监督体系，这使企业有更加丰富的经验，以及更大的能力监督基金会的运作，这也可能有利于基金会获得更好的绩效。有鉴于此，本部分提出假设：

假设 H4－5：与其他类型非公募基金会相比，企业基金会拥有更高的业务活动支出率。

假设 H4－6：与其他类型非公募基金会相比，企业基金会拥有更低的管理费用率。

进一步地，国有企业与非国有企业之间从事慈善活动的经验、动机、目标等存有差异，这可能使不同性质企业背景的企业基金会表现出不同的绩效水平。具体而言，从资源获取方面来说，在我国的制度背景下，相较于民营企业的非自愿履行社会责任的特性而言，国有企业具有与生俱来地承担社会责任的天然属性（徐传谌、邹俊，2011；刘小菊，2016），这可能意味着国有企业拥有更为丰富的从事慈善活动方面的经验，如管理经验、技术经验等。那么，在两个存有紧密关系的组织存在知识转移，并能够对知识接收方的运作产生重要影响的情况下（Minciullo & Pedrini，2015），国有企业所拥有从事慈善活动的更为丰富的经验能够转移到其发起设立的基金会中，进而使拥有国有企业背景的基金会能够更有效率的运作，也就是说，拥有较高的业务活动支持率，以及更低的管理费用率。

从发起企业参与企业基金会治理角度来说，根据委托代理理论，委托人作为利益相关主体都有权利监督代理人的行为（Jensen & Fama，1983）。那么，作为委托人的发起企业有意愿和动力参与企业基金会治理，对其运作进行监督，进而实现其公益目的。一方面，由于发起企业向企业基金会提供发展所需的资源，为了防止投入的资源被基金会管理者滥用，发起企业有参与企业基金会治理的动力。同时，企业基金会的理事会成员主要来源于发起企业，这为发起企业参与企业基金会的治理提供了便利渠道。在我国制度背景下，国有企业和非国有企业从事慈善活动的动机、目标、内容等方面存有差异（张春敏、刘文纪 2007；苏蕊芯、仲伟周，2011），这就可能使两种性质发起人参与企业基金会治理的意愿和力度存有差异。与非国有企业在从事慈善活动过程中更加注重经济性利益的实现不同，国有企业不仅要关注经济性利益的实现，还要考虑政治性利益的达成，甚至政治性方面的考虑要超过经济性利益。因为在我国制度背景下，政治性方面利益受损所付出的代价可能要远高于经济性方面利益受损所付出的代价，如政治生涯的终结。在这种情况下，国有企业为了多方面的利益不因企业基金会的不良运作遭受损失，可能拥有更强的参与企业基金会治理的意愿和力度，进而使其设立的企业基金会获得更好的绩效，即更高的业务活动支出率和更低的管理费用率。同时，对于国有企业而言，企业基金会良好的运作也能向政府传递一种发起企业是实现国家福利事业的良好代理人的信号，进而可以为国有企业高管晋升、获取政策优惠等方面增添筹码，这也会使国有企业可能有较强的意愿参与企业基金会治理。

另外，研究认为对于非营利组织而言，在决策过程中首要考虑的是公平，之后才是效率（德鲁克，2007；刘丽珑，2015）。那么，在企业基金会应对发起企业从事慈善活动存有的经济性、政治性等方面的动机过程中，非国有企业背景的企业基金会可能做出更具针对性的捐赠决策，使其决策公平性较低，而国有企业背景的企业基金会则可能关注的利益相关者更多，决策相对较为公平，进而拥有更好的绩效。有鉴于此，本部分提出假设：

假设 H4－7：相较于非国有企业背景的基金会，国有企业背景的基金会的业务活动支出率更高。

假设 H4 - 8：相较于非国有企业背景的企业基金会，国有企业背景的基金会的管理费用率更低。

第二节　研究设计

一、样本选择与数据来源

本书选取由国内 35 家知名基金会联合发起的基金会中心网披露的非公募基金会为初始样本。为了确保每家所选基金会有完整年度（不包括成立年份）的工作报告信息，以及每家基金会有连续两年的完整信息，再加上基金会中心网目前信息披露较为完整的时间区间为 2011 ~ 2014 年，所以将 2011 ~ 2014 年作为所选基金会样本的相关数据区间。

由于基金会中心网站所披露的非公募基金会没有关于发起人，或者成立人的具体信息，无法直接区分由企业、企业家、非企业个体、学校、医院等单一发起人成立的基金会，所以需要在该网站披露的非公募基金会初始样本的基础上确认本书研究所需的由单一发起人成立的基金会。对于本书研究使用的非公募基金会，经过以下步骤进行确认：第一步，明确每家非公募基金会的发起人，通过查阅基金会成立新闻（百度搜索）、基金会章程、基金会年度工作报告等途径进行确认；第二步，剔除无法明确发起人的基金会；第三步，剔除存在两个及两个以上发起人的基金会；第四步，剔除发起人为企业家、企业高管、企业员工、商会等与企业存有关联但非企业的基金会样本。

进一步地，经过以下步骤获取本书研究所需的样本数据：第一步，剔除财务特征（捐赠收入、业务活动支出等）、治理特征（理事会人数、监事会人数、会计师事务所）、资助项目情况（连续两年及以上资助项目名称）等相关数据无法获取的样本；第二步，剔除总资产为 0 的样本；第三步，剔除非限定性净资产为负值的样本；第四步，剔除负债为负值的样本；第五步，剔除总收入为 0 的样本；第六步，剔除管理费用为负值的样本；第七步，剔除明显极端异常值。经过此轮处理，本书最终获得 2203 个（757 家）非公募基金会样本，其中 480 个（166 家）企业基金会样本。在此基础上，将企业基金会按照发起企业的性质分类为拥有国有企业背景的企业基金会和拥有非国有企业背景的企业基金会两类，经以下几种途径进行确认：一是查询全国企业信用信息公示系统网站，根据该网站披露的企业基本信息中的发起企业类型和股东信息进行确认；二是通过百度、搜狐财经等网站查询发起企业相关信息；三是通过发起企业的官方网站查询其性质或者类型的相关信息。由此，将166家企业基金会样本进一步分类为37家拥有国有企业背景的企业基金会和129家拥有非国有企业背景的企业基金会，以此展开相关研究。接下来第五章和第六章的关于企业基金会治理机制有效性的研究使用的样本均为此处获取的480个企业基金会样本。

本书所有变量数据均通过手工收集获取，包括基金会特征（资助项目特征、规模、成立年限、资产负债率等）、内部治理特征（理事会规模、女性理事比例、监事会规模、女性监事比例）均来源于基金会中心网披露的基本信息、财务信息与项目信息等三个板块，而企业基金会外部治理特征（会计师事务所）通过中国社会组织网（基金会子网）、基金会网站等基金会信息披露平台获取的基金会年度工作报告经过一一查阅其中的审计报告确认，并对基金会特征、基金会内部治理特征等数据进行查漏补缺。为了尽可能地降低异常值对结果造成的影响，本书对所有回归模型中的连续变量均进行1%和99%分位数的Winsorize处理。

二、模型构建与变量定义

（一）企业基金会的捐赠行为特殊性

为了验证本章提出的假设H4－1～H4－4，本书借鉴库夏尔等（2015）的做法，建立以下模型：

$$Gmn = \alpha_0 + \beta_1 Csf + \beta_2 Control + \mu \tag{4-1}$$

$$Gmc = \alpha_0 + \beta_1 Csf + \beta_2 Control + \mu \tag{4-2}$$

模型（4－1）中因变量Gmn代表资助项目总数，测量基金会样本年度资助项目总数。模型（4－2）中因变量Gmc代表资助项目持续比率，测量基金会样本年保留项目数与样本年前一年项目总数的比值。持续项目数根据样本年与前一年的资助项目是否具有相同名称以及资助地区确认。模型（4－1）和模型（4－2）中均使用的自变量Csf代表企业基金会变量，测量若样本基金会为企业基金会则赋值为1，否则为0。为了进一步考察拥有不同性质企业背景的企业基金会之间捐赠行为的差异，在模型（4－1）和模型（4－2）的基础上分别引入国有企业背景的企业基金会（Pccsf）和非国有企业背景的企业基金会（Prcsf）两个变量。

对于上述两个模型中的控制变量Control，借鉴库夏尔等（2015）等现有文献的做法，本书在模型中加入以下变量：Asset为规模，测量基金会样本年末总资产的对数；Age为成立年限，测量基金会从成立年至样本年的年限，实证分析时对其进行对数化处理。库夏尔等（2015）认为基金会的成立年限对捐赠行为存在影响，研究发现成立时间越长的基金会的资助项目总数越多；基金会的规模也会对捐赠行为产生影响，认为规模越大，基金会的资助项目越多。本部分还加入了以下可能对基金会资助项目存有影响的变量。Focus为关注领域变量，测量基金会关注领域的数量；Area为注册地区变量，测量基金会注册地为发达地区赋值为1，否则为0；Charge为业务主管部门变量，测量基金会的业务主管部门为国家时赋值为1，否则为0。此外，本部分还控制了年度效应（Year_i）和行业特征（Industry_j）对捐赠行为的影响。对于年度效应变量的引入，年份的虚拟变量是以2011年为基准年，共引入3个虚拟变量（Year_i，i＝01，02，03）。对于行业变量的测定，鉴于教育行业所占比例较高，而其他行业所占比例都较为分散，以及参照陈丽红等（2014）的做法，将教育行业赋值为1，非教育行业赋值为0（Industry_j，j＝01）。

需要说明的是，使用资助项目持续比率变量（Gmc）的模型（4－2）的样本集合有所不同，原因在于样本必须要有样本年前一年的资助项目进行对比。具体而言，如果基金会成立于2005～2009年，则拥有2010～2014年的资助项目持续比率数据；如果基金会分别成立于2010年、2011年和2012年，则分别拥有2011～2014年、2012～2014年、2013～2014年区间的资助项目持续比率数据。各变量的定义与说明见表4－1。

（二）企业基金会的绩效特殊性

为了验证本章提出的假设H4－5～H4－8，本书借鉴库夏尔等（2015）的做法，建立以下模型：

$$Prora = \alpha_0 + \beta_1 Csf + \beta_2 Control + \mu \tag{4-3}$$

$$Admin = \alpha_0 + \beta_1 Csf + \beta_2 Control + \mu \quad (4-4)$$

模型（4-3）中Prora代表业务活动成本率，测量基金会的业务活动支出与总费用的比值。模型（4-4）中Admin代表管理费用率，测量基金会的管理费用与总费用的比值。同上部分一致，模型（4-3）和模型（4-4）中均使用的自变量Csf代表企业基金会变量，测量若样本基金会为企业基金会则赋值为1，否则为0。为了进一步考察拥有不同性质企业背景的企业基金会之间绩效的差异，在模型（4-3）和模型（4-4）的基础上分别引入国有企业背景的企业基金会（Pccsf）和非国有企业背景的企业基金会（Prcsf）两个变量。

借鉴张立民等（2012）、陈丽红等（2014）、库夏尔等（2015）等现有文献的做法，本部分在模型中还加入以下控制变量：Size为规模，测量基金会年末非限定性净资产的对数；Age为成立年限，测量基金会从成立年至样本年的年限，实证分析时对其进行对数化处理；Cont为捐赠收入率，测量基金会捐赠收入与总收入的比值；Debt为资产负债率，测量基金会负债与总资产的比值；Area为注册地区变量，测量基金会注册地为发达地区赋值为1，否则为0。各变量的定义与说明见表4-1。

选择上述控制变量的原因在于：首先，基金会规模（Size）。丁克曼（1996）、克里希南和绍尔（2000）等研究指出更大规模的非营利组织往往拥有更高的绩效，也就是说基金会规模与绩效之间呈正相关关系。张立民和李晗（2013）以全国性基金会为样本，将基金会规模作为控制变量，认为基金会非限定性资产是影响组织绩效的重要因素之一。其次，基金会成立年限（Age）。丁克曼（1998，1999）和基钦（2009）研究发现基金会的成立年限与其捐赠收入呈负相关关系。再次，基金会资产负债率（Debt）。卡伦和福克（1993）研究认为基金会资产负债率对绩效会产生影响。张立民和李晗（2013）研究指出资产负债率与业务活动成本率之间具有显著负相关关系，与管理费用率呈显著正相关关系。最后，基金会收入结构（Cont）。格林利和特拉塞尔（2000）研究指出，基金会收入结构是预测其复杂程度和财务信息稳定性的重要参考指标。帕森斯和特拉塞尔（2008）研究证实了非营利组织收入结构确实能够对组织信息披露质量和绩效产生影响。张立民和李晗等（2012）研究内部治理机制对全国性基金会绩效的影响时，认为捐赠收入率是影响组织绩效的重要因素之一，应将其作为重要的控制变量放入回归模型。有鉴于此，根据这些相关研究，本书将基金会部分特征变量作为控制变量纳入回归模型。各变量的定义与说明见表4－1。

表4－1　　　　主要变量定义与说明

变量名称	变量代码	变量说明与计算
资助项目总数	Gmn	基金会资助项目的数量
项目持续比率	Gmc	基金会t年保留项目总数与t－1年项目总数的比值
业务活动成本率	Prora	基金会业务活动支出与总费用的比值
管理费用率	Admin	基金会管理费用与总费用的比值
企业基金会	Csf	基金会是企业基金会赋值为1，否为0
国有企业背景	Pccsf	企业基金会由国有企业发起设立赋值为1，否则为0
非国有企业背景	Prcsf	企业基金会由非国有企业发起设立赋值为1，否则为0
规模	Asset	基金会年末总资产的对数
非限定性规模	Size	基金会年末非限定净资产的对数
成立年限	Age	基金会成立年至样本年度的年限
业务主管部门	Charge	基金会业务主管部门为国家赋值为1，否则为0
捐赠收入率	Cont	基金会捐赠收入与总收入的比值
资产负债率	Debt	基金会负债与总资产的比值
关注领域	Focus	基金会关注领域数量
注册地区	Area	基金会注册地为发达地区赋值为1，否则为0
年份虚拟变量	Year	样本区间涉及2011～2014年4个年份，引入3个年份虚拟变量
行业虚拟变量	Industry	基金会为教育行业赋值为1，反之为0

第三节　实证检验结果与分析

一、描述性统计结果

表4－2给出了模型中各个变量的描述性统计结果，包括变量名称、均值、标准差、最小值与最大值等。资助项目总数（Gmn）的均值为5.095，最小值为0，最大值为48，说明基金会平均每年资助的项目为5.095项，且基金会之间的项目总数差异较大。资助项目持续率（Gmc）平均值为0.60，

最小值为0，最大值为1，说明基金会资助项目的持续率总体上较高。业务活动成本率（Prora）的均值为0.937，最小值为0，最大值为1，说明从总体上来看基金会的业务活动支出平均比率较高，但也不乏业务活动成本率为0的基金会存在。管理费用比率（Admin）的均值为0.047，最小值为0，最大值为0.497，说明从总体上来看基金会的管理费用比率普遍较低，普遍达到《基金会管理条例》规定的管理费用占总费用不能超过10%的合规标准，但也不乏管理费用率达到49.70%的基金会。企业基金会（Csf）均值为0.218，说明样本中企业基金会占比为21.80%，其中国有企业背景的企业基金会（Pccsf）均值为0.047，非国有背景的企业基金会（Prcsf）均值为0.170，说明由国有企业设立的企业基金会较少，大多数是由非国有企业发起设立的。规模（Asset）均值为16.022，最小值为1.609，最大值为21.703，说明不同的基金会规模存在较大的差异。非限定性规模（Size）均值为15.371，最小值为0，最大值为20.631，说明不同的基金会的非限定性净资产存在较大的差异。年龄（Age）均值为3.673，最小值为1，最大值为9，说明基金会成立时间普遍较短。业务主管部门（Charge）均值为0.075，说明业务主管部门为国家的基金会占比7.5%。捐赠收入比率（cont）均值为0.762，最小值为0，最大值为1，说明不同基金会的捐赠收入占总收入比例的差异较大，但总体上呈现出组织运作所需的资金来源主要依赖于捐赠收入的特点。资产负债率（debt）均值为0.037，说明基金会通过负债获得资金的比例较低。关注领域（focus）均值为1.637，说明基金会关注领域的平均数量接近2项。注册地区（Area）均值为0.857，说明发达地区拥有更多的基金会。

表4-2　总样本描述性统计

变量	样本数	均值	标准差	最小值	最大值
gmn	2203	5.095	5.489	1	48
gmc	1757	0.600	0.328	0	1
prora	2203	0.937	0.114	0	1
admin	2203	0.047	0.072	0	0.497
csf	2203	0.218	0.413	0	1

续表

变量	样本数	均值	标准差	最小值	最大值
pccsf	2203	0.048	0.214	0	1
prcsf	2203	0.170	0.376	0	1
asset	2203	16.022	1.471	1.609	21.703
size	2203	15.190	3.020	0	20.631
age	2203	3.673	1.996	0	9
charge	2203	0.075	0.263	0	1
cont	2203	0.762	0.345	0	1
debt	2203	0.037	0.119	1	0.956
focus	2203	1.637	0.931	1	6
area	2203	0.857	0.350	0	1

进一步地，为了更为直观地从统计上描述企业基金会与其他类型非公募基金会之间，以及不同性质企业背景的企业基金会之间的捐赠行为与绩效的差异，本书根据基金会是否是企业基金会，以及企业基金会是否是国有企业背景对样本基金会通过T检验的方法进行分组比较，考察样本主要变量之间均值的差异。表4－3给出的结果显示，对于企业基金会与其他类型非公募基金会主要变量之间的差异，企业基金会的捐赠行为（包括资助项目总数和资助项目持续率）和组织绩效（业务活动成本率和管理费用率）等均存在显著的差异，且差异方向与预测一致，这在一定程度上支持了前面关于企业基金会与其他类型非公募基金会之间捐赠行为和绩效之间存在差异的假设（假设H4－1、假设H4－2、假设H4－5、假设H4－6）。对于国有企业背景与非国有企业背景的两类企业基金会主要变量之间的差异，两类基金会的捐赠行为（包括资助项目总数和资助项目持续率）存在显著的差异，且差异方向与预测一致，这在一定程度上支持了前面的假设H4－3和假设H4－4。而国有背景和非国有背景企业基金会的组织绩效仅在管理费用率上存在显著的差异，这在一定程度上支持了前面的假设H4－8。而两类企业基金会的业务活动成本率没有显著的差异，但差异方向与预测一致，意味着前面假设H4－7仅得到部分支持。

表 4-3　　　　样本主要变量 T 检验

变量	企业基金会		非企业基金会		T 检验	国有背景		非国有背景		T 检验
	Mean	Std	Mean	Std		Mean	Std	Mean	Std	
gmn	6.14	6.304	4.80	5.203	4.239***	9.39	9.055	5.21	4.909	4.559***
gmc	0.473	0.320	0.637	0.321	-8.941***	0.411	0.275	0.489	0.330	-2.233**
prora	0.950	0.083	0.934	0.120	3.489***	0.958	0.080	0.948	0.083	1.052
admin	0.038	0.053	0.053	0.097	-4.409***	0.028	0.067	0.041	0.048	-2.196**

注：*、**、*** 表示 t 检验分别在 10%、5%、1% 的水平上显著。

二、相关性统计结果

表 4-4 是利用皮尔曼（pearman）相关性分析检验了主要变量间的相关性水平，以增强研究结果的稳健性和可信度。如果变量间的相关性系数太高（大于 0.5），在回归分析时容易出现多重共线性的问题，会对结果的稳健性和可信度产生较大影响。从相关性检验结果来看，各个主要变量间的系数均远小于 0.5，这说明模型中的各主要变量间不存在多重共线性问题。企业基金会变量与资助项目总数变量之间在 1% 的水平上呈正相关关系，说明相较于其他类型非公募基金会，企业基金会的资助项目总数更多，支持本部分假设 H4-1；企业基金会变量与资助项目持续率之间在 1% 的水平上呈负相关关系，说明相较于其他类型非公募基金会，企业基金会的资助项目持续率较低，支持本部分假设 H4-2。企业基金会变量 csf 分别与业务活动成本率 prora 和管理费用率之间达到 1% 的显著性水平，且符号与预计相同，说明相较于其他类型非公募基金会，企业基金会的业务活动成本率更高，管理费用率更低，支持本部分假设 H4-3 和假设 H4-4。国有企业背景的基金会变量分别与资助项目总数和资助项目持续率之间均达到 1% 的显著性水平，但符号与前文预计一致，说明国有企业背景的基金会资助项目总数更多，资助项目持续率更低，支持前面假设 H4-5 和假设 H4-6。国有企业背景的基金会变量分别与业务活动成本率 prora 和管理费用率之间达到 10% 和 5% 的显著性水平，其符号与前面预计一致，说明国有企业背景的基金会的业务活动成本率更高，管理费用率更低，支持前面假设 H4-7 和假设 H4-8。控制变量方面，企业基金会规模分别与资助项目总数和资助项目持续率之间达到 1%

和10%的显著性水平，以及与业务活动成本率和管理费用率之间均达到1%的显著性水平。上述结果初步说明企业基金会变量，以及国有企业背景的基金会变量与捐赠行为和绩效之间均存在显著关系，更为准确的结论还有待进一步验证。

表4-4　　主要变量间相关性检验

	gmn	gmc	prora	admin	csf	pccsf	prcsf	size	age	area
gmn	1									
gmc	-0.019	1								
prora	0.092***	-0.013	1							
admin	-0.083***	-0.002	-0.756***	1						
csf	0.100***	-0.209***	0.061***	-0.068***	1					
pccsf	0.176***	-0.129***	0.044*	-0.054**	0.426***	1				
prcsf	0.010	-0.156***	0.042**	-0.044**	0.857***	-0.102***	1			
size	0.274***	0.042*	0.082***	-0.128***	-0.006	0.210***	-0.126***	1		
age	-0.010	0.073***	-0.004	0.025	-0.013	-0.007	-0.010	0.204***	1	
area	0.052**	0.012	0.017	-0.032	0.033	-0.005	0.039*	0.113***	0.074***	1

注：*、**、***分别代表10%、5%和1%的显著性水平。

三、多元回归结果

表4-5给出了企业基金会捐赠行为特殊性的回归结果。其中，表4-5中的模型1-1至模型1-4（左侧部分）为企业基金会资助项目总数（Gmn）特殊性的回归结果，模型2-1至模型2-4（右侧部分）为企业基金会资助项目持续率（Gmc）特殊性的回归结果。其中，模型1-1给出仅包含控制变量的基准模型的回归结果，结果表明：规模、业务主管部门、关注领域均与资助项目总数显著正相关，而年龄与资助项目总数显著负相关。模型1-2、模型1-3和模型1-4给出分别引入了企业基金会（Csf）、国有企业背景基金会（Pccsf）和非国有企业背景基金会（Prcsf）的回归结果，结果表明：企业基金会变量（Csf）的回归系数显著为正，且达到1%显著性水平，这说明相较于其他类型非公募基金会，企业基金会每年资助的项目更

多，这验证了本部分的假设 H4 –1；国有企业背景的基金会变量（Pccsf）和非国有企业背景的基金会变量（Prcsf）均显著为正，分别达到 1% 和 10% 的显著性水平，这说明两类企业背景的基金会比其他类型基金会的资助项目都多。另外，对比两种性质企业背景的基金会与其他类型基金会资助项目总数的差异程度，发现无论是从显著性水平还是系数大小上看，国有企业背景的基金会都明显比非国有企业背景基金会要大，这说明国有企业背景的基金会资助项目总数比非国有企业背景的基金会资助项目总数更多，这验证了本部分的假设 H4 –3。

模型 2 –1 给出仅包含控制变量的基准模型的回归结果，结果显示：规模、年龄与资助项目持续率显著正相关，而业务主管部门、关注领域与资助项目持续率显著负相关。模型 1 –1、模型 1 –2 和模型 1 –3 给出分别引入了企业基金会（Csf）、国有企业背景基金会（Pccsf）和非国有企业背景基金会（Prcsf）的回归结果，结果显示：企业基金会变量（Csf）的回归系数显著为负，且达到 1% 显著性水平，这说明相较于其他类型非公募基金会，企业基金会资助项目持续率更低，这验证了本部分的假设 H4 –2；国有企业背景的基金会变量（Pccsf）和非国有企业背景的基金会变量（Prcsf）均显著为负，且均达到 1% 的显著性水平，这说明两类企业背景的基金会比其他类型基金会的资助项目持续率都低。另外，对比两种性质企业背景的基金会与其他类型基金会资助项目持续率的差异程度，发现国有企业背景的基金会变量回归系数的绝对值比非国有企业背景基金会变量回归系数的绝对值要大，这说明国有企业背景的基金会资助项目持续率比非国有企业背景的基金会的资助项目持续率更低，这验证了本部分的假设 H4 –4。

这四个假设的验证说明企业基金会的确是发起企业从事慈善活动的真正代理人，支持了前面的理论分析。发起企业是企业基金会从事公益事业的主要资源提供方和委托人，从资源依赖理论和委托代理理论视角来看，企业基金会在运作过程中不仅要应对发起企业的慈善动机，而且可能受到其行为干预，进而表现出具有特殊性的捐赠行为。具体而言，一方面，营利性企业面临更多利益相关者群体的利益诉求，如解决大量消费者和员工面临的，以及政府方面希望由企业出面解决的各种社会问题，并且有着营造良好形象或者声誉的强烈意愿，进而有进行利益相关者管理、形象管理等方面的慈善动机，这就使企业基金会的捐赠行为表现出资助项目多的特殊性；另一方面，营利性企业通过从事基于市场或者政治目的考虑的慈善活动而获取具有承诺性社会支持的可能性不大，这就意味着企业更可能追求一种象征性关联价值，通俗地讲就是向外界传达“做了”慈善的信号。而且，这种能够获得社会支持的象征性关联价值比任何一种特定的捐赠行为产生的影响力持续时间更长。那么，企业基金会在应对发起企业进行利益相关者管理、形象管理等动机的过程中，将更可能会动态地更换组织的资助项目，进而拥有较低的资助项目持续率。

另外，在我国制度背景下，不同性质企业从事慈善活动动机、目标、内容等的不同可能使不同类型企业基金会的捐赠行为存有差异。一方面，国有企业是国家所有制的主要体现形式，这意味着国有企业在从事慈善活动的过程中，不仅拥有经济性方面的目标，更可能拥有政治性方面的目标，而非国有企业从事慈善活动的动机更可能仅限于经济性方面，这可能意味着相较于非国有企业，国有企业需要满足更多利益相关者群体的利益诉求，以及维护更好的形象或者声誉；另一方面，由于国有企业具有履行社会责任的天然属性，因而基于市场或者政治的考虑从事慈善活动更不可能获得具有承诺关系的社会支持，这使国有企业可能更加注重象征性价值的获取。由此，在应对发起企业从事慈善活动动机和受到其行为干预的过程中，相较于非国有企业设立的基金会，国有企业设立的基金会的资助项目更多，且项目持续率更低。

表 4－5　　企业基金会捐赠行为特殊性的回归结果

	资助项目总数 Gmn				资助项目持续率 Gmc			
	模型 1－1	模型 1－2	模型 1－3	模型 1－4	模型 2－1	模型 2－2	模型 2－1	模型 2－2
Csf		0.960*** (0.001)				－0.159*** (0.020)		
Pccsf			2.235*** (0.721)				－0.188*** (0.033)	
Prcsf				0.375* (0.249)				－0.122*** (0.022)
Asset	0.856*** (0.087)	0.884*** (0.087)	0.810*** (0.087)	0.875*** (0.087)	0.015** (0.006)	0.010* (0.006)	0.018** (0.006)	0.009* (0.006)
Age	－0.924*** (0.168)	－0.921*** (0.167)	－0.891*** (0.167)	－0.928*** (0.168)	0.062*** (0.018)	0.059*** (0.018)	0.058*** (0.018)	0.063*** (0.018)

续表

	资助项目总数 Gmn				资助项目持续率 Gmc			
	模型 1 - 1	模型 1 - 2	模型 1 - 3	模型 1 - 4	模型 2 - 1	模型 2 - 2	模型 2 - 1	模型 2 - 2
Charge	2.386 *** (0.634)	2.087 *** (0.633)	1.965 *** (0.617)	2.340 *** (0.640)	-0.077 ** (0.031)	-0.029 (0.030)	-0.041 (0.030)	-0.063 ** (0.031)
Focus	0.657 *** (0.146)	0.597 *** (0.144)	0.639 *** (0.144)	0.636 *** (0.146)	-0.031 *** (0.010)	-0.020 ** (0.011)	-0.029 *** (0.010)	-0.024 ** (0.011)
Area	0.269 (0.242)	0.247 (0.241)	0.323 (0.246)	0.251 (0.242)	0.008 (0.234)	0.014 (0.023)	0.004 (0.023)	0.015 (0.023)
Year	Yes	Yes	Yes	Yes	Yes	Yes	Yes	Yes
Industry	Yes	Yes	Yes	Yes	Yes	Yes	Yes	Yes
C	-10.57 *** (1.406)	-11.18 *** (1.404)	-9.957 *** (1.390)	-10.91 *** (1.396)	0.339 *** (0.099)	0.045 *** (0.098)	0.297 *** (0.100)	0.453 *** (0.099)
R^2	0.123	0.129	0.132	0.125	0.025	0.059	0.038	0.042
$A-R^2$	0.120	0.125	0.128	0.121	0.020	0.053	0.033	0.037
F 值	22.03 ***	20.62 ***	20.47 ***	20.80 ***	5.34 ***	10.92 ***	8.46 ***	7.65 ***
样本量	2203	2203	2203	2203	1757	1757	1757	1757

注：*、**、*** 分别代表 10%、5% 和 1% 的显著性水平；( ) 中为标准误，均经过 White 异方差修正。

表 4-6 给出了企业基金会绩效特殊性的回归结果。其中，表 4-6 中的模型 3-1 至模型 3-4（左侧部分）为企业基金会业务活动成本率（Prora）特殊性的回归结果，模型 4-1 至模型 4-4（右侧部分）为企业基金会管理费用率（Admin）特殊性的回归结果。其中，模型 1-1 给出仅包含控制变量的基准模型的回归结果，结果显示：规模、捐赠收入率与业务活动成本率显著正相关，而资产负债率与业务活动成本率显著负相关。模型 3-2、模型 3-3 和模型 3-4 给出分别引入了企业基金会（Csf）、国有企业背景基金会（Pccsf）和非国有企业背景基金会（Prcsf）的回归结果，结果显示：企业基金会变量（Csf）的回归系数显著为正，且达到 1% 显著性水平，这说明相较于其他类型非公募基金会，企业基金会拥有更高的业务活动成本率，这验证了本部分的假设 H4-5；国有企业背景的基金会变量（Pccsf）和非国有企业背景的基金会变量（Prcsf）均显著为正，且均达到 1% 的显著性水平，这说明两类企业背景的基金会比其他类型基金会的业务活动成本率都高。另外，

对比两种性质企业背景的基金会与其他类型基金会资助项目总数的差异程度，发现无论是从显著性水平还是系数大小上看，国有企业背景的基金会略微大于非国有企业背景基金会，这说明国有企业背景的基金会与非国有企业背景的基金会的业务活动成本率没有显著差异，本部分假设 H4－7 没有得到完全验证。

模型 4－1 为仅包含控制变量的基准模型，结果显示：规模、捐赠收入率与管理费用率显著负相关，而年龄、资产负债率与管理费用率显著正相关。模型 4－2、模型 4－3 和模型 4－4 给出分别引入了企业基金会（Csf）、国有企业背景基金会（Pccsf）和非国有企业背景基金会（Prcsf）的回归结果，结果显示：企业基金会变量（Csf）的回归系数显著为负，且达到 1% 显著性水平，这说明相较于其他类型非公募基金会，企业基金会拥有更低的管理费用率，这验证了本部分的假设 H4－6；国有企业背景的基金会变量（Pccsf）和非国有企业背景的基金会变量（Prcsf）均显著为负，均达到 1% 的显著性水平，这说明两类企业背景的基金会比其他类型基金会的管理费用率都低。另外，对比两种性质企业背景的基金会与其他类型基金会管理费用率的差异程度，发现国有企业背景的基金会变量回归系数的绝对值比非国有企业背景基金会变量回归系数的绝对值要大，这说明国有企业背景的基金会管理费用率比非国有企业背景的基金会的管理费用率更低，这验证了本部分的假设 H4－8。

假设 H4－5 和假设 H4－6 的验证，意味着企业基金会比其他类型非公募基金会的绩效更好。原因在于：从资源依赖理论和委托代理理论视角来看，较之于其他类型非公募基金会，一方面，企业基金会不仅能够从营利性发起企业获取运作资金、硬件支持（办公设场所或者设备）等有形资源，还能够获得更加丰富的管理经验、技术支持、竞争经验等无形资源。同时，在存有紧密关系的组织间会发生知识转移的情况下，企业基金会还能获得更为有效的控制成本的经验方法。另一方面，因企业基金会的良好运作能够为发起企业带来潜在的无形或者有形收益，这使发起企业有更强的监督，或者说参与企业基金会治理的意愿和力度，而且拥有抑制管理者机会主义行为更为丰富的经验，进而使企业基金会表现出与其他类型非公募基金会不同的绩效水平。另外，不同性质企业慈善动机、目标、内容等的不同也使不同类型企业基金会的绩效存有差异，主要体现在管理费用率上。原因可能在于：较之非国有企业，国有企业有更强的参与企业基金会治理的意愿。与非国有企业在从事慈善活动过程中更加注重经济性利益的实现不同，国有企业不仅要关注经济性利益的实现，还要考虑政治性利益的达成，甚至政治性方面的考虑要超过经济性利益。因为在我国特殊制度背景下，对于企业管理者来说，政治性方面利益受损所付出的代价可能要远高于经济性方面利益受损所付出的代价，如政治生涯的终结。另外，对于国有企业而言，企业基金会良好的运作也能向政府传递一种发起企业是实现国家福利事业的良好代理人的信号，进而可以为国有企业高管晋升、获取政策优惠等方面增添筹码，这也会使国有企业可能有较强的意愿参与企业基金会治理。

表 4 – 6　　　　　企业基金会绩效特殊性的回归结果

	业务活动成本率 Prora				管理费用率 Admin			
	模型 3 – 1	模型 3 – 2	模型 3 – 3	模型 3 – 4	模型 4 – 1	模型 4 – 2	模型 4 – 3	模型 4 – 4
Csf		0.024 *** (0.005)				–0.018 *** (0.004)		
Pccsf			0.021 *** (0.008)				–0.021 *** (0.007)	
Prcsf				0.020 *** (0.005)				–0.014 *** (0.004)
Size	0.002 ** (0.001)	0.002 ** (0.001)	0.002 ** (0.001)	0.002 ** (0.001)	–0.002 *** (0.001)	–0.002 *** (0.001)	–0.002 ** (0.001)	–0.002 ** (0.001)
Age	–0.004 (0.004)	–0.004 (0.004)	–0.004 (0.004)	–0.004 (0.004)	0.006 ** (0.003)	0.006 ** (0.003)	0.006 ** (0.003)	0.006 ** (0.003)
Area	0.007 (0.007)	0.006 (0.007)	0.007 (0.007)	0.006 (0.007)	–0.007 (0.005)	–0.007 (0.005)	–0.008 (0.005)	–0.007 (0.005)
Debt	–0.037 * (0.020)	–0.037 * (0.020)	–0.038 * (0.021)	–0.036 * (0.020)	0.035 ** (0.017)	0.035 ** (0.017)	0.036 ** (0.017)	0.035 ** (0.017)
Cont	0.024 *** (0.007)	0.023 *** (0.007)	0.024 *** (0.007)	0.024 *** (0.007)	–0.025 *** (0.006)	–0.025 *** (0.006)	–0.025 *** (0.006)	–0.025 *** (0.006)
Year	Yes	Yes	Yes	Yes	Yes	Yes	Yes	Yes
Industry	Yes	Yes	Yes	Yes	Yes	Yes	Yes	Yes

续表

	业务活动成本率 Prora				管理费用率 Admin			
	模型 3-1	模型 3-2	模型 3-3	模型 3-4	模型 4-1	模型 4-2	模型 4-3	模型 4-4
C	0.872*** (0.018)	0.867*** (0.019)	0.874*** (0.018)	0.866*** (0.019)	0.113*** (0.015)	0.117*** (0.015)	0.112*** (0.015)	0.118*** (0.015)
R^2	0.030	0.039	0.032	0.036	0.046	0.056	0.050	0.051
$A-R^2$	0.026	0.035	0.028	0.032	0.042	0.051	0.045	0.047
F 值	5.25***	6.56***	5.94***	5.51***	6.66***	7.42***	7.40***	6.36***
样本量	2203	2203	2203	2203	2203	2203	2203	2203

注：*、**、*** 分别代表 10%、5% 和 1% 的显著性水平；( ) 中为标准误，均经过 White 异方差修正。

第四节 稳健性检验

为了确保前文检验结果具有一定稳健性，本章进行了以下检验：一是对于企业基金会与其他类型基金会之间捐赠行为与绩效的差异，将前面捐赠行为方面的资助项目总数（Gmn）和资助项目持续率（Gmc），以及绩效方面的业务活动持续率（Prora）和管理费用率（Admin）等因变量均按照各自中位数转换为哑变量（小于中位数赋值为 0，否则为 1）重新检验；二是对于国有企业背景基金会与非国有企业背景基金会之间捐赠行为和绩效的差异，将国有企业背景基金会（Pccsf）和非国有企业背景基金会（Prcsf）两个虚拟变量同时放入模型，将所得回归系数进行 t 检验；三是利用企业基金会样本检验国有企业背景基金会（Pccsf）与非国有企业背景基金会（Prcsf）捐赠行为和绩效的差异。上述检验均没有对前面结果造成实质性影响，说明本章所得结论具有一定的稳健性。

表 4-7 给出了企业基金会捐赠行为特殊性的稳健性检验回归结果。其中，表 4-7 中的模型 1-5 和模型 2-5 给出将资助项目总数（Gmn）和资助项目持续率（Gmc）变量根据各自中位数分别转换为哑变量的回归结果，结果显示：企业基金会（Csf）变量分别与资助项目总数正相关，与资助项目持续率负相关，且均达到 1% 的显著性水平，这表明企业基金会比其他类

型非公募基金会的资助项目多以及资助项目持续率小的可能性都大。模型1－6和模型2－6给出将国有企业背景基金会和非国有企业背景基金会变量同时放入模型的回归结果，结果显示：两种性质企业背景基金会变量的符号方向和显著性水平，以及将回归系数进行t检验（F＝5.72，P＝0.016；F＝5.37，P＝0.021）后所代表的含义均与前面一致，即国有企业背景基金会比非国有企业背景基金会的资助项目更多，且资助项目持续率更小。模型1－7和模型2－7给出利用企业基金会样本检验的国有企业背景基金会与非国有企业背景基金会资助项目总数和资助项目持续率的差异的回归结果，结果显示：国有企业背景基金会变量（Pccsf）变量分别与资助项目总数正相关，与资助项目持续率负相关，且分别达到1%和5%的显著性水平，这表明国有企业背景的基金会比非国有企业背景的基金会资助项目更多，资助项目持续率更小。这些稳健性检验结果均与前面一致，表明所得结果是具有稳健性的。

表4－7　　　企业基金会捐赠行为特殊性的稳健性检验结果

	资助项目总数 Gmn			资助项目持续率 Gmc		
	模型1－5	模型1－6	模型1－7	模型2－5	模型2－6	模型2－7
Csf	0.531*** (0.122)			－0.884*** (0.135)		
Pccsf		2.390*** (0.721)	2.023*** (0.774)		－0.227*** (0.034)	－0.078** (0.039)
Prcsf		0.582** (0.241)			－0.141*** (0.022)	
Size	0.367*** (0.039)	0.836*** (0.087)	0.825*** (0.183)	0.075* (0.039)	0.012* (0.006)	－0.006 (0.006)
Age	－0.305*** (0.839)	－0.895*** (0.167)	－0.631* (0.405)	0.131 (0.116)	0.058*** (0.018)	0.059* (0.037)
Charge	0.633*** (0.225)	1.864*** (0.621)	1.598* (0.978)	－0.395* (0.214)	－0.019 (0.030)	0.002 (0.048)
Focus	0.474*** (0.067)	0.606*** (0.012)	0.476** (0.238)	－0.054 (0.071)	－0.021* (0.011)	0.021 (0.015)
Area	－0.035 (0.131)	0.300 (0.167)	0.220 (0.587)	0.170 (0.147)	0.011 (0.023)	－0.017 (0.054)

续表

	资助项目总数 Gmn			资助项目持续率 Gmc		
	模型 1－5	模型 1－6	模型 1－7	模型 2－5	模型 2－6	模型 2－7
Year	Yes	Yes	Yes	Yes	Yes	Yes
Industry	Yes	Yes	Yes	Yes	Yes	Yes
C	－7.544 *** (0.637)	－10.444 *** (1.385)	－8.207 *** (2.897)	－1.235 *** (0.629)	0.420 *** (0.099)	0.419 *** (0.194)
P－R^2/ R^2	0.096	0.133	0.224	0.032	0.061	0.050
A－R^2		0.129	0.207		0.055	0.025
LR/F	215.33 ***	19.59 ***	8.92 ***	71.09 ***	11.10 ***	2.33 **
样本量	2203	2203	480	1757	1757	395

注：*、**、*** 分别代表 10%、5% 和 1% 的显著性水平；() 中为标准误，均经过 White 异方差修正。

表 4－8 给出了企业基金会绩效特殊性的稳健性检验回归结果。其中，表 4－8 中的模型 3－5 至模型 3－7、模型 4－5 至模型 4－7 给出将业务活动成本率（Prora）和管理费用率（Admin）变量根据各自中位数分别转换为哑变量的回归结果，结果显示：企业基金会（Csf）变量分别与业务活动成本率正相关，与管理费用率负相关，且分别达到 10% 和 5% 的显著性水平，这表明企业基金会比其他类型非公募基金会的业务活动成本率高以及管理费用率低的可能性都更大。模型 3－6 和模型 4－6 给出将国有企业背景基金会和非国有企业背景基金会同时放入模型的回归结果，结果显示：两种性质企业背景基金会变量的符号方向和显著性水平，以及将回归系数 t 检验（F = 0.17，P = 0.678；F = 1.30，P = 0.154）后所代表的含义均与前面一致，即国有企业背景基金会比非国有企业背景基金会的管理费用率更低，但业务活动成本率没有显著差异。模型 3－7 和模型 4－7 给出利用企业基金会样本检验的国有企业背景基金会与非国有企业背景基金会的业务活动成本率和管理费用率差异的回归结果，结果显示：国有企业背景基金会变量（Pccsf）变量分别与资助项目总数正相关，但未达到 10% 的显著性水平，而与资助项目持续率负相关，且达到 5% 的显著性水平，这表明国有企业背景的基金会比非国有企业背景的管理费用率更低，但业务活动成本率没有显著差异。这些稳健性检验结果均与前面一致，表明所得结果是具有稳健性的。

表 4－8　　企业基金会绩效特殊性的稳健性检验结果

	业务活动成本率 Prora			管理费用率率 Admin		
	模型 3－5	模型 3－6	模型 3－7	模型 4－5	模型 4－6	模型 4－7
Csf	0.205* (0.113)			−0.210** (0.113)		
Pccsf		0.026*** (0.008)	0.012 (0.009)		−0.025*** (0.007)	−0.015** (0.006)
Prcsf		0.023*** (0.005)			−0.016*** (0.004)	
Size	0.029* (0.016)	0.020* (0.001)	−0.001 (0.001)	−0.032** (0.016)	−0.002** (0.001)	0.001 (0.001)
Age	−0.101 (0.076)	−0.004 (0.004)	0.006 (0.006)	0.195*** (0.076)	0.006** (0.003)	0.001 (0.004)
Cont	0.634*** (0.132)	0.023 (0.007)	0.022** (0.010)	−0.484*** (0.131)	−0.025*** (0.006)	−0.016** (0.007)
Debt	−1.195*** (0.410)	−0.037* (0.012)	−0.065** (0.031)	1.316*** (0.413)	0.036** (0.017)	0.050** (0.022)
Area	0.085 (0.125)	0.006 (0.007)	−0.001 (0.011)	−0.163 (0.126)	−0.007 (0.005)	−0.010 (0.007)
Year	Yes	Yes	Yes	Yes	Yes	Yes
Industry	Yes	Yes	Yes	Yes	Yes	Yes
C	−1.076*** (0.308)	0.867*** (0.019)	−0.955*** (0.025)	1.015*** (0.316)	0.116*** (0.015)	0.049*** (0.017)
$P-R^2/R^2$	0.029	0.040	0.032	0.028	0.056	0.037
$A-R^2$		0.035	0.011		0.051	0.016
LR/F	79.62***	6.31***	1.54*	79.12***	7.21***	1.78**
样本量	2203	2203	480	2203	2203	480

注：*、**、*** 分别代表 10%、5% 和 1% 的显著性水平；( ) 中为标准误，均经过 White 异方差修正。

第五节　本章小结

本章基于企业基金会及其治理特殊性，从资源依赖理论和委托代理理论等理论视角分析了企业基金会与其他类型非公募基金会，以及国有企业背景同非国有企业背景的企业基金会之间的捐赠行为与绩效的差异，并利用2011～2014年包括企业基金会在内的非公募基金会样本给出实证证据。其中，捐赠行为主要从资助项目特征角度进行测量，包括资助项目总数和资助项目持续率，而绩效主要利用业务活动成本率和管理费用率两个指标测算。

在捐赠行为方面，实证结果发现，企业基金会与其他类型非公募基金会之间的捐赠行为存在差异，表现为资助项目更多，资助项目持续率更低，说明企业基金会的确是发起企业从事慈善活动的真正代理人。从资源依赖理论和委托代理理论视角来看，企业基金会在运作过程中不仅要应对发起企业的慈善动机，而且可能受到其行为干预，进而表现出具有特殊性的捐赠行为。具体而言，一方面，营利性企业面临更多利益相关者群体的利益诉求，如解决大量消费者和员工面临的，以及政府方面希望由企业出面解决的各种社会问题，并且有着营造良好形象或者声誉的强烈意愿，进而有进行利益相关者管理、形象管理等方面的慈善动机，这就使企业基金会的捐赠行为表现出资助项目多的特殊性；另一方面，营利性企业通过从事基于市场或者政治目的考虑的慈善活动而获取具有承诺性社会支持的可能性不大，这就意味着企业更可能追求一种象征性关联价值，通俗地讲就是向外界传达“做了”慈善的信号。而且，这种能够获得社会支持的象征性关联价值比任何一种特定的捐赠行为产生的影响力持续时间更长。那么，企业基金会在应对发起企业进行利益相关者管理、形象管理等动机的过程中，更可能会动态地更换资助项目，继而拥有较低的资助项目持续率。

另外，在我国的制度背景下，不同性质企业从事慈善活动动机、目标、内容等的不同使不同类型企业基金会的捐赠行为存有差异。一方面，国有企业是国家所有制的主要体现形式，这意味着国有企业在从事慈善活动的过程中，不仅拥有经济性方面的目标，更可能拥有政治性方面的目标，而非国有企业从事慈善活动的动机更可能仅限于经济性方面，这可能意味着相较于非国有企业，国有企业需要满足更多利益相关者群体的利益诉求，以及维护更好的形象或者声誉。另一方面，由于国有企业具有履行社会责任的天然属性，因此基于市场或者政治的考虑从事慈善活动更不可能获得具有承诺关系的社会支持，这使国有企业可能更加注重象征性价值的获取。由此，在应对发起企业从事慈善活动动机和受到其行为干预的过程中，相较于非国有企业发起设立的基金会，国有企业发起设立的基金会的资助项目更多，且项目持续率更低。

在绩效特殊性方面，实证结果发现，企业基金会比其他类型非公募基金会的绩效更好，即拥有更高的业务活动成本率、更低的管理费用率。从资源依赖理论和委托代理理论视角来看，较之于其他类型非公募基金会，一方面企业基金会不仅能够从发起企业获取运作资金、硬件支持（办公场所或者设备）等有形资源，还能够获得更加丰富的管理经验、技术支持、竞争经验等无形资源。同时，在存有紧密关系的组织间会发生知识转移的情况下，企业基金会还能获得更为有效的控制成本的经验方法。另一方面，因企业基金会的良好运作能够为发起企业带来潜在的无形或者有形收益，这使发起企业有更强的监督，或者说参与企业基金会治理的意愿和力度，同时企业拥有抑制管理者机会主义行为更为丰富的经验，这些都使企业基金会表现出比其他类型非公募基金会更好的绩效水平。

另外，不同性质企业慈善动机、目标、内容等的不同也使不同性质企业背景的企业基金会的绩效存有差异，主要体现在国有企业背景的企业基金会管理费用率比非国有企业背景的企业基金会更低。原因可能在于，国有企业比非国有企业有更强的参与企业基金会治理的意愿。与非国有企业在从事慈善活动过程中更加注重经济性利益的实现不同，国有企业不仅要关注经济性利益的实现，还要考虑政治性利益的达成，甚至政治性方面的考虑要超过经济性利益。企业基金会运作低效，不单单意味着企业资源的无效配置，而且在我国的制度背景下，一旦企业基金会出现不良运作，必然会对发起企业及其管理者的声誉、形象等方面造成不好的影响，这不仅会对发起企业的经济性利益产生负面影响，而且更可能对国有发起企业高管的政治性方面的利益造成损害，且政治性方面利益受损所付出的代价可能要远高于经济性方面利益受损所付出的代价，如政治生涯的终结。同时，对于国有企业而言，企业基金会良好的运作能够向政府传递一种发起企业是实现国家福利事业的良好代理人的信号，进而可以为国有企业高管晋升、获得政策优惠等增添筹码，这也会使国有企业可能有较强的意愿参与企业基金会治理。

本章研究结论可能具有的理论和实践意义在于：在理论意义方面，从企业基金会及其治理特殊性出发，基于资源依赖理论和委托代理理论等考察了跨经济性与社会性组织的捐赠行为与绩效的特殊性，以及在不同性质企业背景的基金会中存在的差异，挖掘发起企业参与基金会运作存在“双刃剑”影响，不仅丰富了企业基金会及其治理研究，而且拓展了企业从事慈善活动及其动机的研究。在实践意义方面，研究结论为从捐赠行为视角直观地认识基金会的运作会受到企业慈善动机的影响提供间接证据，进而从抑制发起企业行为干预视角出发寻找实现企业基金会真正的公益宗旨的路径提供新的方向，同时给出营利性企业参与慈善事业具有一定优势的证据，为相关部门制订相适宜的政策、鼓励企业基金会的发展提供依据。

| 第五章 |

企业基金会内部治理机制、发起企业治理参与与绩效

本书第四章内容从资源依赖理论和委托代理理论角度剖析并实证考察了相较于其他类型非公募基金会，企业基金会所表现出的捐赠行为与绩效特殊性，以及拥有国有企业背景和非国有企业背景两类企业基金会之间的捐赠行为与绩效的差异。这些结论给出了发起企业参与企业基金会运作存在“双刃剑”影响的证据，即企业基金会实际上是发起企业实现其基于经济性或者政治性考虑的慈善活动动机的代理人，同时发起企业会参与企业基金会治理，或者监督基金会的运作。进一步地，在利益相关者理论视角下，企业基金会需要对除发起企业之外的其他利益相关者的公益目标做出回应，接受其监督，接下来两章内容考察企业基金会这样一种极具特殊性的非营利组织的内外部治理机制能否发挥治理效用，以及如何发挥治理效用。本章重点考察企业基金会诸如理事会、监事会等内部治理机制与组织绩效之间的关系，以及在拥有不同性质企业背景，以及捐赠行为特征不同的企业基金会中存在的差异，以期探究企业基金会内部治理机制的有效性。

第一节　理论分析与研究假设提出

一、理事会治理有效性

有关理事会参与基金会治理的制度背景。《基金会管理条例》规定：“基金会设理事会，理事为 5 人至 25 人，理事任期由章程规定，每届任期不

得超过5年，但理事任期届满，可以连任。用私人财产设立的非公募基金会，相互间有近亲关系的基金会理事，总数不得超过理事总人数的1/3；其他基金会，具有近亲关系的不得同时在理事会任职。理事会是基金会的决策机构，依法行使章程规定的职权”等。

理论与实践均显示，相较于营利性企业的董事会，因为非营利组织具有高度自治性，其理事会所扮演的角色更加活跃，且承担的责任更为重要，主要承担决策和控制、制定政策、预算和财务监管、甄选和解聘行政主管等职责，对组织的绩效负有最终的责任，是该类组织治理活动的核心（O'Regan & Oster，2005；刘宏鹏，2006）。理事会在组织运作的过程中，一方面要制定有助于保障非营利组织有序发展的科学决策；另一方面要合理地监督管理层以防止其机会主义行为，进而有效地实现非营利组织的使命。现有国内外研究主要从代理理论、资源依赖理论、决策理论、人力资本理论等视角解释了理事会能够对非营利组织绩效产生影响的原因（Olson，2000；Hillman & Dalziel，2003；Brown，2005；Callen et al.，2010；徐晞、叶民强，2008）。就企业基金会而言，理事会无疑也是企业基金会治理的主体，同样承担着决策和监督两个方面的职能。同时，因企业基金会与发起企业之间存有不可分割的关联，企业基金会的理事会可能成为发起企业实现其从事慈善活动动机，如利益相关者管理、形象管理等的工具，这就使企业基金会的理事会治理更具复杂性。企业基金会的理事会是其同发起企业进行交流的主要渠道（Westhues & Einwiller，2006），保障其决策独立性和监督有效性是企业基金会治理过程中的重中之重。然而，因为企业基金会的理事会成员大多来源于发起企业的高管团队，可能成为发起企业实现慈善动机的助力者，在决策和监督时可能偏向于为发起企业的利益服务，将组织拥有的资源分配在发起企业的具有目的性的慈善活动上，这不仅影响到企业基金会的决策公平性，而且可能存在监督上的低效。面对这样一种情况，理事会能否发挥治理效用，以及如何发挥治理效用值得深入考察。考虑到企业基金会理事会数据的可得性，本部分主要从理事会规模和女性理事比例两个方面特征于绩效之间的关系考察理事会治理有效性。

（一）理事会规模

现有对于理事会规模如何影响非营利组织绩效的研究颇为丰富。研究认为，单一规模的理事会并不能够适用于包括企业基金会在内的所有非营利组织，组织需要多大规模的理事会依据理事会自身所处的环境而定。在研究过程中，对于较大规模还是较小规模的理事会能够提升组织财务绩效并未得出一致的观点。一种观点认为，理事会成员越多，越有利于提升组织的财务绩效（Olson，2000；Callen et al.，2003；张立民、李晗，2013）。卡伦等（1999）研究发现组织的理事会规模越大，所能获得的财务绩效越好。奥尔森（2000）以独立非营利大学为研究样本，基于人口统计学的角度研究理事会规模、董事任期、董事背景等与基金会绩效关系时发现，随着理事会成员的增多，这不仅可以强化理事会的监督能力，而且更多的理事成员同时预示着能够获得更为丰厚的捐赠收入。根据这些研究，可将较大规模的理事会能够发挥积极作用的原因归总为以下几个方面：一是理事会拥有更多成员的情况下，能够使其拥有更多方面的知识与信息，可以产生较强的互补性，进而有助于理事会进行决策和监督（颜克高，2012）；二是理事会的成员越多，可能代表着更为广泛的利益相关方的利益，这预示着组织能够更加充分地沟通和协调多个利益相关方的利益诉求；三是理事会规模较大，可以为非营利组织获取更多的运作管理、危机处理等方面的有形或者无形的资源，这更有利于提升组织的绩效；四是理事会规模越大，非营利组织能够越好地保证决策公平性（德鲁克，2007；刘丽珑，2015）。对于提升基金会等非营利组织提升组织绩效来说，考虑决策的社会公平应该是首选，其次才应该是决策效率。另一种观点认为，理事会规模较大并不一定有助于组织绩效的提升（Callen et al.，2003；Regan & Oster，2005；Callen et al.，2010；Aggarwal et al.，2011）。Regan 和 Oster（2005）研究发现组织理事会的成员越多，越不利于组织获得更好的绩效，即两者之间呈现负相关关系；卡伦等（2003）考察了组织理事会规模与筹资绩效之间的关系结果表明，理事会的成员越多，组织花费在筹资方面的费用支出比率越高；卡伦等（2010）之后又考察了组织理事会规模与管理绩效之间的关系，发现理事会的成员越多，组织花费在管理方面的费用比率也越高；阿加瓦尔等（Aggarwal et al.，2011）考察组织理事会规模与筹资绩效、项目支出规模之间关系时发现，理事会的成员越多，组织的筹资费用和项目支出规模都越高。这些研究结论的产生可能归结为以下原因：一是理事会规模较大的情况下，成员之间拥有多种意见，难以通过有效的沟通达成共识，进而降低理事会的决策与监督质量；二是理事会规模较大的情况下，一些成员可能存在“搭便车”的倾向，在理事会会议期间沟通与协调的过程中，可能只存在少数的理事会成员真正关心和参与相关事项的沟通与讨论，而其他一些理事会成员不会对理事会的事务拥有较强的关注，而且在会议之外的时间，成员之间也缺乏私下沟通的积极性。第三种观点认为，组织的理事会规模与绩效没有明确的关联（Bradshaw，1992；Browm，2005）。布拉德肖（1992）利用主观测量法衡量理事会绩效，考察组织理事会规模与理事会绩效之间的关系，并没有得出理事会规模会对绩效产生影响的结论，而较大规模的理事会却会对组织的声誉造成负面的影响。这一结论得到布朗（2005）的支持，他研究发现理事会规模与理事会绩效之间不存在显著的相关性。因此，在公司治理领域，一些研究认为理事会规模与公司业绩之间可能不是简单的线性关系，而是一种倒“U”形关系（于东智、池国华，2004）。也就是说，过小和过大规模的理事会不会有助于组织绩效的提升，而规模适度的理事会能够更为有效地进行决策与监督。

根据以上论述，对于企业基金会理事会规模与绩效之间关系，本书认为较大规模的理事会有利于企业基金会更有效率的运作，可能的原因如下。

首先，理事会规模较大有助于促进企业基金会决策公平性，进而提升组织绩效。作为非营利组织，在评估其绩效时，考虑决策效率不应当成为首选，而应该把管理人员在公益决策方面体现出的社会公平放在首位（德鲁克，2007；张立民、李晗，2013；刘丽珑，2015）。同其他类型基金会一样，企业基金会作为非营利组织，主要功能也是为广泛的社会民众服务，自然遵循同样的绩效评估原则。同样地，在企业基金会治理中，理事会规模较大可能会影响到其决策效率，但更可能保障决策的公平，进而有助于提升企业基金会的绩效。因为在规模较大的理事会中，成员对于组织决策是服务于发起企业的利益，还是服务于组织的公益宗旨持有不同意见的可能性更大。为了达成一致的意见，理事会成员之间必然存在一系列观点“碰撞”，需要经过充分的沟通与协调，这虽然会降低决策的效率和监督的有效性，但相对来说不容易受到发起企业的约束和控制，使理事会拥有更好的决策与监督自主性。同时，声誉压力也可能是促进企业基金会决策公平性的因素之一。作为公益组织，企业基金会的理事会自然地被冠以公益的名声，或者声誉。相较于规模较小的理事会，规模较大的理事会中的成员如果一味地迎合发起企业的需求，可能受到更大的来自声誉方面的压力，这也使理事会的成员更倾向于实现企业基金会的公益目标，而非发起企业的需求，继而促进组织的决策公平性。当然，理事会规模较大能够代表更多利益相关者的利益，这也会使理事会规模较大的企业基金会决策更具公平性，进而提升组织绩效。

其次，较大规模的理事会拥有的认知和经验更为丰富，有利于提升组织绩效。对于大多来源于营利性发起企业高管团队的理事会成员来说，他们更可能拥有丰富的获取经济性利益的经营管理、危机处理与监督等方面的经验，而对于如何做好社会性慈善的经验可能相对较为缺乏，所以在较大规模的理事会中，成员拥有的知识和信息涉及面更广，能够产生更强的互补性，这就使较大规模的理事会能够更为有效地进行决策和监督。有鉴于此，本部分提出假设：

假设 H5－1：企业基金会理事会规模与业务活动支出率正相关；

假设 H5－2：企业基金会理事会规模与管理费用率负相关。

（二）理事会女性理事比例

对于性别多元化的研究得到越来越多研究者的关注，尤其是在公司治理领域。有关女性董事对公司绩效会产生怎样影响的研究并没有得出一致结论，主要形成了三种观点：第一种观点认为，女性董事参与董事会治理，有助于提升董事会治理的效率，进而提升公司绩效（Fondas &Sassalos，2000；Huse & Solberg，2009）。方达瑟和萨萨洛斯（Fondase & Sassalos，2000）研究认为相对于男性董事来说，女性董事更为重视其所处位置的职能，所以她们更愿意为了履行其职责和责任花费更多的时间和精力。胡斯和索尔伯格（Huse & Solberg，2009）研究公司董事会会议情况时发现，较之于男性董事，女性董事会为了会议的顺利进行所做的相关准备更加充分。第二种观点认为，女性董事不仅不会提升公司绩效，甚至对公司绩效造成负面影响（Lee & James，2007；Haslam et al.，2010）。哈斯拉姆等（Haslam et al.，2010）研究认为，公司的董事会引入女性董事会降低董事会的运作效率，进而对公司绩效的提升产生负面影响。第三种观点认为，女性董事不会明显作用于公司的绩效（Kanter，1977；Rose，2007）。坎特（Kanter，1977）研究认为，女性董事参与董事会运作只是符合了已经存在的象征性意义的观点，这就使公司董事会引入女性董事可能只是为了满足多元化运作的需求，并不能够对提升公司绩效产生实质性的作用。

另外，一些研究考察了公司董事会中男性董事在承担社会责任方面同女性董事之间表现出的差异（Akaah，1989；Ibrahim & Angelidis，1995；Willams，2003；Perrault，2014）。Akaah（1989）研究认为，相较于专注获取经济性利益最大化的男性董事来说，女性董事更倾向于承担公司社会责任。伊布拉西姆和安吉利迪斯（Ibrahim & Angelidis，1995）采用标准普尔的数据研究董事会成员构成对公司履行社会责任态度的差异发现，相较于对公司绩效更为重视的男性董事，女性董事倾向于对公司承担社会责任给予较多关注。威廉姆斯（Willams，2003）针对1991～1994年的财富500强公司的慈善行为进行研究发现，女性董事比例能够对公司在向当地社区和文化活动进行慈善捐赠产生正向影响。另外，有研究发现了女性董事在决策方面具有道德理性，这使公司董事会引入一定数量的女性董事有助于为公司构建具有道德性象征的环境，以及更强地履行社会责任的意愿。佩罗（Perrault，2014）研究发现，公司董事会中引入女性董事的确能够提升董事会的道德层面的合法性，进而有助于加强利益相关者对公司董事会的信任。

布拉德肖等（1992）基于非营利组织层面的研究认为，理事会的性别多元化能够对组织的绩效产生积极作用。埃尔库特等（Erkut et al.，2008）将性别多元化拓展至基金会方面的研究，发现女性理事能够发挥积极作用的前提是理事会中存在较多的女性理事，在当前基金会中男性理事依旧占据绝大多数的局面下，少数的女性理事很难对理事会的决策产生重要影响，进而不会影响到组织绩效。再加之，有研究指出，在我国特殊的背景下，女性受“男主外、女主内”“三从四德”的思想观念的影响，通常会表现出缺乏主见、明显顺从，不乐于担风险、保守等特点（刘丽珑，2015）。况学文和陈俊（2011）研究所得结果能够给予这一观点一定的支撑，他们发现董事会性别多元化虽然能够提升公司对高质量外部审计的需求，但仅仅可能在管理者权力较弱的情况下才能发挥促进作用。有研究指出，女性董事可能更适合从事咨询、财务顾问等方面的工作，而不适合从事决策方面的事务（Stinerock，1991）。因此，女性理事难以对组织的绩效产生实质性作用。

对于企业基金会理事会中女性理事会比例与绩效之间关系，本书认为在女性理事数量普遍较少的情况下，女性理事参与理事会不利于企业基金会更有效率的运作，可能的原因在于：一方面，虽然在女性理事更为关注履行社会责任的情况，理事会中引入女性能够促使企业基金会更加倾向于以真正的组织社会公益价值最大化为目标进行运作，但受限于我国女性长期受“男主外，女主内”“三从四德”的思想观念影响，存在明显的顺从、缺乏主见，不愿意承担风险、保守等特点（刘丽珑，2015），这使企业基金会的理事会在决策过程中更容易受到发起企业的约束，进而降低企业基金会的决策公平性，降低组织绩效；另一方面，研究认为女性理事能够发挥积极作用的常常依赖于理事会中存在较多的女性成员（Erkut et al.，2008）。但从搜集整理企业基金会理事会中女性成员数量以及所占比例来看，男性理事仍旧占据绝大多数，那么，这意味着女性理事在决策过程中很难获得话语权，无法对理事会的决策产生影响，进而无法提升决策的公平性。

有鉴于此，本部分提出假设：

假设 H5 - 3：企业基金会理事会女性理事比例与业务活动支出率负相关；

假设 H5 - 4：企业基金会理事会女性理事比例与管理费用率正相关。

二、监事会治理有效性

国内外大量研究证实了理事会特征的确会对组织绩效产生影响，作为法定监督机构的监事会也拥有着不可替代的监督作用（李维安、郝臣，2006）。相关法律法规赋予了基金会的监事会监督理事会和管理层的法定权利，《基金会管理条例》规定：“基金会设监事……监事依照章程规定的程序检查基金会财务和会计资料，监督理事会遵守法律和章程的情况。监事列席理事会会议，有权向理事会提出质询和建议……”。监事会作为监督理事会和管理层的机构，是企业基金会治理体系必不可少的组成部分（李新天、易海辉，2015），可以从企业基金会内部和外部两个方面分析其发挥监督作用的重要性。从企业基金会内部来看，同营利性企业中存在所有权与控制权引发的代理问题不同，企业基金会存在着捐赠人与决策人、决策人与管理人之间的利益冲突（李新天、易海辉，2015）。实际上，理事会是企业基金会的决策人，可能会利用其拥有的权力以损害捐赠人公益目标为代价谋取个人私利，同时管理者也可能利用其所处的信息优势地位进行机会主义行为。在监管机制和问责制度等不完善的情况下，依赖作为专职监督机构的监事会就可能更为可靠。那么，较大规模的监事会可能拥有更为丰富的认知和经验，有利于对理事会和管理层进行更为有效的监督。从企业基金会外部来看，企业基金会治理同其他类型基金会治理存在相似之处，即与公司治理存在不同：捐赠人与投资人不同，无法获得直接的投资回报。因此，捐赠者尤其是中小捐赠者缺乏监督基金会运作的动力与能力。同时，基金会的受益人大多是零成本获益的，也没有动力对企业基金会进行监督（刘丽珑，2015），这使代理问题在企业基金会中更为凸显，公平、有效的监督就显得更加重要。那么，规模较大的监事会，可能拥有更为丰富的经验，能够发挥更为有效的监督作用，更有利于控制企业基金会的代理问题，进而使企业基金会更加有效运作。当然也存在不同之处，企业基金会与发起企业之间存在紧密的关系，且其运作会对发起企业的形象、声誉等产生重要影响（Fombrun et al.，2000；Kwiecińska，2015），所以除了拥有同其他类型基金会类似的代理问题外，企业基金会可能面临更加突出的问题是缺乏自主性，也就是说，发起企业有动力和能力干预企业基金会的运作。因此，监事会在监督理事会和管理层方面的重要性就愈发凸显，防止企业基金会彻底沦为发起企业实现其慈善动机的"附庸"，进而保障企业基金会更好地实现其真正的公益使命。在监事会的成员也可能由发起企业推荐的情况下，规模越小的监事会，越容易受到发起企业的控制，无法发挥有效的监督作用。在这样一种情境下，较大规模的监事会可能更加有利于监督理事会和管理层的运作，保障企业基金会决策公平性，提升组织绩效。

进一步地，公司领域的研究认为，虽然女性所具有的谨慎、保守的特点有助于规避风险，但过度监管反而会限制组织发展。亚当斯和费雷拉（2009）研究指出，当董事会中存在女性董事时，来自她们过于严苛的监督和干预不仅不会有助于公司绩效的提升，反而会造成一定程度的损害。通常情况下，公司中的女性比男性更愿意履行社会责任（Ibrahim & Angelidis，1995）。那么，在以社会公益为宗旨的基金会中，女性内心中的强烈社会责任感更容易被尽可能地释放，使她们不愿意承担风险和保守的行为被强化，这可能会导致过度的监督行为，使基金会无法与外界进行更好的沟通，建立良好的联系（刘丽珑，2015）。这一观点同样适用于企业基金会，尤其是在其可能受到发起企业控制的情况下更可能如此。有鉴于此，本部分提出假设：

假设 H5－5：企业基金会监事会规模与业务活动支出率正相关；

假设 H5 -6：企业基金会监事会规模与管理费用率负相关。

假设 H5 -7：企业基金会监事会女性监事比例与业务活动支出率负相关；

假设 H5 -8：企业基金会监事会女性监事比例与管理费用率正相关。

第二节　研究设计

一、样本选择与数据来源

本章的样本选择与数据来源是以第四章研究所选取的样本为基础进行的，使用在基金会中心网披露的非公募基金会基础上确认的企业基金会 2011 ~ 2014 年的相关数据，同时利用中国社会组织网基金会子网站所获取的年度工作报告进行查缺补漏。具体如下：在第四章研究设计部分详细论述的通过一系列步骤获得的企业基金会样本的基础上，进一步获取详细的企业基金会内部治理特征数据；根据基金会中心网披露的基本信息中的理事会和监事会信息，并通过中国社会组织网基金会子网站进行补齐，确认企业基金会样本期间每一年度的理事会人数、理事会女性成员数量、监事会人数、监事会女性成员数量等内部治理机制特征数据。其他变量，如企业基金会规模、年龄、收入结构、注册地区等数据均来源于基金会中心网。当然，出于结果稳健性的考虑，在稳健性检验部分，使用包含理事会规模、监事会规模、女性成员比例等所有自变量的数据集合进行检验。本部分接下来的实证研究是基于这些数据展开的，为了尽可能地降低异常值对结果造成影响，在剔除明显异常值的同时，并对所有回归模型中的连续变量进行 1% 和 99% 分位数的 Winsorize 处理。

二、模型构建与变量定义

为了验证本章提出的假设 H5 -1 ~ H5 -8，本书借鉴卡伦等（1999）、埃尔库特等（2008）、张立民和李晗（2013）、刘丽珑（2015）的做法，建立以下模型：

$$Prora = \alpha_0 + \beta_1 Inter - Gov + \beta_2 Control + \mu \quad (5-1)$$

$$Admin = \alpha_0 + \beta_1 Inter - Gov + \beta_2 Control + \mu \quad (5-2)$$

其中，与第四章研究内容中使用的变量定义一致，模型（5－1）中因变量 Prora 代表业务活动成本率，测量为企业基金会业务活动支出与总费用的比值。模型（5－2）中因变量 Admin 代表管理费用率，测量为企业基金会管理费用与总费用的比值。模型（5－1）和模型（5－2）中自变量 Inter－Gov 代表内部治理机制变量，主要包括：Director 为理事会规模，测量为企业基金会理事会成员数量；DFemale 为女性理事比例，测量为企业基金会理事会中女性成员数量与理事会成员数量的比值；Supervisor 为监事会规模，测量为企业基金会监事会成员数量；SFmale 为企业基金会监事会女性成员数量与监事会成员数量的比值。Gmn_1 为捐赠项目多样化，测量为企业基金会捐赠项目数量高于中位数赋值为 1，否则为 0。Gmc_1 为捐赠项目持续率，测量为企业基金会捐赠项目持续率大于中位数赋值为 1，否则为 0。同样借鉴丁克曼（1996）、张立民和李晗（2013）、李晗等（2015）等现有文献的做法，本部分的研究在模型（5－1）和模型（5－2）中还加入以下变量：Pccsf 为发起企业性质，测量为企业基金会是否由国有企业发起成立，是为 1，否为 0；Size 为规模，测量为企业基金会非限定性净资产的对数。利用非限定性净资产测量规模的原因在于其能够更为准确地代表企业基金会可以自由支配的资产数量；Age 为成立年限，测量为企业基金会从成立年至样本年的年限，实证分析时对其进行对数化处理；Cont 为捐赠收入率，具体测量为企业基金会捐赠收入与总收入的比值；Area 为注册地区变量，测量为企业基金会是否在发达地区注册，是取 1，否为 0，其中发达地区根据 2011～2014 年全国 31 个省区市的各年 GDP 中位数确定。本书还控制了年度效应（Year_i）和行业特征（Industry_j）对组织绩效的影响。对于行业变量的测定，鉴于教育行业所占比例较高，而其他行业所占比例都较为分散，以及参照陈丽红等（2014）的做法，将教育行业赋值为 1，非教育行业赋值为 0（Industry_j，j＝01）；此外，还控制了年度效应，年份的虚拟变量是以 2011 年为基准年，共引入 3 个虚拟变量（Year_i，i＝01，02，03）。

选择上述控制变量的原因在于：首先，企业基金会发起企业性质（Pccsf），第四章研究结果发现，拥有不同企业性质背景的企业基金会的绩效存在明显的差异。其次，基金会规模（Size）。丁克曼（1996）、克里希南和绍尔（2000）等研究指出更大规模的非营利组织往往拥有更高的绩效，也就是说，基金会规模与绩效之间呈正相关关系。张立民和李晗（2013）利用全国性基金会的相关数据，研究认为基金会规模是影响组织绩效的主要因素之一。再次，基金会成立年限（Age）。丁克曼（1998，1999）和基钦（2009）研究发现基金会的成立年限与其捐赠收入呈负相关关系。最后，基金会捐赠收入率（Concent）。格林利和特拉塞尔（2000）研究指出，基金会收入集中度是预测其复杂程度和财务信息稳定性的重要参考指标。帕森斯和特拉塞尔（2008）研究认为非营利组织收入结构与财务信息披露质量之间存在正向关系，进而对绩效产生影响。张立民和李晗等（2012）研究内部治理机制对全国性基金会绩效的影响时，认为捐赠收入率是影响组织绩效的重要因素之一，将其作为重要的控制变量放入回归模型。各变量的定义与说明见表5－1。

表5－1　　　　主要变量定义与说明

变量名称	变量代码	变量说明与测算
业务活动成本率	Prora	企业基金会业务活动支出与总费用的比值
管理费用率	Admin	企业基金会管理费用与总费用的比值
理事会规模	Director	企业基金会理事会成员数量
女性理事比例	DFemale	企业基金会理事会女性成员数量与成员总数量比值
监事会规模	Supervisor	企业基金会监事会成员数量
女性监事比例	SFemale	企业基金会监事会女性成员数量与成员总数量比率
项目多样化	Gmn_1	企业基金会捐赠项目数量高于中位数赋值为1，否则为0
项目持续率	Gmc_1	企业基金会捐赠项目持续率大于中位数赋值为1，否则为0
发起企业性质	Pccsf	企业基金会由国有企业设立为1，否则为0
规模	Size	企业基金会非限定性净资产的对数
成立年限	Age	企业基金会成立至样本年度的年限
捐赠收入率	Cont	企业基金会捐赠收入与总收入的比值
注册地区	Area	企业基金会注册地区为发达地区为1，否则为0
年份虚拟变量	Year	样本区间涉及2011～2014年4个年份，引入3个年份虚拟变量
行业虚拟变量	Industry	企业基金会为教育行业赋值为1，反之为0

第三节　实证检验结果与分析

一、描述性统计结果

表5－2给出了模型中各个变量的描述性统计结果，包括变量名称、均值、标准差、最小值与最大值等。业务活动成本率（Prora）的均值为0.95，最小值为0，最大值为1，说明从总体上来看企业基金会的业务活动支出平均比率较高，但也不乏业务活动成本率为0的企业基金会存在。管理费用比率（Admin）的均值为0.038，最小值为0，最大值为0.472，说明从总体上来看企业基金会的管理费用比率普遍较低，比《基金会管理条例》规定的管理费用占总费用不能超过10%，普遍达到合规标准，但也不乏管理费用率达到47.20%的企业基金会。理事会规模（Director）的均值为8.435人，最小值为3，最大值为22，这表明不同企业基金会的理事会规模差异较大，基本符合《基金会管理条例》规定理事会理事人数为5～25人的规定，但仍存在少数理事会人数小于5人的企业基金会。其中女性理事（Dfemale）人数均值为2.025，占理事会人数比例的均值为0.282，说明理事会中多数为男性，女性理事占据的比例较小。相比理事会规模，监事会规模（Supervisor）普遍较小，均值为1.76人，最大值为5，最小值为1，规模差异较小。其中女性监事（Sfemale）人数均值为0.5，占监事会人数比例的均值为0.293，说明企业基金会监事会中多数为男性，女性监事占据的比例较小。发起企业性质（Pccsf）均值为0.221，说明由国有企业设立的企业基金会较少，大多数是由非国有企业发起设立。年龄（Age）均值为3.613，最小值为1，最大值为9，说明企业基金会成立时间普遍较短。规模（Size）均值为15.371，最小值为0，最大值为20.631，说明不同的企业基金会的非限定性净资产存在较大的差异。注册地区（Area）均值为0.879，说明发达地区的企业有更强的成立基金会的意愿。捐赠收入比率（cont）均值为0.772，最小值为0，最大值为1，说明不同企业基金会的捐赠收入占总收入比例的差异较大，但总体上呈现出组织运作所需的资金来源主要依赖于捐赠收入的特点。

表 5-2 样本描述性统计

变量	样本数	均值	标准差	最小值	最大值
prora	480	0.950	0.083	0	1
admin	480	0.038	0.053	0	0.472
director	480	8.435	4.193	3	22
dwomen	480	2.025	1.626	0	7
dfemale	480	0.282	0.239	0	1
supervisor	480	1.760	0.994	1	5
swomen	480	0.500	0.675	0	3
sfemale	480	0.293	0.395	0	1
pccsf	480	0.221	0.415	0	1
size	480	15.371	3.064	0	20.631
age	480	3.613	1.965	1	9
area	480	0.879	0.326	0	1
cont	480	0.772	0.343	0	1

二、相关性统计结果

表 5-3 是利用皮尔曼相关性分析方法检验了主要变量间的相关性水平，以增强研究结果的稳健性和可信度。如果变量间的相关性系数太高（大于 0.5），在回归分析时容易出现多重共线性的问题，会对结果的稳健性和可信度产生较大影响。从相关性检验结果来看，各个主要变量间的系数均远小于 0.5，这说明模型中的各主要变量间不存在多重共线性问题。企业基金会理事会规模变量 director 与业务活动成本率 prora 之间在 10% 的水平上呈正相关关系，说明理事会规模越大的企业基金会拥有更高的业务活动成本率，支持本部分假设 H5-1；企业基金会理事会规模变量 director 与管理费用率 admin 之间在 1% 的水平上呈正相关关系，说明理事会规模越大的企业基金会拥有越低的管理费用率，支持本部分假设 H5-2。企业基金会监事会规模变量 supervisor 分别与业务活动成本率 prora 和管理费用率 admin 之间均未达到 10% 的显著性水平，且符号与预计相反。企业基金会理事会和监事女性比例变量与业务活动成本率和管理费用率之间均未达到 10% 的显著性水平，但符

号与前面预计一致。控制变量方面，发起企业性质 pccsf 与管理费用率 admin 之间在 1% 的水平上呈负相关关系，说明相比于非国有企业发起设立的企业基金会，国有企业发起设立的企业基金会能够以更低的费用完成业务活动。捐赠收入率 cont 与业务活动成本率 prora 之间在 1% 的水平上呈正相关关系，说明企业基金会依赖捐赠获取资金时能够更好地履行公益责任，与管理费用率 admin 在 1% 的水平上呈负相关关系，说明企业基金会依赖捐赠获取资金时能够以更低的管理费用完成业务活动。这在一定程度上印证了本书的观点：企业基金会的资金主要依赖发起企业的情况下，发起企业有动力监督企业基金会的运作。上述结果初步说明企业基金会理事会规模变量与绩效之间存在显著关系，而其他变量与绩效之间的关系显著性较差，更为准确的结论还有待进一步验证。

表 5－3　　主要变量的相关性分析

变量	prora	admin	director	dfemale	supervis	sfemale	pccsf	asset	age	area	cont
prora	1										
admin	-0.675***	1									
director	0.087*	-0.121***	1								
dfemale	-0.041	0.065	-0.357***	1							
supervis	-0.004	0.013	0.221***	-0.173***	1						
sfemale	-0.046	0.045	-0.019	0.127***	-0.041	1					
pccsf	0.045	-0.140***	0.319***	-0.190***	0.032	0.004	1				
size	-0.036	-0.011	0.242***	-0.106***	0.124***	0.023	0.296***	1			
age	0.028	0.020	0.030	0.000	0.034	0.052	-0.004	0.104**	1		
area	-0.025	-0.048	-0.083*	0.118***	0.020	0.132***	-0.049	0.091**	-0.005	1	
cont	0.103***	-0.101***	0.066	-0.090***	-0.132***	0.040	-0.005	-0.060	-0.050	-0.090**	1

注：* 代表在 10% 的水平上显著、** 代表在 5% 的水平上显著、*** 在 1% 的水平上显著。

三、多元回归结果

表 5－4 给出了企业基金会理事会规模（Director）与绩效之间关系的回归结果。其中，表 5－4 中的模型 1－1 至模型 1－4（左侧部分）为理事会规模与业务活动成本率（Prora）之间关系的回归结果，模型 2－1 至模型 2－4

（右侧部分）为理事会规模与管理费用率（Admin）的回归结果。其中，模型 1 - 1 和模型 2 - 1 分别给出理事会规模单变量的模型的回归结果。模型 1 - 2 和模型 2 - 2 分别给出仅包括控制变量的基准模型的回归结果。模型 1 - 4 和模型 2 - 4 分别是在模型 1 - 2 和模型 2 - 2 基础上引入理事会规模变量的回归结果。出于对本部分结果稳健性的考虑，还给出了未控制行业效应和年份效应的回归结果（模型 1 - 3、模型 2 - 3）。表 5 - 4 的左侧部分显示企业基金会理事会规模与业务活动成本率（Prora）回归结果表明，不论是在哪种情况下（模型 1 - 1、模型 1 - 3、模型 1 - 4），理事会规模变量（Director）的回归系数都显著为正，且均达到 5% 显著性水平，这说明相较于理事会规模较小的企业基金会，理事会规模较大的企业基金会拥有更高的业务活动成本率，这验证了本部分的假设 H5 - 1，即企业基金会理事会规模与业务活动成本率正相关。表 5 - 4 的右侧部分显示企业基金会理事会规模与管理费用率（Admin）回归结果表明，不论是在哪种情况下（模型 2 - 1、模型 2 - 3、模型 2 - 4），理事会规模变量（Director）的回归系数都显著为负，且均达到 5% 显著性水平，这表明相较于理事会规模较小的企业基金会，理事会规模较大的企业基金会拥有更低的管理费用率，这验证了本部分的假设 H5 - 2，说明理事会规模较大的企业基金会能够以更低的管理支出完成公益活动。这两个假设的验证，意味着规模较大的企业基金会理事会能够发挥一定的治理效应。

表 5 - 4　　　　理事会规模与绩效关系的回归结果

变量	业务活动成本率				管理费用率			
	模型 1 - 1	模型 1 - 2	模型 1 - 3	模型 1 - 4	模型 2 - 1	模型 2 - 2	模型 2 - 3	模型 2 - 4
Director	0.002*** (0.001)		0.001** (0.001)	0.001** (0.001)	-0.001*** (0.000)		-0.001** (0.000)	-0.001** (0.000)
Pccsf		0.010 (0.009)	0.007 (0.009)	0.006 (0.009)		-0.017*** (0.006)	-0.014** (0.006)	-0.014** (0.006)
Size		-0.001 (0.001)	-0.002** (0.001)	-0.001* (0.001)		0.001 (0.001)	0.001 (0.001)	0.001 (0.001)
Age		0.004 (0.006)	0.004 (0.006)	0.004 (0.006)		0.001 (0.003)	0.001 (0.003)	0.002 (0.003)

续表

变量	业务活动成本率				管理费用率			
	模型 1－1	模型 1－2	模型 1－3	模型 1－4	模型 2－1	模型 2－2	模型 2－3	模型 2－4
Area		－0.002 (0.009)	－0.001 (0.008)	－0.001 (0.008)		－0.010 (0.008)	－0.011 (0.007)	－0.011 (0.008)
Cont		0.022* (0.012)	0.020* (0.012)	0.021* (0.012)		－0.014* (0.007)	－0.013* (0.007)	－0.013* (0.007)
Year	Yes	Yes	NO	Yes	Yes	Yes	NO	Yes
Industry	Yes	Yes	NO	Yes	Yes	Yes	NO	Yes
C	0.941*** (0.009)	0.950*** (0.016)	0.942*** (0.015)	0.942*** (0.016)	0.052*** (0.008)	0.053*** (0.014)	0.056*** (0.012)	0.058*** (0.014)
R^2	0.015	0.023	0.022	0.028	0.016	0.037	0.043	0.044
$A-R^2$	0.005	0.004	0.010	0.012	0.006	0.018	0.030	0.024
F 值	2.03*	1.21	1.82*	1.63*	2.46**	1.56*	2.87***	1.77**
样本量	480	480	480	480	480	480	480	480

注：*、**、*** 分别代表 10%、5% 和 1% 的显著性水平；( ) 中为标准误，均经过 White 异方差修正。

表 5－5 给出了企业基金会理事会中女性理事比例（Dfemale）与绩效之间关系的回归结果。其中，表 5－5 中的模型 1－1 至模型 1－4（左侧部分）为女性理事比例与业务活动成本率（Prora）之间关系的回归结果，模型 2－1 至模型 2－4（右侧部分）为女性理事比例与管理费用率（Admin）的回归结果，其中各个模型与上一部分论述的变量引入方式与回归过程一致。表 5－5 的左侧部分显示企业基金会理事会中女性理事比例与业务活动成本率（Prora）回归结果表明，不论是在哪种情况下（模型 1－1、模型 1－3、模型 1－4），女性理事比例（Dfemale）的回归系数都显著为负，但均没有达到 10% 显著性水平，这说明相较于女性理事比例较大的企业基金会，女性理事会比例较小的企业基金会没有表现出明显的业务活动成本率差异，这部分支持了本部分的假设 H5－3，即企业基金会女性理事比例与业务活动成本率负相关，但不显著。表 5－5 的右侧部分显示企业基金会理事会中女性理事比例与管理费用率（Admin）回归结果表明，不论是在哪种情况下（模型 2－1、模型 2－3、模型 2－4），女性理事比例变量（Dfemale）的回归系

数都显著为正，但均没有达到10%显著性水平，这表明女性理事比例对管理费用率没有显著的影响，这部分支持了本部分的假设 H5－4，即企业基金会女性理事比例与管理费用率正相关，但不显著。这两个假设没有得到完全验证的原因可能是企业基金会理事会中的女性理事比例普遍较小，无法对组织决策带来实质性影响。即便如此，回归结果也能在一定程度上反映目前女性理事较多的理事会更可能受到发起企业的约束，进而对组织绩效产生负面影响。

表5－5　　　女性理事比例与绩效关系的回归结果

变量	业务活动成本率				管理费用率			
	模型1－1	模型1－2	模型1－3	模型1－4	模型2－1	模型2－2	模型2－3	模型2－4
Dfemale	－0.011 (0.013)		－0.008 (0.013)	－0.006 (0.013)	0.013 (0.010)		0.008 (0.010)	0.008 (0.010)
Pccsf		0.010 (0.009)	0.010 (0.009)	0.009 (0.010)		－0.017*** (0.006)	－0.016*** (0.006)	－0.016*** (0.006)
Size		－0.001 (0.001)	－0.001* (0.001)	－0.001* (0.001)		0.001 (0.001)	0.001 (0.001)	0.001 (0.001)
Age		0.004 (0.006)	0.004 (0.006)	0.004 (0.006)		0.001 (0.003)	0.001 (0.003)	0.001 (0.003)
Area		－0.002 (0.009)	－0.001 (0.009)	－0.002 (0.009)		－0.010 (0.008)	－0.010 (0.008)	－0.010 (0.008)
Cont		0.022* (0.012)	0.021* (0.012)	0.022* (0.012)		－0.014* (0.007)	－0.014* (0.007)	－0.014* (0.007)
Year	Yes	Yes	NO	Yes	Yes	Yes	NO	Yes
Industry	Yes	Yes	NO	Yes	Yes	Yes	NO	Yes
C	0.958*** (0.007)	0.950*** (0.016)	0.951*** (0.014)	0.952*** (0.016)	0.036*** (0.006)	0.053*** (0.014)	0.049*** (0.012)	0.049*** (0.013)
R^2	0.001	0.023	0.017	0.024	0.006	0.037	0.037	0.039
$A-R^2$	－0.002	0.004	0.004	0.003	－0.005	0.018	0.025	0.020
F值	0.82	1.21	1.23	1.18	0.41	1.56*	2.16**	1.40*
样本量	480	480	480	480	480	480	480	480

注：*、**、*** 分别代表10%、5%和1%的显著性水平；( ) 中为标准误，均经过 White 异方差修正。

表5-6给出了企业基金会监事会规模（Supervis）与绩效之间关系的回归结果。其中，表5-6中的模型1-1至模型1-4（左侧部分）为监事会规模与业务活动成本率（Prora）之间关系的回归结果，模型2-1至模型2-4（右侧部分）为监事会规模与管理费用率（Admin）的回归结果，其中各个模型与上一部分论述的变量引入方式与回归过程一致。表5-6的左侧部分显示企业基金会监事会规模与业务活动成本率（Prora）回归结果表明，不论是在哪种情况下（模型1-1、模型1-3、模型1-4），监事会规模（Supervis）的回归系数并不稳定，且均没有达到10%显著性水平，这说明监事会规模对业务活动成本率之间没有显著影响，本部分假设H5-5没有得到验证。表5-6的右侧部分显示企业基金会监事会规模与管理费用率（Admin）回归结果表明，不论是在哪种情况下（模型2-1、模型2-3、模型2-4），监事会规模（Dfemale）的回归系数都显著为正，但均没有达到10%显著性水平，本部分假设H5-6没有得到验证。这两个假设均没有得到验证，表明监事会的规模与组织绩效之间没有显著的相关性。可能的原因在于：一是监事会与发起企业和企业基金会理事会之间存在很强的依附关系，监事会更可能服务于发起企业的慈善动机，无法保证其监管独立性；二是监事会的规模远远小于理事会规模，在企业基金会更可能被发起企业约束的情况下，无法起到监督的效果，甚至可能产生一定的负面影响。

表5-6　　监事会规模与绩效关系的回归结果

变量	业务活动成本率				管理费用率			
	模型1-1	模型1-2	模型1-3	模型1-4	模型2-1	模型2-2	模型2-3	模型2-4
Supervis	-0.001 (0.003)		0.001 (0.003)	0.001 (0.003)	0.001 (0.002)		0.001 (0.002)	0.001 (0.002)
Pccsf		0.010 (0.009)	0.010 (0.009)	0.010 (0.009)		-0.017*** (0.006)	-0.017*** (0.006)	-0.017*** (0.006)
Size		-0.001 (0.001)	-0.001 (0.001)	-0.001 (0.001)		0.001 (0.001)	0.001 (0.001)	0.001 (0.001)
Age		0.004 (0.006)	0.004 (0.006)	0.004 (0.006)		0.001 (0.003)	0.001 (0.003)	0.001 (0.003)
Area		-0.002 (0.009)	-0.002 (0.008)	-0.002 (0.009)		-0.010 (0.008)	-0.010 (0.007)	-0.010 (0.008)

续表

变量	业务活动成本率				管理费用率			
	模型 1 - 1	模型 1 - 2	模型 1 - 3	模型 1 - 4	模型 2 - 1	模型 2 - 2	模型 2 - 3	模型 2 - 4
Cont		0.022* (0.012)	0.021* (0.012)	0.022* (0.012)		-0.014* (0.007)	-0.014* (0.008)	-0.014* (0.008)
Year	Yes	Yes	NO	Yes	Yes	Yes	NO	Yes
Industry	Yes	Yes	NO	Yes	Yes	Yes	NO	Yes
C	0.956*** (0.009)	0.950*** (0.016)	0.946*** (0.015)	0.948*** (0.017)	0.038*** (0.008)	0.053*** (0.014)	0.052*** (0.013)	0.053*** (0.015)
R^2	0.001	0.023	0.017	0.023	0.002	0.037	0.035	0.037
$A-R^2$	-0.003	0.004	0.004	0.002	-0.009	0.018	0.023	0.016
F 值	0.63	1.21	1.14	1.11	0.14	1.56*	2.19**	1.43*
样本量	480	480	480	480	480	480	480	480

注：*、**、*** 分别代表 10%、5% 和 1% 的显著性水平；( ) 中为标准误，均经过 White 异方差修正。

表 5-7 给出了企业基金会监事会中女性监事比例（Sfemale）与绩效之间关系的回归结果。其中，表 5-7 中的模型 1-1 至模型 1-4（左侧部分）为女性监事比例与业务活动成本率（Prora）之间关系的回归结果，模型 2-1 至模型 2-4（右侧部分）为女性监事比例与管理费用率（Admin）的回归结果，其中各个模型与上一部分论述的变量引入方式与回归过程一致。表 5-7 的左侧部分显示企业基金会监事会中女性监事比例与业务活动成本率（Prora）回归结果表明，不论是在哪种情况下（模型 1-1、模型 1-3、模型 1-4），女性监事比例（Sfemale）的回归系数都显著为负，但均没有达到 10% 显著性水平，这说明相较于女性监事比例较大的企业基金会，女性监事比例较小的企业基金会没有表现出明显的业务活动成本率差异，这部分支持了本部分的假设 H5-7，即企业基金会女性监事比例与业务活动成本率负相关，但不显著。表 5-7 的右侧部分显示企业基金会理事会中女性监事比例与管理费用率（Admin）回归结果表明，不论是在哪种情况下（模型 2-1、模型 2-3、模型 2-4），女性监事比例变量（Sfemale）的回归系数都显著为正，但均没有达到 10% 显著性水平，这表明女性监事比例对管理费用率没有显著的影响，这部分支持了本部分的假设 H5-8，即企业基金会女性监事比

例与管理费用率正相关，但不显著。这两个假设没有得到完全验证的原因可能是企业基金会监事会中的女性比例监事普遍较小，在我国特殊的制度背景下女性存有的特点，使其无法起到监管的作用。即便如此，回归结果也能在一定程度上反映在监事会规模较小的情况下，女性监事较多的监事会更可能受到发起企业的约束，进而对组织绩效产生负面影响。

表 5-7　　女性监事比例与绩效关系的回归结果

变量	业务活动成本率				管理费用率			
	模型 1-1	模型 1-2	模型 1-3	模型 1-4	模型 2-1	模型 2-2	模型 2-3	模型 2-4
Sfemale	-0.008 (0.009)		-0.009 (0.009)	-0.009 (0.009)	0.005 (0.006)		0.007 (0.006)	0.007 (0.006)
Pccsf		0.010 (0.009)	0.011 (0.009)	0.010 (0.009)		-0.017*** (0.006)	-0.017*** (0.006)	-0.017*** (0.006)
Size		-0.001 (0.001)	-0.001* (0.001)	-0.001 (0.001)		0.001 (0.001)	0.001 (0.001)	0.001 (0.001)
Age		0.004 (0.006)	0.004 (0.006)	0.005 (0.006)		0.001 (0.003)	0.001 (0.003)	0.001 (0.003)
Area		-0.002 (0.009)	-0.001 (0.008)	-0.001 (0.009)		-0.010 (0.008)	-0.011 (0.007)	-0.011 (0.008)
Cont		0.022* (0.012)	0.022* (0.011)	0.022* (0.012)		-0.014* (0.007)	-0.015** (0.007)	-0.015** (0.007)
Year	Yes	Yes	NO	Yes	Yes	Yes	NO	Yes
Industry	Yes	Yes	NO	Yes	Yes	Yes	NO	Yes
C	0.958*** (0.007)	0.950*** (0.016)	0.948*** (0.014)	0.950*** (0.016)	0.038*** (0.007)	0.053*** (0.014)	0.052*** (0.012)	0.052*** (0.013)
R^2	0.001	0.023	0.019	0.026	0.003	0.037	0.039	0.040
$A-R^2$	-0.001	0.004	0.006	0.005	-0.007	0.018	0.026	0.020
F值	0.92	1.21	1.34	1.39	0.24	1.56*	2.28**	1.46*
样本量	480	480	480	480	480	480	480	480

注：*、**、*** 分别代表10%、5%和1%的显著性水平；( ) 中为标准误，均经过 White 异方差修正。

第四节 发起企业性质对内部治理机制有效性的影响

进一步地，不同性质的营利性企业从事慈善活动的动机和实现目标存有差异，这也意味着它们参与企业基金会治理的意愿和力度存有差异。与非国有企业在从事慈善活动过程中更加注重经济性利益的实现不同，国有企业不仅要关注经济性利益的实现，还要考虑政治性利益的达成，甚至政治性方面的考虑要超过经济性利益。因为在我国特殊制度背景下，政治性方面利益受损所付出的代价可能要远高于经济性方面利益受损所付出的代价，如政治生涯的终结。在这种情况下，国有企业为了多方面的利益不因企业基金会的不良运作遭受损失，可能拥有更强的参与企业基金会治理的意愿和力度。同时，对于国有企业而言，企业基金会良好的运作也能向政府传递一种发起企业是实现国家福利事业的良好代理人的信号，进而可以为国有企业高管晋升、获取政策优惠等方面增添筹码，这也会使国有企业可能有较强的意愿参与企业基金会治理。在这种情况下，不同性质企业发起设立的企业基金会内部治理机制治理效应是否存在差异，以及存在怎样的差异成为本部分进一步需要探究的问题。

表 5 - 8 给出了拥有不同性质发起企业背景的企业基金会理事会与绩效之间关系差异的回归结果。其中，表 5 - 8 中的模型 1 - 1 至模型 1 - 4（左侧部分）为国有企业背景与非国有企业背景的企业基金会理事会与业务活动成本率（Prora）之间关系的回归结果，模型 2 - 1 至模型 2 - 4（右侧部分）为国有企业背景和非国有企业背景的企业基金会理事会与管理费用率（Admin）的回归结果。其中，模型 1 - 1 和模型 1 - 3 分别为国有企业背景和非国有企业背景的企业基金会理事会规模与业务活动成本率之间关系的回归结果，表明国有企业背景的企业基金会的理事会规模与业务活动成本率负相关，但未达到 10% 的显著性水平，而非国有企业背景的企业基金会理事会规模与业务活动成本率正相关，且达到 1% 的显著性水平，说明在非国有企业成立的企业基金会中，理事会规模越大，业务活动成本率越高，而在国有企业背景的企业基金会中理事会规模对业务活动成本率没有显著影响。模型 1 - 2 和模型 1 - 4 分别为国有企业背景和非国有企业背景的企业基金会女性理事

比例与业务活动成本率之间关系的回归结果，表明无论是哪一种性质企业成立的企业基金会，女性理事比例对业务活动成本率均没有显著影响。模型2－1和模型2－3分别为国有企业背景和非国有企业背景的企业基金会理事会规模与管理费用率之间关系的回归结果，表明国有企业背景的企业基金会的理事会规模与管理费用率负相关，但未达到10%的显著性水平，而非国有企业背景的企业基金会的理事会规模与管理费用率负相关，且达到5%的显著性水平，说明在非国有企业成立的企业基金会中，理事会规模越大，管理费用率越低，而在国有企业背景的企业基金会中理事会规模对管理费用率没有显著影响。模型2－2和模型2－4分别为国有企业背景和非国有企业背景的企业基金会女性理事比例与管理费用率之间关系的回归结果，表明无论是哪一种性质企业成立的企业基金会，女性理事比例对管理费用率均没有显著影响。这些结果表明较大规模的理事会能够在非国有企业背景的企业基金会中发挥治理效用，而在国有企业背景的企业基金会中没有发挥有效的治理效用，而女性理事在两种性质企业发起设立的基金会中均没有发挥治理效用，甚至存在对绩效有着负面影响的倾向。这些结果可能意味着相较于非国有发起企业，在国有发起企业有着更强的参与企业基金会治理的意愿和力度的情况下，企业基金会理事会履行决策和监督职能的独立性较弱，进而无法发挥有效的治理效用。总之，规模较大的理事会能够在非国有企业发起设立的企业基金会中发挥有效的治理效用。

表5－8　　发起企业性质对理事会与绩效关系的影响

变量	业务活动成本率				管理费用率			
	国有企业背景		非国有企业背景		国有企业背景		非国有企业背景	
	模型1－1	模型1－2	模型1－3	模型2－4	模型2－1	模型2－2	模型2－3	模型2－4
Director	－0.001 (0.001)		0.003*** (0.001)		－0.001 (0.000)		－0.001** (0.001)	
Dfemale		－0.003 (0.026)		－0.007 (0.015)		－0.003 (0.012)		0.010 (0.012)
Size	0.007* (0.005)	0.007* (0.005)	－0.003*** (0.001)	－0.002*** (0.001)	－0.003 (0.003)	－0.003 (0.003)	0.001** (0.001)	0.001* (0.001)
Age	－0.011 (0.013)	－0.011 (0.014)	0.008 (0.007)	0.008 (0.007)	－0.003 (0.008)	－0.003 (0.008)	0.003 (0.003)	0.003 (0.003)

续表

变量	业务活动成本率				管理费用率			
	国有企业背景		非国有企业背景		国有企业背景		非国有企业背景	
	模型 1-1	模型 1-2	模型 1-3	模型 2-4	模型 2-1	模型 2-2	模型 2-3	模型 2-4
Area	-0.049* (0.025)	-0.045* (0.025)	0.001 (0.010)	0.002 (0.011)	0.005 (0.014)	0.008 (0.014)	-0.013 (0.009)	-0.013 (0.010)
Cont	-0.013 (0.028)	-0.015 (0.029)	0.026** (0.013)	0.027** (0.013)	0.005 (0.017)	0.004 (0.017)	-0.016** (0.008)	-0.017** (0.008)
Year	Yes	Yes	Yes	Yes	Yes	Yes	Yes	Yes
Industry	Yes	Yes	Yes	Yes	Yes	Yes	Yes	Yes
C	0.919*** (0.069)	0.916*** (0.069)	0.940*** (0.019)	0.950*** (0.016)	0.054 (0.041)	0.054 (0.045)	0.059*** (0.017)	0.049*** (0.016)
R^2	0.120	0.118	0.047	0.032	0.051	0.049	0.048	0.042
$A-R^2$	0.038	0.036	0.024	0.008	-0.038	-0.039	0.025	0.018
F 值	1.90*	1.95*	2.42**	1.80*	2.75***	2.23**	1.84**	1.72*
样本量	106	106	374	374	106	106	374	374

注：*、**、*** 分别代表 10%、5% 和 1% 的显著性水平；（）中为标准误，均经过 White 异方差修正。

表 5-9 给出了拥有不同性质发起企业背景的企业基金会监事会与绩效之间关系差异的回归结果。其中，表 5-9 中的模型 1-1 至模型 1-4（左侧部分）为国有企业背景与非国有企业背景的企业基金会监事会与业务活动成本率（Prora）之间关系的回归结果，模型 2-1 至模型 2-4（右侧部分）为国有企业背景和非国有企业背景的企业基金会监事会与管理费用率（Admin）之间关系的回归结果。其中，模型 1-1 和模型 1-3 分别为国有企业背景和非国有企业背景的企业基金会理事会规模与业务活动成本率之间关系的回归结果，表明国有企业背景的企业基金会的监事会规模与业务活动成本率正相关，但未达到 10% 的显著性水平，而非国有企业背景的企业基金会理事会规模与业务活动成本率负相关，但没有达到 1% 的显著性水平，说明在两种性质企业成立的企业基金会中监事会规模对业务活动成本率没有显著影响，但影响方向存在差异。模型 1-2 和模型 1-4 分别为国有企业背景和非国有企业背景的企业基金会女性监事比例与业务活动成本率之间关系的回归结果，表明无论是哪一种性质企业成立的企业基金会，女性监事比例对业务

活动成本率均没有显著影响。模型2－1和模型2－3分别为国有企业背景和非国有企业背景的企业基金会监事会规模与管理费用率之间关系的回归结果，表明国有企业背景的企业基金会的监事会规模与管理费用率负相关，且达到10%的显著性水平，而非国有企业背景的企业基金会的监事会规模与管理费用率正相关，但没有达到10%的显著性水平，说明在国有企业成立的企业基金会中，监事会规模越大，管理费用率越低，而在非国有企业背景的企业基金会中监事会规模对管理费用率没有显著影响。模型2－2和模型2－4分别为国有企业背景和非国有企业背景的企业基金会女性监事比例与管理费用率之间关系的回归结果，表明无论是哪一种性质企业成立的企业基金会，女性监事比例对管理费用率均没有显著影响。这些结果表明较大规模的监事会能够在国有企业发起设立的基金会中发挥有限的治理效用，而在非国有企业发起设立的基金会中没有发挥治理效用，而女性监事在两种性质企业发起设立的基金会中均没有发挥治理效用，甚至存在对组织绩效有着负面影响的倾向。这些结果原因可能在于，在国有发起企业有着更强的参与企业基金会治理的意愿和力度，以及监事会与之有着较强的依附性的情况下，监事会可能服务于发起企业的慈善动机而表现出非常有限的监督效用，而在非国有企业发起设立的企业基金会中监事会更可能流于形式，进而监督职能弱化，尤其是在监事会规模普遍较小的情况下更是如此。总之，监事会在两种性质企业发起设立的企业基金会中均没有发挥有效的治理效用。

表5－9　　　发起企业性质对监事会与绩效关系的影响

变量	业务活动成本率				管理费用率			
	国有企业背景		非国有企业背景		国有企业背景		非国有企业背景	
	模型1－1	模型1－2	模型1－3	模型2－4	模型2－1	模型2－2	模型2－3	模型2－4
Supervis	0.001 (0.005)		－0.001 (0.003)		－0.007* (0.003)		0.002 (0.002)	
Sfemale		－0.016 (0.024)		－0.005 (0.009)		0.006 (0.017)		0.006 (0.006)
Size	0.007* (0.005)	0.007* (0.005)	－0.002** (0.001)	－0.002*** (0.001)	－0.002 (0.003)	－0.003 (0.003)	0.001* (0.001)	0.001* (0.001)
Age	－0.011 (0.014)	－0.010 (0.014)	0.008 (0.007)	0.008 (0.007)	－0.003 (0.008)	－0.003 (0.008)	0.003 (0.003)	0.003 (0.003)

续表

变量	业务活动成本率				管理费用率			
	国有企业背景		非国有企业背景		国有企业背景		非国有企业背景	
	模型 1-1	模型 1-2	模型 1-3	模型 2-4	模型 2-1	模型 2-2	模型 2-3	模型 2-4
Area	-0.045* (0.024)	-0.043* (0.024)	0.002 (0.011)	0.003 (0.011)	0.006 (0.013)	0.006 (0.013)	-0.013 (0.010)	-0.014 (0.010)
Cont	-0.014 (0.029)	-0.011 (0.029)	0.028** (0.013)	0.028** (0.013)	0.003 (0.017)	0.003 (0.017)	-0.016** (0.008)	-0.017** (0.008)
Year	Yes	Yes	Yes	Yes	Yes	Yes	Yes	Yes
Industry	Yes	Yes	Yes	Yes	Yes	Yes	Yes	Yes
C	0.914*** (0.065)	0.923*** (0.069)	0.952*** (0.020)	0.952*** (0.019)	0.059 (0.038)	0.050 (0.044)	0.051*** (0.018)	0.053*** (0.016)
R^2	0.119	0.124	0.032	0.026	0.063	0.051	0.040	0.042
$A-R^2$	0.036	0.041	0.008	0.005	-0.025	-0.038	0.017	0.018
F 值	1.92**	2.62**	2.23**	1.84*	2.37**	1.99**	2.11**	1.72*
样本量	106	106	374	374	106	106	374	374

注：*、**、*** 分别代表 10%、5% 和 1% 的显著性水平；( ) 中为标准误，均经过 White 异方差修正。

第五节　捐赠行为差异对内部治理机制有效性的影响

营利性企业存有利益相关者管理、形象管理等方面的慈善动机，与企业基金会之间存有紧密关系，基于资源依赖理论和委托代理理论，第四章内容证实企业基金会的捐赠行为表现出多样化和非关联性的特殊性，这一结论表明发起企业有较强地参与企业基金会的运作的意愿。进一步地，本书认为捐赠项目越多以及更换率越高可能意味着发起企业参与企业基金会运作的可能性越大。一方面，相较于捐赠项目较少和持续率较大的企业基金会，捐赠项目较多和持续率较小的企业基金会能够更好地满足发起企业利益相关者管理、形象管理等方面的慈善动机，这可能意味着企业基金会在决策过程中受到发起企业的影响更大；另一方面，捐赠项目较多和持续率较小的企业基金会涉及面更广，不仅能够有助于发起企业获取更多的潜在收益，而且其不良运作对发起企业的负面影响可能更大，在这种情况下，为了尽可能多地获取潜在收益，或者防止发起企业的利益不因企业基金会的运作受损，发起企业也有更强地参与基金会治理的强度和意愿。那么，在企业基金会之间的捐赠行为特征不尽相同的情况下，其内部治理机制治理效应是否存有差异，以及存有怎样的差异成为本部分进一步研究的另一个有待考察的问题。

表5－10给出了捐赠行为特征差异对企业基金会内部治理机制与绩效之间关系影响的回归结果。其中，表5－10中的模型1－1至模型1－4（左侧部分）为捐赠行为特征差异对企业基金会内部治理机制与业务活动成本率（Prora）之间关系影响的回归结果，模型2－1至模型2－4（右侧部分）为捐赠行为特征差异对企业基金会内部治理机制与管理费用率（Admin）之间关系影响的回归结果。其中，模型1－1和模型1－2分别为企业基金会捐赠项目多样化程度对内部治理机制与业务活动成本率之间关系影响的回归结果，表明多样化程度高的企业基金会的理事会规模与业务活动成本率正相关，且达到10%的显著性水平，而多样化程度低的企业基金会理事会规模与业务活动成本率正相关，且达到10%的显著性水平，但后者的系数大于前者的系数，说明捐赠项目多样化程度低的企业基金会中理事会规模对业务活动成本率的正向影响更大。模型1－3和模型1－4分别为企业基金会捐赠项目持续率对内部治理机制与业务活动成本率之间关系影响的回归结果，表明持续率大的企业基金会的理事会规模与业务活动成本率正相关，且达到1%的显著性水平，而持续率小的企业基金会理事会规模与业务活动成本率负相关，但未达到10%的显著性水平，说明捐赠项目持续率大的企业基金会中理事会规模对业务活动成本率有显著的正向影响。模型2－1和模型2－2分别为企业基金会捐赠项目多样化对内部治理机制与管理费用率之间关系影响的回归结果，表明多样化程度高的企业基金会的理事会规模与管理费用率负相关，且达到1%的显著性水平，而多样化程度低的企业基金会理事会规模与管理费用率负相关，且达到10%的显著性水平，但前者的系数小于后者的系数，说明捐赠项目多样化程度低的企业基金会中理事会规模对管理费用率的负向影响更大。模型2－3和模型2－4分别为企业基金会捐赠项目持续率对内部治理机制与管理费用率之间关系影响的回归结果，表明持续率大的企业基金会的理事会规模与管理费用率正相关，且达到1%的显著性水平，而持续率小的企业基金会理事会规模与管理费用率负相关，但未达到10%的显著

性水平，说明捐赠项目持续率大的企业基金会中理事会规模对管理费用率负向影响更大。而对于另外的女性理事、监事会规模、女性监事等治理机制而言，在捐赠行为特征存在差异的情况下，它们各自与企业基金会绩效之间的关系没有显著的差异。

这些结果表明，在捐赠项目多样化程度低和持续率大的企业基金会中，理事会规模对绩效的影响更加显著，这意味着较大规模的理事会能够在捐赠项目数量相对较少和项目持续率较大的企业基金会中发挥一定的治理效用。这些结果原因可能在于，捐赠项目数量相对较多和项目持续率较小的企业基金会的发起企业为了实现从事慈善事业的动机，一方面不仅更可能干预企业基金会的具体运作；另一方面为了维护更好的形象、进行利益相关者管理等而有更强地监督企业基金会运作的动力，这些意味着发起企业有着更强地参与企业基金会治理的意愿和力度，就对理事会这一内部治理机制发挥治理效用造成“挤出效应”。

表 5 - 10　　捐赠行为差异对内部治理机制有效性的影响

变量	业务活动成本率				管理费用率			
	多样化高	多样化低	持续率小	持续率大	多样化高	多样化低	持续率小	持续率大
	模型 1 - 1	模型 1 - 2	模型 1 - 3	模型 1 - 4	模型 2 - 1	模型 2 - 2	模型 2 - 3	模型 2 - 4
Director	0.001* (0.001)	0.002* (0.001)	-0.000 (0.001)	0.003*** (0.001)	-0.002*** (0.001)	-0.004* (0.001)	-0.001 (0.001)	-0.003*** (0.001)
Dfemale	0.012 (0.015)	-0.005 (0.022)	0.015 (0.027)	-0.025 (0.017)	-0.016 (0.013)	0.010 (0.014)	0.005 (0.016)	0.006 (0.015)
Supervis	-0.002 (0.003)	0.000 (0.006)	0.006 (0.006)	-0.009*** (0.004)	0.003 (0.003)	-0.003 (0.004)	-0.003 (0.004)	0.007** (0.003)
Sfemale	-0.002 (0.009)	-0.013 (0.014)	-0.000 (0.018)	-0.019* (0.010)	0.001 (0.008)	0.014* (0.008)	0.004 (0.009)	0.014* (0.009)
Pccsf	0.006 (0.010)	-0.004 (0.018)	0.027 (0.020)	-0.037* (0.022)	-0.011* (0.007)	-0.019** (0.010)	-0.028*** (0.007)	0.019 (0.018)
Size	-0.002* (0.001)	-0.002* (0.001)	-0.002 (0.002)	0.001* (0.001)	0.001 (0.001)	0.001 (0.001)	0.001 (0.001)	0.000 (0.001)
Age	0.001 (0.005)	0.009 (0.013)	0.013 (0.015)	-0.001 (0.012)	-0.004 (0.004)	0.011** (0.005)	-0.009 (0.007)	0.008 (0.008)

续表

变量	业务活动成本率				管理费用率			
	多样化高	多样化低	持续率小	持续率大	多样化高	多样化低	持续率小	持续率大
	模型 1 - 1	模型 1 - 2	模型 1 - 3	模型 1 - 4	模型 2 - 1	模型 2 - 2	模型 2 - 3	模型 2 - 4
Area	0.021 (0.015)	-0.017 (0.013)	0.006 (0.019)	-0.015 (0.011)	-0.022* (0.014)	-0.005 (0.009)	-0.020 (0.016)	0.010 (0.011)
Cont	0.019 (0.019)	0.020 (0.017)	0.042* (0.029)	0.023* (0.012)	0.004 (0.010)	-0.026** (0.012)	-0.016 (0.016)	-0.017* (0.010)
Year	Yes	Yes	Yes	Yes	Yes	Yes	Yes	Yes
Industry	Yes	Yes	Yes	Yes	Yes	Yes	Yes	Yes
C	0.941*** (0.027)	0.964*** (0.027)	0.914*** (0.021)	0.991*** (0.025)	0.059*** (0.022)	0.046** (0.022)	0.072** (0.015)	0.027 (0.022)
R^2	0.047	0.053	0.059	0.138	0.071	0.104	0.098	0.111
$A-R^2$	0.022	0.029	0.017	0.076	0.019	0.051	0.035	0.048
F 值	1.33*	1.60*	1.07*	2.55***	1.81***	1.68*	2.39***	2.50***
样本量	245	235	198	197	245	235	198	197

注：*、**、*** 分别代表10%、5%和1%的显著性水平；()中为标准误，均经过 White 异方差修正。

第六节　稳健性检验

出于本章研究结果具有一定稳健性的考虑，还进行了以下检验：一是对于内部治理机制与绩效之间关系，借鉴公司治理领域相关研究，将理事会规模、女性理事比例、监事会规模、女性监事规模等内部治理机制自变量根据中位数转化为哑变量（大于中位数赋值为1，否则为0）重新检验；二是将包括理事会规模、女性理事比例、监事会规模、女性监事比例等内部治理机制变量全部放入回归模型重新检验。上述检验均没有对前面结果造成实质性影响，说明本章所得结论具有一定的稳健性。

表5-11给出了企业基金会内部治理机制有效性的稳健性检验的回归结果。其中，表5-11中的模型1-1至模型1-4给出转换为哑变量的内部治理机制变量与业务活动成本率（Prora）之间关系的回归结果，结果显示，企

业基金会理事会规模（Director）变量与业务活动成本率正相关，且均达到1%的显著性水平，这表明企业基金会理事会规模较大时，业务活动成本率越高，意味着理事会发挥了一定的治理效用；而其他三个方面的治理机制变量，女性理事比例（Dfemale）、监事会规模（Supervisor）及女性监事比例（Sfemale）与业务活动成本率之间均不具有显著的相关关系，这表明这些治理机制没有发挥治理效用。模型2－1至模型2－4给出将转换为哑变量的内部治理机制变量与管理费用率（Admin）之间关系的回归结果，结果显示，企业基金会理事会规模（Director）变量与管理费用率负相关，且均达到1%的显著性水平，这表明企业基金会理事会规模越大时，管理费用率越低，意味着理事会发挥了一定的治理效用；而其他三个方面的治理机制变量，女性理事比例（Dfemale）、监事会规模（Supervisor）及女性监事比例（Sfemale）与管理费用率之间均不具有显著性的相关关系，这表明这些治理机制没有发挥治理效用。这些稳健性检验结果均与前面一致，表明所得结果是具有稳健性的。

表5－11　　内部治理机制与绩效关系的稳健性回归结果

变量	业务活动成本率				管理费用率			
	模型1－1	模型1－2	模型1－3	模型1－4	模型2－1	模型2－2	模型2－3	模型2－4
Director	0.029*** (0.006)				－0.020*** (0.004)			
Dfemale		0.003 (0.007)				0.001 (0.004)		
Supervis			0.004 (0.007)				－0.002 (0.004)	
Sfemale				－0.002 (0.007)				0.003 (0.004)
Pccsf	0.004 (0.009)	0.011 (0.009)	0.010 (0.009)	0.010 (0.010)	－0.013** (0.006)	－0.017*** (0.005)	－0.017*** (0.006)	－0.017*** (0.006)
Size	－0.001* (0.001)	－0.001* (0.001)	－0.001** (0.001)	－0.001* (0.001)	0.001 (0.001)	0.001 (0.001)	0.001 (0.001)	0.001 (0.001)
Age	0.003 (0.006)	0.004 (0.006)	0.004 (0.006)	0.004 (0.006)	0.002 (0.003)	0.001 (0.003)	0.001 (0.003)	0.001 (0.003)

续表

变量	业务活动成本率				管理费用率			
	模型1-1	模型1-2	模型1-3	模型1-4	模型2-1	模型2-2	模型2-3	模型2-4
Area	-0.004 (0.008)	-0.003 (0.009)	-0.002 (0.009)	-0.002 (0.009)	-0.008 (0.007)	-0.010 (0.008)	-0.010 (0.008)	-0.010 (0.008)
Cont	0.018* (0.011)	0.022* (0.012)	0.023* (0.012)	0.022* (0.012)	-0.011* (0.007)	-0.014* (0.007)	-0.014* (0.007)	-0.014* (0.007)
Year	Yes	Yes	Yes	Yes	Yes	Yes	Yes	Yes
Industry	Yes	Yes	Yes	Yes	Yes	Yes	Yes	Yes
C	0.949*** (0.015)	0.948*** (0.016)	0.948*** (0.016)	0.950*** (0.016)	0.053*** (0.013)	0.052*** (0.013)	0.054*** (0.014)	0.052*** (0.014)
R^2	0.060	0.024	0.024	0.023	0.080	0.037	0.037	0.038
$A-R^2$	0.040	0.003	0.003	0.002	0.061	0.017	0.017	0.018
F值	3.73***	1.08	1.09	1.19	3.53**	1.52*	1.40*	1.41*
样本量	480	480	480	480	480	480	480	480

注：*、**、*** 分别代表10%、5%和1%的显著性水平；( ) 中为标准误，均经过White异方差修正。

表5-12给出了发起企业性质对企业基金会理事会规模和监事会规模两个内部治理机制有效性造成影响的稳健性检验的回归结果。其中，表5-12中的模型1-1至模型1-4给出发起企业性质对转换为哑变量的内部治理机制变量与业务活动成本率（Prora）之间关系的回归结果，结果显示，非国有企业背景的企业基金会理事会规模（Director）变量与业务活动成本率正相关，且均达到1%的显著性水平，而国有企业背景下两者没有显著的正相关关系，这表明非国有企业背景的企业基金会理事会规模较大，业务活动成本率越高，意味着理事会越可能在非国有企业背景的基金会中发挥治理效用；而监事会规模（Supervisor）变量与业务活动成本率之间均没有达到10%的显著性水平，这表明监事会没有发挥治理效用，但在两种性质企业背景的基金会中表现出相反的影响方向。模型2-1至模型2-4给出发起企业性质对转换为哑变量的内部治理机制变量与管理费用率（Admin）之间关系的回归结果，结果显示，非国有企业背景的企业基金会理事会规模（Director）变量与管理费用率负相关，且均达到1%的显著性水平，这表明非国有企业背

景的企业基金会理事会规模越大，管理费用率越低，意味着理事会越可能在非国有企业背景的基金会中发挥治理效用；而监事会规模（Supervisor）变量与管理费用率之间均没有达到10%的显著性水平，这表明这些治理机制没有发挥治理效用，同样在两种性质企业背景的基金会中表现出相反的影响方向。这些稳健性检验结果均与前面一致，表明所得结果是具有一定稳健性的。

表 5－12　　　　发起企业性质影响的稳健性检验结果

变量	业务活动成本率				管理费用率			
	国有企业背景		非国有企业背景		国有企业背景		非国有企业背景	
	模型 1－1	模型 1－2	模型 1－3	模型 1－4	模型 2－1	模型 2－2	模型 2－3	模型 2－4
Director	−0.003 (0.019)		0.038 *** (0.006)		−0.013 (0.012)		−0.023 *** (0.004)	
Supervis		−0.001 (0.015)		0.005 (0.007)		−0.007 (0.010)		0.001 (0.005)
Size	0.007 * (0.005)	0.007 * (0.005)	−0.003 *** (0.001)	−0.002 *** (0.001)	−0.002 (0.003)	−0.003 (0.003)	0.001 ** (0.001)	0.001 * (0.001)
Age	−0.011 (0.014)	−0.011 (0.014)	0.006 (0.007)	0.007 (0.007)	−0.003 (0.008)	−0.002 (0.008)	0.004 (0.003)	0.003 (0.003)
Area	−0.046 * (0.025)	−0.045 * (0.024)	−0.005 (0.011)	0.003 (0.011)	0.004 (0.014)	0.007 (0.013)	−0.009 (0.009)	−0.013 (0.010)
Cont	−0.013 (0.034)	−0.015 (0.028)	0.025 ** (0.012)	0.029 ** (0.013)	0.011 (0.021)	0.004 (0.017)	−0.016 ** (0.008)	−0.017 ** (0.008)
Year	Yes	Yes	Yes	Yes	Yes	Yes	Yes	Yes
Industry	Yes	Yes	Yes	Yes	Yes	Yes	Yes	Yes
C	0.915 *** (0.069)	0.915 *** (0.067)	0.954 *** (0.019)	0.949 *** (0.020)	0.052 (0.039)	0.054 (0.040)	0.052 *** (0.016)	0.054 *** (0.018)
R^2	0.119	0.118	0.099	0.033	0.064	0.054	0.097	0.039
$A-R^2$	0.036	0.036	0.077	0.009	−0.024	−0.034	0.074	0.015
F 值	2.37 **	2.14 **	5.05 ***	1.84 *	3.29 ***	2.29 **	4.15 ***	1.77 *
样本量	106	106	374	374	106	106	374	374

注：*、**、*** 分别代表10%、5%和1%的显著性水平；( ) 中为标准误，均经过 White 异方差修正。

表5－13给出了企业基金会治理机制有效性的第二种稳健性检验回归结果。其中，表5－13中的模型1－1至模型1－3给出将企业基金会理事会规模（Director）、女性理事比例（Dfemale）、监事会规模（Supervisor）和女性监事比例（Sfemale）变量均放入模型对业务活动成本率（Prora）影响的回归结果，结果显示，从总样本来看，企业基金会理事会规模变量与业务活动成本率正相关，且均达到1%的显著性水平，这表明企业基金会理事会规模越大，业务活动成本率越高，意味着理事会发挥了一定的治理效用；而从不同性质企业背景的企业基金会来看，非国有企业背景的企业基金会变量与业务活动成本率正相关，且均达到1%的显著性水平，这说明理事会更可能在非国有企业背景的企业基金会中发挥治理效用；而其他三个方面的治理机制变量，女性理事比例、监事会规模及女性监事比例与业务活动成本率之间均不具有显著性相关关系，这表明这些治理机制没有发挥治理效用。模型2－1至模型2－3给出将企业基金会理事会规模（Director）、女性理事比例（Dfemale）、监事会规模（Supervisor）和女性监事比例（Sfemale）变量均放入模型对管理费用率（Admin）影响的回归结果，结果显示，从总样本来看，企业基金会理事会规模变量与管理费用率负相关，且均达到1%的显著性水平，这表明企业基金会理事会规模越大，管理费用率越低，意味着理事会发挥了一定的治理效用；而从不同性质企业背景的企业基金会来看，非国有企业背景的企业基金会理事会规模变量与管理费用率负相关，且均达到5%的显著性水平，这说明理事会更可能在非国有企业背景的企业基金会中发挥治理效用；而其他三个方面的治理机制变量，除监事会规模变量在国有企业背景的基金会中达到10%的显著性水平外，女性理事比例及女性监事比例与管理费用率之间均不具有显著的相关关系，这表明这些治理机制没有发挥明显的治理效用。这些稳健性检验结果均与前面一致，表明所得结果是具有稳健性的。

表5－13　　　　第二种稳健性检验的回归结果

变量	业务活动成本率			管理费用率		
	全样本	国有背景	非国有背景	全样本	国有背景	非国有背景
	模型1－1	模型1－2	模型1－3	模型2－1	模型2－2	模型2－3
Director	0.001** (0.001)	－0.001 (0.001)	0.003*** (0.001)	－0.001*** (0.001)	－0.001 (0.001)	－0.001** (0.001)

续表

变量	业务活动成本率			管理费用率		
	全样本	国有背景	非国有背景	全样本	国有背景	非国有背景
	模型 1-1	模型 1-2	模型 1-3	模型 2-1	模型 2-2	模型 2-3
Dfemale	0.003 (0.015)	-0.002 (0.029)	0.003 (0.016)	0.003 (0.010)	-0.020 (0.017)	0.005 (0.011)
Supervis	-0.001 (0.003)	0.001 (0.006)	-0.002 (0.003)	0.001 (0.002)	-0.007* (0.004)	0.003 (0.002)
Sfemale	-0.009 (0.009)	-0.015 (0.008)	-0.003 (0.001)	0.007 (0.006)	0.007 (0.017)	0.005 (0.006)
Pccsf	0.006 (0.009)			-0.014** (0.006)		
Size	-0.001* (0.001)	0.007 (0.005)	-0.002*** (0.001)	0.001* (0.001)	-0.002 (0.003)	0.001** (0.001)
Age	0.004 (0.006)	-0.010 (0.014)	0.008 (0.007)	0.001 (0.003)	-0.004 (0.008)	0.003 (0.003)
Area	0.001 (0.009)	-0.046* (0.027)	0.002 (0.011)	-0.012* (0.008)	0.007 (0.015)	-0.014 (0.009)
Cont	0.021* (0.012)	-0.010 (0.030)	0.025* (0.007)	0.013* (0.008)	-0.001 (0.018)	-0.015* (0.008)
Year	Yes	Yes	Yes	Yes	Yes	Yes
Industry	Yes	Yes	Yes	Yes	Yes	Yes
C	0.942*** (0.018)	0.925*** (0.069)	0.942*** (0.021)	0.055*** (0.015)	0.066* (0.015)	0.052*** (0.018)
R^2	0.031	0.125	0.049	0.048	0.069	0.054
$A-R^2$	0.014	0.012	0.017	0.021	0.051	0.023
F 值	1.58**	1.72**	2.80***	1.66**	2.47***	1.93**
样本量	480	106	374	480	106	374

注：*、**、*** 分别代表 10%、5% 和 1% 的显著性水平；( ) 中为标准误，均经过 White 异方差修正。

第七节　本章小结

本章从企业基金会及其治理特殊性视角出发，基于利益相关者理论分析了理事会、监事会等内部治理机制治理有效性的内在机理，以及不同性质企业背景和捐赠行为特征不同的基金会内部治理机制治理有效性的差异，并利用2011～2014年企业基金会样本给出了实证证据。其中，治理机制的有效性或者说治理效应运用组织绩效衡量，绩效主要利用业务活动成本率和管理费用率两个指标进行测算，理事会治理机制变量主要运用理事会规模和女性理事比例测算，监事会治理机制变量主要运用监事会规模和女性监事比例测算。

在理事会治理机制有效性方面，实证结果发现，理事会规模越大的企业基金会拥有越好的绩效，即越高的业务活动成本率，越低的管理费用率，尤其在非国有企业背景的企业基金会中越为凸显。原因可能在于：一方面，理事会规模较大有助于促进企业基金会决策公平性。在企业基金会可能沦为发起企业实现其慈善动机的工具而欠缺决策公平的情况下，规模较大的理事会在做出组织公益决策时更可能出现是否考虑发起企业的利益，甚至将其放在首位的观点“碰撞”，而不容易受到发起企业的约束与控制。同时，在企业基金会的理事会被冠以公益名声的前提下，规模较大的理事会中的成员如果一味地服务于发起企业的利益，可能受到更大的声誉压力。除此之外，规模较大的理事会能够代表更多利益相关者的利益。另一方面，较大规模的理事会拥有更为丰富的认知和经验。对于大多来源于营利性发起企业高管团队的理事会成员来说，他们更可能拥有获取经济性利益的经营管理、危机处理与监督等方面的丰富经验，而对于如何做好社会性慈善的经验可能相对较为缺乏，所以在较大规模的理事会中，成员拥有的知识和信息涉及面更广，能够产生更强的互补性，这就使较大规模的理事会能够更为有效地进行决策和监督。进一步地，实证结果发现，相较于国有企业背景的基金会，非国有企业背景的基金会理事会规模越大，绩效越好。另外，实证结果还发现，相较于捐赠项目多样化程度高和持续率小的企业基金会，捐赠项目多样化程度低和持续率大的企业基金会理事会规模越大，绩效越好。原因可能是：因为履行社会责任的动机、目标、内容等方面存在差异，国有企业比非国有企业和捐赠项目多样化程度低、持续率大的企业基金会的发起企业有更强地参与企业基金会治理的意愿和力度，这使国有企业背景和捐赠项目多样化程度高、持续率小的基金会理事会的自主性受到更大的影响，甚至丧失组织决策和监督的“话语权”，从而无法对组织绩效产生影响。

而女性理事比例与组织绩效之间没有显著的相关关系，但有对组织绩效造成负面影响的倾向。一方面，虽然在女性理事更为关注履行社会责任的情况下，理事会中引入女性理事能够促使企业基金会更加倾向于以真正的组织社会公益价值最大化为目标进行运作，但受限于我国女性长期受“男主外，女主内”“三从四德”的思想观念影响，存在明显的顺从、缺乏主见，不愿意承担风险、保守等特点，这有可能导致企业基金会的理事会在决策过程中更容易受到发起企业的约束，进而降低企业基金会的决策公平性，不利于组织绩效的提升；另一方面，女性理事能够发挥积极作用常常依赖于理事会中存在较多的女性成员。但从目前企业基金会理事会中女性成员数量和所占比例来看，男性理事仍旧占据绝大多数，那么，这意味着女性理事在决策过程中很难获得话语权，无法对理事会的决策产生影响。

在监事会治理机制有效性方面，实证结果发现，监事会规模和女性监事比例与组织绩效之间均没有显著的相关关系，且均有对组织绩效产生负面影响的倾向。可能的原因在于：一是监事会与发起企业和企业基金会理事会之间存在很强的依附关系，监事会更可能服务于发起企业的慈善动机，无法保证其监管独立性；二是监事会的规模远远小于理事会规模，在企业基金会更可能被发起企业约束和控制的情况下，无法起到监督的效果，甚至可能产生一定的负面影响。同时，女性监事同样存在前面论述的女性理事所具有的特点，这也会使女性监事无法发挥有效的监督作用，尤其是在人数较少的情况下发挥监督作用的可能性更小。

本章研究结论可能具有的理论和实践意义在于：在理论意义方面，从企业基金会及其治理特殊性出发，考察企业基金会内部治理机制对绩效的影响，不仅丰富了企业基金会及其治理研究，而且拓展了社会组织内部治理研究；从不同性质企业因不同的慈善动机而存有不同的参与企业基金会治理的意愿与力度的视角考察了不同性质企业背景的企业基金会内部治理机制有效性的差异，不仅丰富了企业慈善活动动机的研究，而且丰富了内外部治理机制间关系的研究。在实践意义方面，研究结论能够为从改善企业基金会内部治理结构入手寻找提升组织运作绩效的途径提供经验证据。首先，设置规模相对较大的理事会，并适当地减少来源于发起企业的理事会成员，提升理事会决策公平性和自主性；其次，增加监事会人数，引入社会公众代表，降低监事会对发起企业的依附性，提升监事会的独立性和专业性；再次，对于女性理事和女性监事的引入应保有谨慎态度，保障理事会和监事会的独立性；最后，不同性质企业背景和捐赠行为不同的企业基金会在寻找提升运作效率的路径时应各有侧重，对于非国有企业背景和捐赠项目多样化程度低、持续率大的企业基金会来说，设置规模较大的理事会和监事会，提升决策公平性是关键，而对于国有企业背景和捐赠项目多样化程度高、持续率小的企业基金会，在确保发起企业适度参与治理的同时，提升理事会的决策和监督自主性，防止发起企业参与治理对理事会履行决策与监督职能产生“挤出效应”。

| 第六章 |

企业基金会外部治理机制、发起企业治理参与与绩效

本书第五章内容基于利益相关者理论考察了企业基金会理事会和监事会等内部治理机制对绩效产生的具体影响，以及在拥有不同性质企业背景的企业基金会之间各自表现出的差异，给出了内部治理机制是否具有治理效应，以及如何发挥治理职能的解答。本章重点考察企业基金会如外部审计、债权人等外部治理机制对组织绩效产生的具体影响，以及在拥有不同性质企业背景和捐赠行为不同的企业基金会各自表现出的差异，以期给出企业基金会外部治理机制是否具有治理效应，以及如何发挥治理职能的具体解答。

第一节　理论分析与研究假设提出

一、外部审计治理有效性

（一）有关基金会外部审计的制度背景

2004 年中华人民共和国民政部出台的《基金会管理条例》（以下简称《条例》），以及 2011 年《基金会管理条例（修订草案送审稿）》均规定："基金会、境外基金会代表机构应当于每年 1 月 1 日至 3 月 31 日前向登记管理机关报送上一年度工作报告和财务会计报告，接受年度检查，并在登记管理机关统一的信息平台上向社会发布；有业务主管单位的基金会，应当在报送登记管理机关之前，报业务主管单位审查"。虽然《条例》引入了注册会

计师审计制度，但并未对其审计范围、财务报告和审计报告的披露、审计机构的要求以及审计资金的来源等内容做出明确规定，使基金会注册会计师审计制度的执行效力和效果均有欠缺。在此背景下，2011 年财务部联合民政部发布《关于加强和完善基金会注册会计师审计制度的通知》，明确规定慈善基金会应当聘用会计师事务所对财务会计报告进行审计并依法披露，并且具体规定了外部审计的聘用方式、审计内容及经费来源等方面的内容，这进一步明确了注册会计师制度的审计资格与审计内容。之后，2012 年中国注册会计师协会发布《基金会财务报表审计指引》，进一步规范慈善基金会财务报表审计和专项信息审核业务，这对保障基金会审计的执业质量极为有利，并使注册会计师能够更好地为公益事业服务。总之，这些规章制度的发布给予了具有审查资格的会计师事务所这一基金会外部的第三方评估机构法定监督权力。企业基金会作为基金会的一种，其外部审计的制度背景自然依托于基金会行业外部审计所处的制度背景。这意味着，会计师事务所可以作为企业基金会外部治理机制发挥重要的监督作用。

（二）基金会外部审计治理有效性的理论分析

关于外部审计参与治理的必要性和有效性的研究集中于公司治理领域，且已形成较为成熟的体系，并得到了较为一致的研究结论，即外部审计的治理效应是客观存在的。外部审计参与治理的必要性方面，现有研究大多运用下列两类理论进行探讨：一是代理理论视角。有研究从代理理论视角指出，具有独立性的外部审计能够作为一种有效的治理机制降低组织代理成本，且代理问题愈发难以调和的组织拥有更强的动力降低代理成本，这就使较高质量的外部审计备受青睐（Watts & Zimmerman，1983）。二是信号理论视角。有研究从信号理论视角分析认为，具有独立性的外部审计是一盏重要的“信号灯”，通过聘用高质量的会计事务所，组织可以向外界的投资者传达一种信号，即组织的财务状况处于良好的状态（Datar et al.，1991）。弗兰西斯和威尔逊（Francis & Wilson，1998）实证研究发现，公司对外部审计的需求强度依其存有的问题而定，同时市场对公司的预期也会因其选择声誉较好的会计师事务所而发生改变。该研究所得结论就在一定程度上证实了外部审计不仅能够降低代理成本，而且能够向外界传递组织信息。而对资本市场中外部审计的治理有效性的实证研究也较为丰富（Defond et al.，2000；Fan & Wong，

2005；Choi & Wong，2007）。德丰等（Defond et al.，2000）基于中国资本市场背景考察外部审计对公司绩效的作用，结果表明，会计师事务所的规模越大，审计质量越高，进而更加有利于公司绩效的提升。范和黄（Fan & Wong，2005）利用东亚国家的上市公司作为研究对象，考察普遍存在的大股东侵占中小股东利益问题所产生的代理成本对外部审计的需求，发现代理问题越突出的上市公司聘用国际“五大”会计师事务所的可能性越大。这给予东亚新兴资本市场中的外部审计具有治理效应一定的证据。蔡和黄（Choi & Wong，2007）利用39个国家的相关数据进行对比研究，发现作为替代体制的外部审计在法律制度不健全、外部约束力不足的情况下，能够发挥更大的监督效用。随着我国市场机制的不断完善，结合我国制度背景及现状，一些学者的研究结论也证实了外部审计具有治理效应的观点（曾颖、叶康涛，2005；王鹏、周黎安，2006）。曾颖和叶康涛（2005）考察大股东侵占中小股东利益引发的代理冲突对外部审计的需求，结果表明，股权集中度（第一大股东持股比例）同对高质量外部审计需求之间呈现倒“U”形关系，即股权过于集中或者过于集中的公司更有动力聘用高质量的会计师事务所。王鹏和周黎安（2006）研究发现，外部审计的质量越高，公司能够获得越好的绩效。这些结论都在一定程度上证实了高质量外部审计可以有效地发挥治理作用。

对于慈善组织，施密茨等（Schmitz et al.，2012）研究认为，慈善组织自身与利益相关者之间存在明显的信息不对称和代理冲突，也需要利用有效的外部监督来提升慈善组织透明度并促进慈善资源的合理分配。这为本书考察企业基金会聘用的会计师事务所的治理效用提供了有力支撑。而在我国慈善市场中，外部审计参与治理慈善基金会的必要性和有效性的研究相对缺乏，且大多集中于理论层面的定性研究，相关的实证研究更为鲜见。倪爱国和程昔武（2009）研究指出，非营利组织的信息披露呈现出自愿性到强制性再到补充披露的次序特征，且这三种披露方式对于构建组织信息披露的完整理论体系均不可或缺。其中，承担补充披露的便是作为社会中介机构的会计师事务所，能够审查和鉴证前两种方式披露的信息是否公允，同时也能进行必要的补充。之后，有学者从外部审计的审计内容、审计方法等角度进行研究，为外部审计能够更好地参与慈善基金会治理提供有益借鉴。沈煜和佟仁城（2009）利用案例研究的方法分析了美国国家科学基金会审计制度包括内涵、特征、审计活动和效果等内容，从而获得对我国科研经费进行有效审计的有益启示。张立民和李晗（2009）同样利用案例研究的方法，分析了“红十字”基金会的抗震救灾审计也获得了有助于外部审计更好地发挥作用的启示。现有关于非营利组织，或者说慈善基金会中外部审计参与治理的实证研究大多以公司治理领域中的相关研究作为参考进行的。刘子怡（2012）利用我国696家基金会的截面数据，运用因子分析法考察了慈善基金会的财务透明度的指标评价体系，检验结果表明，收益分配、资本运作和财务收支等是影响慈善基金会财务透明的三个因素，尤以收益分配的影响程度最大，而更好的慈善基金会的财务透明度则依赖于资本运作和财务收支的均衡发展。张立民等（2012）利用全国性基金会的相关数据考察基金会的捐赠收入同外部审计选择之间的关系，发现外部审计需要依赖于高质量的审计才能发挥更为有效的治理效应，即当基金会聘用百强事务所时，能够获得更高的收入。他们研究指出，外部审计能够参与基金会治理，发挥治理效应的原因在于：虽然慈善市场不同于资本市场，但基金会的年度工作报告或者财务报告等经过作为外部审计机构的会计师事务所审查或鉴证之后给出审计意见和评估结果，不仅能够降低外部捐赠人与基金会之间的信息不对称，而且基金会的决策机构可以依据审计意见和评估结果进行决策，同时作为基金会内部的监督机构的监事会依据审计的财务信息能够更好地履行监督理事会的责任。然而，由于企业基金会及其治理存有特殊性，即可能存在发起企业约束问题，与现有研究关注的基金会存在较大差异，因此这些研究结论可能并不适用于企业基金会。

作为外部治理机制之一的外部审计，是鲜有能够直接介入企业基金会内部的外部机构，这为其治理独立性提供了有利条件。虽然与一般基金会治理一样，外部审计机构拥有法定的监督企业基金会的权力，能够以相对独立的姿态监督企业基金会的运作，参与企业基金会治理。但面对企业基金会这样一种相对特殊的组织，外部审计机构可能面临着更为复杂的情况，不仅面临着因信息不对称而使管理层可能存在的追逐私利而浪费组织资源的行为（Krishnan et al.，2006；陈丽红等，2014；），而且面临着可能因企业基金会与发起企业之间存有紧密关系而引发的代理问题（Mindlin，2012；李新天、易海辉，2015）。有研究认为，存有紧密联系的两个组织之间会发生知识转移（Goh，2002）。由于企业基金会与发起企业之间存在紧密的特殊关系，这使企业基金会不仅能够接收来自发起企业的如管理、危机处理等“好的”经验和方法，还可能接收如操控会计信息、粉饰财务报表等“不好的”经验和手段，这使会计事务所有效参与企业基金会的治理更具复杂性和挑战性。另外，企业基金会与营利性发起企业之间可能存在打着慈善的幌子进行关联交易的行为，这也使外部审计面临着更为复杂的情况。

面对外部审计执业质量良莠不齐，极具差异性的情况（张立民等，2012），对于会计师事务所参与企业基金会治理的有效性，本书认为高质量的会计事务所更可能提升企业基金会的绩效。一方面，高质量的外部审计机构可能拥有更为丰富的审计经验，有助于发挥更好的监督作用。相对于低质量的会计师事务所，高质量的会计师事务所不仅可能拥有更为丰富的知识积累和应对复杂情况的经验，而且更不容易受到可能来自发起企业的干预，进而能够更加有效地监督企业基金会的运作。另一方面，高质量的外部审计机构有更强地维护声誉的动力（Richard，1998），进而能够更好地发挥监督作用。会计师事务所声誉能够对其审计质量产生积极的影响，原因在于：在同等条件下，如果会计师事务所出现审计失误或者失败的状况，相比于品牌声誉较低的会计师事务所，品牌声誉越高的会计师事务所的专业性和独立性更可能遭受质疑，进而失去更多的潜在客户，这就使声誉越高的事务所越可能拥有出具高质量审计结果的意愿，进而维护自身较高的声誉（Defond，1992）。因此，出于维护自身声誉的考虑，高质量的会计事务所有意愿且更有能力更好地参与企业基金会治理，提升企业基金会绩效。研究发现，一般情况下，相对于规模较小的会计师事务所，规模较大的会计师事务所不仅拥有较好的声誉，而且能够提供更高质量的审计服务（DeAngelo，1981；Dye，1993）。有鉴于此，本部分提出假设：

假设 H6 - 1：百强会计师事务所与企业基金会业务活动支出率正相关；

假设 H6 - 2：百强会计师事务所与企业基金会管理费用率负相关。

二、债权人治理有效性

现有关于债权人治理的研究主要集中在公司治理研究领域，而对非营利组织治理领域中债权人治理的研究较为鲜见。在公司治理研究领域，研究认为公司治理的最终目标是在保障利益相关者利益的基础上，实现公司价值最大化。债权人作为公司的外部利益相关者，可以为了公司的运作与发展向公司注入资金，也是公司外部治理主体之一，显然不能被排除在公司治理体系之外。传统的财务理论认为，通过负债进行融资能够缓解现代公司中的代理冲突。有研究发现，公司通过负债的方式获得的资金越多，股东与债权人越会加强对公司的监督，进而提高公司的效率（Jensen，1986，1989；De Jong & Veld，2001；Harvey et al.，2004）。另外，由于负债需要定性偿还利息与本金，且金额随着负债额度的增加而提高，因此会大幅削减管理者可控制的自由现金流量，为避免无法按期偿还利息与本金出现违约风险或财务危机（Harris & Raviv，1990，1991），管理者有动机减少特权消费（Harris & Raviv，1990，1991；Barnea et al.，1981），更好地服务于公司利益最大化的目标。在非营利组织治理领域，组织的最终目标也是保障利益相关者公益性利益的基础上，实现组织公益价值最大化。债务融资也是非营利组织获取资金的途径之一。有学者从非营利组织的资本结构方面，研究了该类组织进行债务融资的原因（Jegers & Verschueren，2007；Jegers，2011）。杰格斯和维索尔伦（Jegers & Verschueren，2007）以加利福尼亚非营利组织作为研究样本考察资本结构的影响因素，认为可以通过以下三种机制解释现存的非营利组织资本结构：一是股权（由于非分配约束的特殊性，留存在组织的捐赠收入、补贴、投资收益等）融资约束。因为债务融资的成本大于股权融资的成本。非营利组织为了缩减获取资本的成本，一般情况下不会进行债务融资，除非面临无法获取捐赠、捐款、补贴或者留存收益等困境，才会进行债务融资。二是缓解代理问题。斯坦伯格（Steinberg，1990）认为，委托代理关系在非营利组织中普遍存在，尤其是在理事会与管理者之间。在信息不对称的情况下，非营利组织的管理者有较高的自主权将组织资源分配在无法实现组织目标的地方，进行债务融资可以成为一种有效限制管理者，或者专业工作人员自我认知的行为自由的有效途径。因为债务融资使债权人的财务利益与非营利组织紧密联系在一起，为了确保自身利益不受损害，债权人有监督管理者的决策和行为的意愿和能力，进行缓解代理冲突。三是借款约束。非营利组织在需要筹资时即使有很好的信用也不容易获得借款，尤其是在其被错误地视为不良风险时。杰格斯（2011）在杰格斯和维索尔伦（2006）研究的基础上进一步考察了上述三种机制对非营利组织进行债务融资的影响，发现缓解代理问题是非营利组织进行债务融资的原因之一。而对非营利组织中债权人是否能够发挥，以及如何发挥治理作用的研究较为鲜见，且均认为债权人能否发挥治理效应难以预测。马格努斯等（Magnus et al.，2003）采用定性研究的方式进行理论推理，认为非营利组织负债额度越高，运转效率越好。然而，卡伦和福尔克（1993）以加拿大特定疾病基金会为研究样本，发现在资产负债率较高的组织中，组织对捐赠者的资源的需求较少，这会降低组织对捐赠者的资源依赖，进而捐赠者难以对组织管理者行为产生影响，最终使其监督管理者行为的能力受限，进而导致组织运作效率更低。马格努斯等（2004）利用美国非营利医院为研究对象，实证发现资产负债率越高的医院运转效率越低。张立民和李晗（2013）研究认为基金会的资产负债比例越高，可能会受到来自债权人越有力的监督，这能够有助于基金会获得更高的运作效率。然而，由于负债固有的利息支出刚性，而这一类支出会在基金会管理费用或者财务费用之间进行分配，因此负债所占资产比较高会提高基金会的管理费用率，进而减少可用在组织业务活动中的资金比例。那么，债务融资对企业基金会绩效产生怎样的影响值得进一步考察。

有研究认为，慈善市场中不存在有效的控制权市场，即使组织发生违反借款条约、管理不善或者绩效不良的情况，被接管或者更换管理者的可能性较低（Kane，1991；Magnus et al.，2003）。而且，债权人基于声誉的考虑不会接管非营利组织。企业基金会作为慈善市场中的一个重要组成部分，自然具有这一特性。同时，企业基金会拥有双重身份，第一种身份是与其使命范围和目标受益人紧密关联的社会组织；第二种身份是服务于发起企业战略慈善和获取声誉、形象等无形资本的组织。第一种身份意味着企业基金会是独立法人，法律意义上来说与发起企业不应该存在依附关系；第二种身份表示企业基金会可能服务于企业慈善战略目标的实现（Mindin，2012）。第二种身份可能导致企业基金会的决策欠缺公平性，进而对组织绩效产生不利影响。在这种情况下，引入外部债权人参与治理可能有利于企业基金会更加有效的运作。具体而言，首先，从约束管理者的视角，企业基金会进行负债融资，需要与债权人签订负债契约，该契约赋予了负债融资具有还本付息的刚性特征。那么，企业基金会管理者为了避免违约，会尽可能地维持组织的现金流量，且负债额度越高，这种约束力就会越强（Harris & Raviv，1990，1991）。其次，从资源依赖的视角来看，企业基金会进行负债融资，为获取运作资源提供了一种新途径，这能够在一定程度上降低企业基金会对发起企业存有的高度资源依赖，进而缓解发起企业可能存在的对企业基金会的过度干预，使企业基金会的决策更具公平性，继而提升组织绩效。最后，从债权人监督意愿视角来看，企业基金会作为一种非营利组织进行负债融资，便多了一种向企业基金会投入专用资产而与企业基金会之间签订契约关系的利益相关者。债权人为了确保自身的利益不受损失，或者防止其投入的资金被用于实现发起企业的慈善目的之外的额外动机，拥有监督企业基金会的管理者行为的意愿和能力。有鉴于此，本部分提出假设：

假设 H6－3：企业基金会资产负债比率与业务活动支出比率正相关；

假设 H6－4：企业基金会资产负债比率与管理费用率负相关。

第二节　研究设计

一、样本选择与数据来源

本章的样本选择与数据来源同样是以第四章研究所选择的样本为基础进行的，使用在基金会中心网披露的非公募基金会基础上确认的企业基金会的 2010～2014 年的相关数据，同时利用中国社会组织网基金会子网站所获取的年度工作报告进行查缺补漏。具体如下：在第四章研究设计部分通过一系列步骤获得的全体企业基金会样本的基础上，进一步获取企业基金会外部治理特征数据。对于外部审计变量，查询中国社会组织网基金会子网站和企业基金会的官方网站等途径所获取的企业基金会年度工作报告中的审计报告，进而确认所使用的会计师事务所的名称，紧接着依据披露的百大事务所排名确认会计师事务所是否属于百大事务所，进而获得外部审计数据这一外部治理机制特征数据。对于债权人变量，根据企业基金会披露的财务信息中的总负债以及总资产进行确认。其他企业基金会如规模、年龄、收入结构、注册地区等数据均来源于基金会中心网。当然，出于结果稳健性的考虑，在稳健性检验部分，使用包含外部审计和债权人变量的数据集合进行检验。本部分接下来的实证研究是基于这些数据展开的，为了尽可能地降低异常值对结果造成影响，在剔除明显异常值的同时，并对所有回归模型中的连续变量进行 1% 和 99% 分位数的 Winsorize 处理。

二、模型构建与变量定义

为了验证本章提出的假设 H6－3～H6－4，本书借鉴杰格斯和维索尔伦（2006）、张立民等（2012）、陈丽红等（2014）的做法，建立以下模型：

$$Prora = \alpha_0 + \beta_1 Exter - Gov + \beta_2 Control + \mu \quad (6-1)$$

$$Admin = \alpha_0 + \beta_1 Exter - Gov + \beta_2 Control + \mu \quad (6-2)$$

其中，与之前两章研究内容中使用的变量定义一致，模型中因变量 Prora 代表业务活动成本率，测量为企业基金会的业务活动支出与总费用的比值。模型中因变量 Admin 代表企业基金会的管理费用率，测量为管理费用与总费用的比值。模型中自变量 Exter－Gov 代表外部治理机制变量，包括：Aduitor 为外部审计变量，测量为会计师事务所是否为中注协全国百强事务所，是为 1，否则为 0；Debt 为债权人变量，测量为企业基金会负债与总资产的比值。Gmn_1 为捐赠项目多样化，测量为企业基金会捐赠项目数量高于中位数赋值为 1，否则为 0。Gmc_1 为捐赠项目持续率，测量为企业基金会捐赠项目持续率大于中位数赋值为 1，否则为 0。

进一步地，借鉴张立民等（2012）、陈丽红等（2014）等现有文献的做法，本部分的研究在模型中还加入以下控制变量，具体见表 6－1。Pccsf 为性质，测量为企业基金会是否由国有企业发起成立，是为 1，否为 0；Size 为规模，测量为企业基金会非限定性净资产的对数。利用非限定性净资产测量规模的原因在于其能够更为准确地代表企业基金会可以自由支配的资产数量；Age 为成立年限，测量为企业基金会从成立年至样本年的年限，实证分析时对其进行对数化处理；Cont 为捐赠收入率，测量为企业基金会捐赠收入与总收入的比值；Area 为注册地区变量，测量为企业基金会是否在发达地区注册，是取 1，否为 0，发达地区根据全国 31 个省区市的 GDP 的中位数确定。本部分的回归模型还控制了年度效应（Year_i）和行业特征（Industry_j）对组织绩效的影响。对于年度效应的设定，年份的虚拟变量是以 2011 年为基准年，共引入 3 个虚拟变量（Year_i，i＝01，02，03）。对于行业变量的测定，鉴于教育行业所占比例较高，而其他行业所占比例都较为分散，以及参照陈丽红等（2014）的做法，将教育行业赋值为 1，非教育行业赋值为 0（Industry_j，j＝01）。

选择上述控制变量的原因在于：首先，企业基金会发起企业性质（Pccsf），从第四章研究结果发现，拥有不同企业性质背景的企业基金会的绩效存在明显的差异。其次，基金会规模（Size）。丁克曼（1996）、克里希南和绍尔（2000）等研究指出更大规模的非营利组织往往拥有更高的绩效，也就是说，基金会规模与绩效之间呈正相关关系。张立民和李晗（2013）以全国性基金会为样本，将基金会规模作为控制变量，研究发现该变量与业务活动成本率之间呈正相关关系且在10%的水平上显著，与管理费用率显著负相关且在1%的水平上显著。再次，基金会成立年限（Age）。丁克曼（1998，1999）和基钦（2009）研究发现，基金会的成立年限与其捐赠收入呈负相关关系。最后，基金会收入集中度（Concent）。格林利和特拉塞尔（2000）研究指出，基金会收入集中度是预测其复杂程度和财务信息稳定性的重要参考指标。帕森斯和特拉塞尔（2008）研究认为，非营利组织收入结构与财务信息披露质量之间存在正向关系，进而对绩效产生影响。张立民和李晗等（2012）研究内部治理机制对全国性基金会绩效的影响时，认为捐赠收入率是影响组织绩效的重要因素之一，将其作为重要的控制变量放入回归模型。各变量的定义与说明见表6-1。

表6-1 主要变量定义与说明

变量名称	变量代码	变量说明与测算
业务活动成本率	Prora	企业基金会业务活动支出与总费用的比值
管理费用率	Admin	企业基金会管理费用与总费用的比值
外部审计	Auditor	会计师事务所为百强事务所赋值为1，否则为0
债权人	Debt	企业基金会负债与总资产的比值
项目多样化	Gmn_1	企业基金会捐赠项目数量高于中位数赋值为1，否则为0
项目持续率	Gmc_1	企业基金会捐赠项目持续率大于中位数赋值为1，否则为0
发起企业性质	Pccsf	企业基金会由国有企业发起设立赋值为1，否则为0
规模	Size	企业基金会非限定性净资产的对数
成立年限	Age	企业基金会成立至样本年度的年限
捐赠收入率	Cont	企业基金会捐赠收入与总收入的比值
注册地区	Area	企业基金会注册地区为发达地区为1，否则为0
年份虚拟变量	Year	样本区间涉及2011~2014年4个年份，引入3个年份虚拟变量
行业虚拟变量	Industry	企业基金会为教育行业赋值为1，反之为0

第三节　实证检验结果与分析

一、描述性统计结果

表 6 – 2 给出了模型中各个变量的描述性统计结果，包括变量名称、均值、标准差、最小值与最大值等。业务活动成本率（Prora）的均值为 0.95，最小值为 0，最大值为 1，说明从总体上来看企业基金会的业务活动支出平均比率较高，但也不乏业务活动成本率为 0 的企业基金会存在。管理费用比率（Admin）的均值为 0.038，最小值为 0，最大值为 0.472，说明从总体上来看企业基金会的管理费用比率普遍较低，比《基金会管理条例》规定的管理费用占总费用不能超过 10% 小，普遍达到合规标准，但也不乏管理费用率达到 47.20% 的企业基金会。外部审计质量的均值为 0.238，这说明企业基金会选择高质量的会计师事务所的意愿不强。资产负债率的均值为 0.040，这表明企业基金会通过负债的方式获取资源的意愿不强，但也不乏负债率高达 0.848 的企业基金会。发起企业性质（Pccsf）均值为 0.221，说明由国有企业设立的企业基金会较少，大多数是由非国有企业发起设立。年龄（Age）均值为 1.116，说明企业基金会成立时间普遍较短。规模（Size）均值为 15.371，最小值为 0，最大值为 20.631，说明不同的企业基金会的非限定性净资产存在较大的差异。捐赠收入率（Cont）均值为 0.772，说明企业基金会获取运作所需的资金来源主要依赖于捐赠收入。注册地区（Area）均值为 0.879，说明发达地区的企业有更强的成立基金会的意愿。

表 6 – 2　　样本描述性统计

变量	样本数	均值	标准差	最小值	最大值
prora	480	0.950	0.083	0	1
admin	480	0.038	0.053	0	0.472
auditor	480	0.238	0.426	0	1
debt	480	0.040	0.118	0	0.848

续表

变量	样本数	均值	标准差	最小值	最大值
pccsf	480	0.221	0.415	0	1
size	480	15.371	3.064	0	20.631
age	480	3.613	1.965	1	9
cont	480	0.772	0.343	0	1
area	480	0.879	0.326	0	1

二、相关性统计结果

表6－3是利用Pearman相关性分析方法检验了主要变量间的相关性水平，以增强研究结果的稳健性和可信度。如果变量间的相关性系数太高（大于0.5），在回归分析时容易出现多重共线性的问题，会对结果的稳健性和可信度产生较大影响。从相关性检验结果来看，各个主要变量间的系数均远小于0.5，这说明模型中的各主要变量间不存在多重共线性问题。企业基金会外部审计变量与业务活动成本率prora之间在5%的水平上呈正相关关系，说明聘用高质量会计师事务所的企业基金会拥有更高的业务活动成本率，支持本部分假设H6－1；企业基金会外部审计变量与管理费用率admin之间在1%的水平上呈负相关关系，说明聘用高质量会计师事务所的企业基金会拥有更低的管理费用率，支持本部分假设H6－2。企业基金会债权人变量与业务活动成本率prora之间在5%的水平上呈负相关关系，说明资产负债率越高的企业基金会拥有更低的业务活动成本率，这与本部分假设H6－3相反；企业基金会债权人变量与管理费用率admin之间在5%的水平上呈正相关关系，说明资产负债率越高的企业基金会拥有更高的管理费用率，这与本部分假设H6－4相反；控制变量方面，发起企业性质与管理费用率admin之间在1%的水平上呈负相关关系，说明相比于非国有企业发起设立的企业基金会，国有企业发起设立的企业基金会能够以更低的费用完成业务活动。捐赠收入率与业务活动成本率prora之间在1%的水平上呈正相关关系，说明企业基金会依赖捐赠获取资金时能够更好地履行公益责任，而与管理费用率admin在1%的水平上呈负相关关系，说明企业基金会依赖捐赠获取资金时能够以更

低的管理费用完成业务活动。这在一定程度上印证了本书的观点：企业基金会的资金主要依赖发起企业的情况下，发起企业有动力监督企业基金会的运作。上述结果初步说明，企业基金会外部审计和债权人变量均与绩效之间存在显著关系，更为准确的结论还有待进一步验证。

表 6－3　　　　主要变量的相关性分析

变量	prora	admin	aduitor	debt	pccsf	size	age	area	cont
prora	1								
admin	－0.675***	1							
aduitor	0.103**	－0.151***	1						
debt	－0.095**	0.105**	0.067	1					
pccsf	0.045	－0.140***	0.222***	0.040	1				
size	－0.036	－0.011	0.292***	－0.033	0.296***	1			
age	0.028	0.020	－0.021	0.079*	－0.004	0.104**	1		
area	－0.025	－0.048	0.177***	0.071	－0.049	0.091**	－0.005	1	
cont	0.103***	－0.101***	0.062	－0.026	－0.005	－0.060	－0.050	－0.090**	1

注：* 代表在 10% 的水平上显著、** 代表在 5% 的水平上显著、*** 在 1% 的水平上显著。

三、多元回归结果

表 6－4 给出了企业基金会外部治理机制之一的外部审计（Aduitor）与绩效之间关系的回归结果。其中，表 6－4 中的模型 1－1 至模型 1－4（左侧部分）为外部审计与业务活动成本率（Prora）之间关系的回归结果，模型 2－1 至模型 2－4（右侧部分）为外部审计与管理费用率（Admin）的回归结果。其中，模型 1－1 和模型 2－1 分别给出外部审计单变量的模型的回归结果。模型 1－2 和模型 2－2 分别给出仅包括控制变量的基准模型的回归结果。模型 1－4 和模型 2－4 分别是在模型 1－2 和模型 2－2 基础上引入外部审计变量的回归结果。出于对本部分结果稳健性的考虑，还给出了未控制行业效应和年份效应的回归结果（模型 1－3、模型 2－3）。表 6－4 的左侧部分显示企业基金会外部审计与业务活动成本率（Prora）回归结果表明，不论是在哪种情况下（模型 1－1、模型 1－3、模型 1－4），外部审计变量（Aduitor）的回归系数都显著为正，且均达到 1% 显著性水平，这说明相较于

选择非百强会计事务所的企业基金会，选择百强事务所的企业基金会拥有更高的业务活动成本率，这验证了本部分的假设 H6－1，即百强事务所与企业基金会业务活动成本率正相关。表 6－4 的右侧部分显示企业基金会外部审计与管理费用率（Admin）回归结果表明，不论是在哪种情况下（模型 2－1、模型 2－3、模型 2－4），外部审计变量（Aduitor）的回归系数都显著为负，且均达到 1% 显著性水平，这表明相较于选择非百强事务所的企业基金会，选择百强事务所的企业基金会拥有更低的管理费用率，这验证了本部分的假设 H6－2，百强事务所与企业基金会管理费用率负相关。这两个假设的验证，意味着高质量的会计师事务所能够在企业基金会中发挥有效的治理效应。

表 6－4　　　　　外部审计与绩效关系的回归结果

变量	业务活动成本率				管理费用率			
	模型 1－1	模型 1－2	模型 1－3	模型 1－4	模型 2－1	模型 2－2	模型 2－3	模型 2－4
Aduitor	0.020*** (0.006)		0.021*** (0.006)	0.022*** (0.007)	－0.017*** (0.004)		－0.015*** (0.004)	－0.014*** (0.004)
Pccsf		0.010 (0.009)	0.007 (0.009)	0.006 (0.010)		－0.017*** (0.006)	－0.015** (0.006)	－0.015** (0.006)
Size		－0.001 (0.001)	－0.003** (0.002)	－0.002** (0.001)		0.001 (0.001)	0.001* (0.001)	0.001* (0.001)
Age		0.004 (0.006)	0.005 (0.006)	0.005 (0.006)		0.001 (0.003)	0.001 (0.003)	0.001 (0.003)
Cont		0.021* (0.012)	0.018* (0.011)	0.020* (0.011)		－0.014* (0.007)	－0.013* (0.007)	－0.013* (0.007)
Area		－0.002 (0.009)	－0.006 (0.009)	－0.007 (0.009)		－0.010 (0.008)	－0.006 (0.008)	－0.006 (0.008)
Year	Yes	Yes	NO	Yes	Yes	Yes	NO	Yes
Industry	Yes	Yes	NO	Yes	Yes	Yes	NO	Yes
C	0.951*** (0.007)	0.949*** (0.026)	0.959*** (0.017)	0.963*** (0.017)	0.043*** (0.006)	0.052*** (0.014)	0.043*** (0.012)	0.043*** (0.014)
R^2	0.021	0.023	0.029	0.037	0.026	0.037	0.051	0.052
$A-R^2$	0.010	0.004	0.017	0.017	0.016	0.018	0.039	0.032
F 值	2.51**	1.21	2.23**	1.65**	4.86***	1.56*	5.79***	3.46***
样本量	480	480	480	480	480	480	480	480

注：*、**、*** 分别代表 10%、5% 和 1% 的显著性水平；( ) 中为标准误，均经过 White 异方差修正。

表 6 – 5 给出了企业基金会资产负债率（Debt）与绩效之间关系的回归结果。其中，表 6 – 5 中的模型 1 – 5 至模型 1 – 8（左侧部分）为资产负债率与业务活动成本率（Prora）之间关系的回归结果，模型 2 – 5 至模型 2 – 8（右侧部分）为资产负债率与管理费用率（Admin）的回归结果。其中各个模型的变量引入方式与回归过程与上一部分论述一致。表 6 – 5 的左侧部分显示企业基金会资产负债率与业务活动成本率（Prora）回归结果表明，不论是在哪种情况下（模型 1 – 5、模型 1 – 7、模型 1 – 8），资产负债率变量（Debt）的回归系数都显著为正，且均达到 5% 显著性水平，这说明相较于资产负债率较低的企业基金会，资产负债率较高的企业基金会拥有更低的业务活动成本率，这与本部分的假设 H6 – 3 相反。表 6 – 5 的右侧部分显示企业基金会理事会规模与管理费用率（Admin）回归结果表明，不论是在哪种情况下（模型 2 – 5、模型 2 – 7、模型 2 – 8），资产负债率变量（Debt）的回归系数都显著为正，且均达到 10% 显著性水平，这表明相较于资产负债率较低的企业基金会，资产负债率较高的企业基金会拥有更高的管理费用率，这与本部分的假设 H6 – 4 相反。这两个假设没有得到验证，且出现了与之相反的结果，意味着企业基金会通过负债融资的方式引入债权人，不仅没有起到监督和制衡发起企业的作用，反而，因其固有的还本付息特性对组织绩效造成负面影响。原因可能在于：一方面可能是企业基金会负债比率普遍较小，负债融资不仅不足以缓解其对发起企业的资源依赖，进而制衡发起企业，且因其产生的利息支出会导致对企业基金会投入公益业务的资源产生挤出效应，以及分配在管理费用中会提高管理费用率；另一方面，企业基金会负债比率较小，使债权人监督企业基金会运作的动力和能力较弱。

表 6 – 5　　　　债权人与绩效关系的回归结果

变量	业务活动成本率				管理费用率			
	模型 1 – 5	模型 1 – 6	模型 1 – 7	模型 1 – 8	模型 2 – 5	模型 2 – 6	模型 2 – 7	模型 2 – 8
Debt	– 0.062 ** (0.029)		– 0.069 ** (0.029)	– 0.066 ** (0.029)	0.030 * (0.019)		0.033 * (0.018)	0.034 * (0.019)
Pccsf		0.010 (0.008)	0.012 (0.008)	0.011 (0.008)		– 0.017 *** (0.006)	– 0.018 *** (0.005)	– 0.018 *** (0.005)
Size		– 0.001 (0.001)	– 0.001 * (0.001)	– 0.001 (0.001)		0.001 (0.001)	0.001 (0.001)	0.001 (0.001)

续表

变量	业务活动成本率				管理费用率			
	模型 1-5	模型 1-6	模型 1-7	模型 1-8	模型 2-5	模型 2-6	模型 2-7	模型 2-8
Age		0.004 (0.006)	0.006 (0.005)	0.005 (0.006)		0.001 (0.004)	0.001 (0.003)	0.001 (0.004)
Cont		0.022** (0.010)	0.021** (0.009)	0.021** (0.010)		-0.014** (0.006)	-0.014** (0.006)	-0.014** (0.006)
Area		-0.002 (0.010)	0.001 (0.009)	-0.001 (0.010)		-0.010* (0.007)	-0.011* (0.006)	-0.011* (0.007)
Year	Yes	Yes	NO	Yes	Yes	Yes	NO	Yes
Industry	Yes	Yes	NO	Yes	Yes	Yes	NO	Yes
C	0.958*** (0.009)	0.950*** (0.024)	0.950*** (0.021)	0.954*** (0.024)	0.038*** (0.006)	0.053*** (0.015)	0.049*** (0.012)	0.050*** (0.015)
R^2	0.017	0.023	0.028	0.033	0.007	0.037	0.042	0.044
$A-R^2$	0.007	0.004	0.016	0.013	-0.004	0.018	0.030	0.023
F 值	1.64*	1.24	2.28**	1.64**	0.66	2.00**	3.40***	2.15**
样本量	480	480	480	480	480	480	480	480

注：*、**、*** 分别代表 10%、5% 和 1% 的显著性水平；( ) 中为标准误，均经过 White 异方差修正。

第四节　发起企业性质对外部治理机制有效性的影响

进一步地，不同性质的营利性企业从事慈善活动的动机和实现目标存有差异，这也意味着它们参与企业基金会治理的意愿和力度存有差异。与非国有企业在从事慈善活动过程中更加注重经济性利益的实现不同，国有企业不仅要关注经济性利益的实现，还要考虑政治性利益的达成，甚至政治性方面的考虑要超过经济性利益。因为在我国特殊制度背景下，政治性方面利益受损所付出的代价可能要远高于经济性方面利益受损所付出的代价，如政治生涯的终结。在这种情况下，国有企业为了多方面的利益不因企业基金会的不良运作遭受损失，可能拥有更强地参与企业基金会治理的意愿和力度。同时，对于国有企业而言，企业基金会良好的运作也能向政府传递一种发起企业是实现国家福利事业良好代理人的信号，进而可以为国有企业高管晋升、获取政策优惠等方面增添筹码，这也会使国有企业可能有较强的意愿参与企业基金会治理。在这种情况下，不同性质企业发起设立的企业基金会外部治理机制治理效应是否存在差异，以及存在怎样的差异成为本部分进一步需要探究的问题。

表 6 - 6 给出了拥有不同性质发起企业背景的企业基金会外部治理机制与绩效之间关系差异的回归结果。其中，表 6 - 6 中的模型 1 - 9 至模型 1 - 12（左侧部分）为国有企业背景与非国有企业背景的企业基金会外部审计和债权人分别与业务活动成本率（Prora）之间关系的回归结果，模型 2 - 9 至模型 2 - 12（右侧部分）为国有企业背景和非国有企业背景的企业基金会外部审计和债权人分别与管理费用率（Admin）的回归结果。其中，模型 1 - 9 和模型 1 - 11 分别为国有企业背景和非国有企业背景的企业基金会外部审计与业务活动成本率之间关系的回归结果，表明国有企业背景的企业基金会的外部审计质量（百强事务所）与业务活动成本率正相关，但未达到 10% 的显著性水平，而非国有企业背景的企业基金会的外部审计质量与业务活动成本率正相关，且达到 1% 的显著性水平，说明在非国有企业成立的企业基金会中，外部审计质量越高，业务活动成本率越高，而在国有企业背景的企业基金会中外部审计质量对业务活动成本率没有显著影响。模型 1 - 10 和模型 1 - 12 分别为国有企业背景和非国有企业背景的企业基金会资产负债率与业务活动成本率之间关系的回归结果，表明国有企业背景的企业基金会的资产负债率与业务活动成本率负相关，且达到 5% 的显著性水平，而非国有企业背景的企业基金会的资产负债率与业务活动成本率正相关，但未达到 10% 的显著性水平，说明在国有企业成立的企业基金会中，资产负债率越高，业务活动成本率越低，而在非国有企业背景的企业基金会中资产负债率对业务活动成本率没有显著的正向影响。模型 2 - 9 和模型 2 - 11 分别为国有企业背景和非国有企业背景的企业基金会外部审计质量与管理费用率之间关系的回归结果，表明国有企业背景的企业基金会的外部审计质量与管理费用率负相关，且达到 5% 的显著性水平，而非国有企业背景的企业基金会的外部审计与管理费用率负相关，且达到 1% 的显著性水平，说明在两种性质企业发起成立的企业基金会中，外部审计质量越高，管理费用率越低，但从回归系数绝对值来看，外部审计在降低管理费用率方面的作用在非国有企业背景的企

业基金会中较大。模型 2－10 和模型 2－12 分别为国有企业背景和非国有企业背景的企业基金会资产负债比率与管理费用率之间关系的回归结果，表明国有企业背景的企业基金会的资产负债率与管理费用率负相关，且达到1%的显著性水平，而非国有企业背景的企业基金会的资产负债率与管理费用率负相关，但未达到 10% 的显著性水平，说明在国有企业成立的企业基金会中，资产负债率越高，管理费用率越高，而在非国有企业背景的企业基金会中资产负债率对管理费用率没有显著的负向影响。

表 6－6　不同性质发起企业对外部治理机制与绩效关系的影响

变量	业务活动成本率				管理费用率			
	国有企业背景		非国有企业背景		国有企业背景		非国有企业背景	
	模型 1－9	模型 1－10	模型 1－11	模型 1－12	模型 2－9	模型 2－10	模型 2－11	模型 2－12
Aduitor	0.022 (0.020)		0.025 *** (0.007)		－0.011 ** (0.011)		－0.027 *** (0.004)	
Debt		－0.227 ** (0.113)		0.021 (0.021)		0.110 *** (0.036)		－0.001 (0.018)
Size	0.006 (0.004)	0.003 (0.003)	－0.003 *** (0.001)	－0.002 ** (0.001)	－0.001 (0.002)	－0.001 (0.002)	0.001 ** (0.001)	0.001 * (0.001)
Age	－0.011 (0.014)	0.006 (0.006)	0.009 (0.007)	0.007 (0.007)	－0.003 (0.008)	－0.011 (0.009)	0.003 (0.003)	0.003 (0.003)
Area	－0.054 * (0.027)	－0.017 (0.016)	－0.002 (0.011)	0.002 (0.011)	0.018 (0.015)	－0.006 (0.015)	－0.011 (0.010)	－0.013 (0.010)
Cont	－0.020 (0.028)	－0.003 (0.025)	0.025 ** (0.012)	0.028 ** (0.013)	0.010 (0.016)	－0.002 (0.016)	－0.016 ** (0.008)	－0.017 ** (0.008)
Year	Yes	Yes	Yes	Yes	Yes	Yes	Yes	Yes
Industry	Yes	Yes	Yes	Yes	Yes	Yes	Yes	Yes
C	0.938 *** (0.058)	0.950 *** (0.047)	0.964 *** (0.020)	0.950 *** (0.019)	0.025 *** (0.033)	0.036 (0.046)	0.048 *** (0.017)	0.054 *** (0.017)
R^2	0.132	0.246	0.050	0.033	0.107	0.132	0.048	0.039
$A-R^2$	0.051	0.175	0.027	0.010	0.023	0.050	0.025	0.015
F 值	1.68 *	1.95 *	2.57 ***	1.74 *	1.86 *	1.62 *	2.14 **	1.72 *
样本量	106	106	374	374	374	106	374	374

注：*、**、*** 分别代表 10%、5% 和 1% 的显著性水平；( ) 中为标准误，均经过 White 异方差修正。

其中，关于外部审计的回归结果表明，从总体上来看，相较于国有企业发起设立的企业基金会，非国有企业发起设立的企业基金会选择百强事务所时能够拥有更好的组织绩效，也就是说，高质量的外部审计更可能在非国有企业发起设立的企业基金会中发挥更为有效的治理效用。原因可能在于，相较于非国有发起企业，在国有发起企业有着更强地参与企业基金会治理的意愿和力度的情况下，企业基金会的外部审计参与治理受到一定的限制，进而所起到的监督效用相对有限。而关于债权人的回归结果表明，无论是哪种性质企业发起设立的企业基金会的债权人都没有发挥监督效用，甚至在国有企业发起设立的企业基金会中明显地对组织绩效造成负面影响，这也印证了相较于非国有企业，国有企业参与企业基金会治理的意愿和力度更大的观点。具体而言，在非国有企业参与企业基金会治理的力度较小的情况下，引入债权人能够发挥一定的监督效用，但在负债比例普遍较小的情况下，债权人能够发挥的监督效用非常有限，而在国有企业参与企业基金会治理的力度较大的情况下，引入债权人不仅无法发挥其监督效用，甚至因负债固有的还本付息特性对组织绩效造成明显的损害。总之，作为外部治理机制之一的高质量外部审计能够发挥有效的治理效用，尤其是在非国有企业发起设立的企业基金会中更为凸显；而债权人不仅没有发挥有效的治理效用，而且在国有企业发起设立的企业基金会中因负债固有的还本付息的特性对组织绩效造成明显的损害。

第五节　捐赠行为差异对外部治理机制有效性的影响

营利性企业存有利益相关者管理、形象管理等方面的慈善动机，与企业基金会之间存有紧密关系，基于资源依赖理论和委托代理理论，第五章内容证实企业基金会的捐赠行为表现出多样化和非关联性的特殊性，这一结论表明发起企业有较强地参与企业基金会的运作的意愿。进一步地，本书认为捐赠项目越多和持续率越小可能意味着发起企业参与企业基金会运作的可能性越大。一方面，相比于捐赠项目较少和持续率较大的企业基金会，捐赠项目较多和持续率较小的企业基金会能够更好地满足发起企业利益相关者管理、形象管理等方面的慈善动机，这可能说明企业基金会在决策过程中受到发起企业的影响更大；另一方面，捐赠项目较多和持续率较小的企业基金会涉及面更广，不仅能够有助于发起企业获取更多的潜在收益，而且其不良运作对发起企业的负面影响可能更大，在这种情况下，为了尽可能多地获取潜在收益，或者防止发起企业的利益不因企业基金会的运作受损，发起企业也有更强地参与基金会治理的强度和意愿。那么，在不同企业基金会之间的捐赠行为特征不尽相同的情况下，企业基金会的外部治理机制治理效应是否存有差异，以及存有怎样的差异成为本部分进一步研究的另一问题。

表 6－7 给出了企业基金会捐赠行为特征差异对外部治理机制与绩效之间关系影响的回归结果。其中，表 6－7 中的模型 1－1 至模型 1－4（左侧部分）为企业基金会捐赠行为特征差异对外部治理机制与业务活动成本率（Prora）之间关系影响的回归结果，模型 2－1 至模型 2－4（右侧部分）为企业基金会捐赠行为特征差异对外部治理机制与管理费用率（Admin）之间关系影响的回归结果。其中，模型 1－1 和模型 1－2 分别为企业基金会捐赠项目多样化程度对外部治理机制与业务活动成本率之间关系影响的回归结果，表明多样化程度高与程度低两组的企业基金会的外部审计与业务活动成本率均呈正相关关系，且达到 10% 的显著性水平，但后者的系数大于前者系数，说明捐赠项目多样化程度低的企业基金会中外部审计对业务活动成本率的正向影响更大。模型 1－3 和模型 1－4 分别为捐赠项目持续率对企业基金会外部治理机制与业务活动成本率之间关系影响的回归结果，表明持续率大与持续率小两组的企业基金会的外部审计与业务活动成本率均呈正相关关系，且分别达到 1% 和 5% 的显著性水平，但后者的系数大于前者的系数，说明捐赠项目持续率大的企业基金会中外部审计对业务活动成本率的正向影响更大。模型 2－1 和模型 2－2 分别为捐赠项目多样化对企业基金会外部治理机制与管理费用率之间关系影响的回归结果，表明多样化程度高的企业基金会的外部审计与管理费用率负相关，且达到 5% 的显著性水平，而多样化程度低的企业基金会外部审计与管理费用率也呈负相关关系，且达到 5% 的显著性水平，但后者的系数大于前者的系数，说明捐赠项目多样化程度低的企业基金会中外部审计对管理费用率的负向影响更大。模型 2－3 和模型 2－4 分别为捐赠项目持续率对企业基金会外部治理机制与管理费用率之间关系影响的回归结果，表明持续率大的企业基金会的外部审计与管理费用率呈负相关关系，且达到 1% 的显著性水平，说明捐赠项目持续率低的企业基金会

中外部审计对管理费用率有显著影响。而对于债权人来说，回归结果表明在捐赠项目多样化程度低的企业基金会中与业务活动成本率和管理费用率均在10%水平上正相关，在捐赠项目持续率小的企业基金会中与业务活动成本率呈负相关关系，且达到1%的显著性水平，而与管理费用率呈正相关关系，且达到10%的显著性水平，说明捐赠项目多样化程度低的企业基金会中资产负债率对组织绩效有着明显的负面影响，捐赠项目持续率小的企业基金会中资产负债率对组织绩效有着明显的负面影响。

这些结果表明，在捐赠项目多样化程度低和持续率大的企业基金会中，外部审计对绩效的影响更加显著，这意味着较高质量的外部审计能够在捐赠项目数量相对较少和项目持续率较大的企业基金会中发挥一定的治理效用。这些结果原因可能在于，捐赠项目数量相对较多和项目持续率较小的企业基金会的发起企业为了实现从事慈善事业的动机，一方面不仅更可能干预企业基金会的具体运作，另一方面为了维护更好的形象、进行利益相关者管理等而有更强地监督企业基金会运作的动力，这些意味着发起企业有着更强地参与企业基金会治理的意愿和力度，就对外部审计这一外部治理机制发挥治理效用造成“挤出效应”。而对于债权人这一外部治理机制而言，在捐赠项目持续率较小的企业基金会中，引入债权人不仅无法发挥其监督效用，甚至因负债固有的还本付息特性对组织的管理绩效造成明显的损害。

表6-7　捐赠行为差异对外部治理机制有效性的影响

变量	业务活动成本率				管理费用率			
	多样化高	多样化低	持续率小	持续率大	多样化高	多样化低	持续率小	持续率大
	模型1-1	模型1-2	模型1-3	模型1-4	模型2-1	模型2-2	模型2-3	模型2-4
Aduit	0.015* (0.008)	0.022* (0.013)	0.022*** (0.013)	0.033** (0.010)	-0.013** (0.006)	-0.020** (0.006)	-0.013 (0.001)	-0.023*** (0.008)
Debt	0.001 (0.019)	-0.137* (0.081)	-0.148*** (0.050)	-0.034 (0.040)	0.007 (0.017)	0.075* (0.046)	0.016* (0.030)	0.069 (0.052)
Pccsf	0.006 (0.010)	0.009 (0.012)	0.023* (0.014)	-0.015 (0.019)	-0.012* (0.08)	-0.022*** (0.007)	-0.026*** (0.009)	-0.001 (0.014)
Size	-0.002** (0.001)	-0.002* (0.001)	-0.003* (0.002)	-0.002 (0.001)	0.002* (0.001)	0.001* (0.001)	0.001 (0.001)	0.001 (0.001)

续表

变量	业务活动成本率				管理费用率			
	多样化高	多样化低	持续率小	持续率大	多样化高	多样化低	持续率小	持续率大
	模型1-1	模型1-2	模型1-3	模型1-4	模型2-1	模型2-2	模型2-3	模型2-4
Age	0.001 (0.005)	0.015 (0.013)	0.018 (0.013)	-0.002 (0.012)	-0.005 (0.004)	0.007* (0.005)	-0.011* (0.008)	0.007 (0.007)
Area	0.014 (0.016)	-0.017* (0.012)	0.000 (0.019)	-0.018* (0.012)	-0.015 (0.015)	-0.003 (0.008)	-0.016* (0.012)	0.009 (0.010)
Cont	0.018 (0.019)	0.019 (0.015)	0.029* (0.017)	0.025** (0.013)	0.005 (0.009)	-0.024** (0.010)	-0.014 (0.011)	-0.018* (0.011)
Year	Yes	Yes	Yes	Yes	Yes	Yes	Yes	Yes
Industry	Yes	Yes	Yes	Yes	Yes	Yes	Yes	Yes
C	0.964*** (0.026)	0.980*** (0.026)	0.959*** (0.042)	0.989*** (0.023)	0.033 (0.023)	0.038** (0.018)	0.062** (0.025)	0.019 (0.022)
R^2	0.051	0.087	0.116	0.082	0.059	0.124	0.105	0.101
$A-R^2$	0.024	0.042	0.063	0.028	0.015	0.081	0.053	0.047
F值	0.94*	1.78**	2.21**	1.55*	1.64**	2.91***	1.99**	1.90**
样本量	245	235	198	197	245	235	198	197

注：*、**、***分别代表10%、5%和1%的显著性水平；（）中为标准误，均经过White异方差修正。

第六节　稳健性检验

出于本章研究结果具有一定稳健性的考虑，还进行了以下检验：一是对于外部审计与绩效之间的关系，借鉴张立民等（2012）的做法，剔除会计师事务所排名，即外部审计质量发生变化的样本重新检验；二是对于债权人与绩效之间的关系，借鉴杰格斯和维索尔伦（2006）的研究，将债权人变量按照企业基金会是否进行负债融资定义为哑变量（有负债的企业基金会样本赋值为1，否则为0）重新检验；三是对于外部治理机制有效性，将外部审计和债权人等外部治理特征变量均放入模型中重新检验。上述检验均没有对前面结果造成实质性影响，说明本章所得结论具有一定的稳健性。

表6－8给出了企业基金会外部审计治理有效性的稳健性检验结果。其中，表6－8中的模型1－1至模型1－3给出剔除审计质量发生变化样本的企业基金会外部审计质量变量（Aduit）与业务活动成本率（Prora）之间关系的回归结果，结果显示，企业基金会外部审计变量与业务活动成本率正相关，且均达到1%的显著性水平，这表明企业基金会选择百强事务所，业务成本率越高，意味着高质量的外部审计越能够发挥治理效用；而从发起企业性质的影响来看，非国有企业背景的基金会选择百强事务所时，业务成本率越高，意味着高质量的外部审计越可能在非国有企业背景的基金会中发挥治理效用。模型2－1至模型2－3给出剔除外部审计质量发生变化样本的企业基金会外部审计变量（Aduit）与管理费用率（Admin）之间关系的回归结果，结果显示，企业基金会外部审计变量与管理费用率负相关，且均达到1%的显著性水平，这表明企业基金会选择百强事务所时，管理费用率越低，意味着高质量的外部审计越具有治理效用。从发起企业性质的影响来看，国有企业背景和非国有企业背景的基金会选择百强事务所都会降低管理费用率，且在非国有企业背景的基金会中更加明显，意味着高质量的外部审计能够显著降低两种企业背景的基金会的管理费用率，但在非国有企业中更加有效。总之，高质量的外部审计能够在企业基金会治理中发挥治理效用，尤其是在非国有企业背景的基金会中。这些检验结果均与前面一致，表明所得结果是具有稳健性的。

表6－8　外部审计有效性稳健性回归结果

变量	业务活动成本率			管理费用率		
	全样本	国有背景	非国有背景	全样本	国有背景	非国有背景
	模型1－1	模型1－2	模型1－3	模型2－1	模型2－2	模型2－3
Audit	0.026*** (0.009)	0.032 (0.023)	0.028*** (0.009)	－0.016*** (0.005)	－0.011** (0.014)	－0.033** (0.005)
Pccsf	0.005 (0.011)			－0.012* (0.007)		
Size	－0.002** (0.001)	0.005 (0.004)	－0.003*** (0.001)	0.001** (0.001)	－0.001 (0.002)	0.001** (0.001)

续表

变量	业务活动成本率			管理费用率		
	全样本	国有背景	非国有背景	全样本	国有背景	非国有背景
	模型 1－1	模型 1－2	模型 1－3	模型 2－1	模型 2－2	模型 2－3
Age	0.008 (0.008)	－0.010 (0.016)	0.011 (0.009)	0.001 (0.004)	－0.001 (0.009)	0.003 (0.004)
Area	－0.005 (0.010)	－0.060* (0.031)	0.003* (0.008)	－0.010 (0.009)	0.022* (0.017)	－0.018* (0.011)
Cont	0.022* (0.012)	－0.018 (0.031)	0.029** (0.013)	－0.013* (0.008)	0.011 (0.018)	－0.017** (0.008)
Year	Yes	Yes	Yes	Yes	Yes	Yes
Industry	Yes	Yes	Yes	Yes	Yes	Yes
C	0.961*** (0.019)	0.944*** (0.057)	0.958*** (0.023)	0.044*** (0.016)	0.011 (0.031)	0.053*** (0.019)
R^2	0.042	0.142	0.053	0.051	0.122	0.055
$A-R^2$	0.018	0.050	0.026	0.027	0.028	0.027
F 值	1.50*	1.47*	2.46***	3.17***	1.80*	2.13**
样本量	411	94	317	411	94	317

注：*、**、*** 分别代表 10%、5% 和 1% 的显著性水平；( ) 中为标准误，均经过 White 异方差修正。

表 6－9 给出了企业基金会债权人治理有效性的稳健性检验结果。其中，表 6－9 中的模型 1－1 至模型 1－3 给出转换为哑变量的企业基金会债权人变量（Debt）与业务活动成本率（Prora）之间关系的回归结果，结果显示，企业基金会债权人变量与业务活动成本率负相关，且均达到 5% 的显著性水平，这表明企业基金会通过负债获取资金时，业务成本率低，意味着债权人不仅没有发挥治理效用，反而明显降低了基金会的业务活动支出；而从发起企业性质的影响来看，国有企业背景的企业基金会债权人变量与业务活动成本率达到 5% 的显著性负相关水平，意味国有企业背景的基金会通过负债获取资金时，业务活动成本率降低的可能性更大。模型 2－1 至模型 2－3 给出转换为哑变量的企业基金会债权人变量（Debt）与管理费用率（Admin）之间关系的回归结果，结果显示，企业基金会债权人变量与管理费用率正相关，且均达到 5% 的显著性水平，这表明企业基金会通过负债获取资金时，

管理费用率高，意味着债权人不仅没有发挥治理效用，反而明显提升了基金会的管理费用。从发起企业性质的影响来看，国有企业背景的基金会债权人变量与管理费用率达到10%的显著性正相关水平，意味着国有企业背景的基金会通过负债获取资金时，管理费用率提升的可能性更大。从总体上来看，通过负债引入债权人参与治理不仅没有提升基金会绩效，反而对其造成损害，尤其是在国有企业背景的基金会中更是如此。这些稳健性检验结果均与前面一致，表明所得结果是具有稳健性的。

表6－9　　　　债权人治理有效性稳健性回归结果

变量	业务活动成本率			管理费用率		
	全样本	国有背景	非国有背景	全样本	国有背景	非国有背景
	模型1－1	模型1－2	模型1－3	模型2－1	模型2－2	模型2－3
Debt	－0.014** (0.007)	－0.027** (0.012)	－0.009 (0.008)	0.011** (0.005)	0.014* (0.008)	0.009 (0.005)
Pcesf	0.009 (0.009)			－0.016*** (0.006)		
Size	－0.001 (0.001)	0.007* (0.004)	－0.002** (0.001)	0.001 (0.001)	－0.003 (0.003)	0.001* (0.001)
Age	0.006 (0.006)	－0.007 (0.013)	0.009 (0.007)	－0.001 (0.003)	－0.005 (0.008)	0.002 (0.004)
Area	0.001 (0.009)	－0.033* (0.022)	0.003 (0.011)	－0.012* (0.008)	0.001 (0.014)	－0.014 (0.010)
Cont	0.022* (0.012)	－0.016 (0.027)	0.028** (0.013)	0.014* (0.008)	0.005 (0.016)	－0.018** (0.009)
Year	Yes	Yes	Yes	Yes	Yes	Yes
Industry	Yes	Yes	Yes	Yes	Yes	Yes
C	0.947*** (0.018)	0.922*** (0.066)	0.950*** (0.020)	0.054*** (0.014)	0.049 (0.042)	0.055*** (0.017)
R^2	0.032	0.139	0.035	0.050	0.066	0.047
$A-R^2$	0.012	0.058	0.012	0.030	0.022	0.024
F值	1.53*	1.89**	1.82**	2.35***	2.18**	1.99**
样本量	480	106	374	480	106	374

注：*、**、***分别代表10%、5%和1%的显著性水平；（）中为标准误，均经过White异方差修正。

表6-10给出了企业基金会外部治理机制有效性的第二种稳健性检验结果。其中，表6-10中的模型1-1至模型1-3给出将企业基金会外部审计（Aduit）和债权人（Debt）变量均放入模型对业务活动成本率（Prora）影响的回归结果，结果显示，从总样本来看，企业基金会外部审计变量与业务活动成本率正相关，且均达到1%的显著性水平，这表明企业基金会选择高质量会计师事务所时，业务活动成本率高，意味着外部审计发挥了治理效用；债权人变量与业务活动成本率负相关，且达到5%的显著性水平，说明企业基金会通过负债获取资金越多，业务活动支出成本率越低。而从不同性质企业背景的企业基金会来看，非国有企业背景的基金会外部审计变量与业务活动成本率正相关，且均达到1%的显著性水平，这说明高质量的外部审计更可能在非国有企业背景的基金会中发挥治理效用；国有企业背景的基金会债权人变量与业务活动成本率负相关，且达到1%的显著性水平，这说明国有企业的基金会通过负债获取资金越多时，业务活动支出降低的可能性越大。模型2-1至模型2-3给出企业基金会外部审计（Aduit）和债权人（Debt）变量均放入模型对管理费用率（Admin）影响的回归结果，结果显示，从总样本来看，企业基金会外部审计变量与管理费用率负相关，且均达到1%的显著性水平，这表明企业基金会选择高质量会计师事务所时，管理费用率低，意味着高质量外部审计发挥了治理效用；债权人变量与管理费用率正相关，且达到5%的显著性水平，说明企业基金会通过负债获取资金多时，提升了管理费用率。而从不同性质企业背景的企业基金会来看，国有企业背景和非国有企业背景的基金会外部审计变量与管理费用率均呈正相关关系，且分别达到5%和1%的显著性水平，这说明高质量的外部审计能在两种性质背景的基金会中降低管理费用率，且在非国有企业背景的基金会中更加明显；国有企业背景的基金会债权人变量与管理费用率正相关，且达到1%的显著性水平，这说明国有企业的基金会通过负债获取资金越多时，管理费用率提升的可能性越大。从总体上来看，企业基金会选择高质量的外部审计能够发挥有效的治理效用，尤其是在非国有企业背景的基金会中。而通过负债引入债权人参与治理不仅没有提升基金会绩效，反而对其造成损害，尤其是在国有企业背景的基金会中更是如此。这些稳健性检验结果均与前面一致，表明所得结果是具有稳健性的。

表 6－10　　外部治理机制有效性稳健性回归结果

变量	业务活动成本率			管理费用率		
	全样本	国有背景	非国有背景	全样本	国有背景	非国有背景
	模型 1－1	模型 1－2	模型 1－3	模型 2－1	模型 2－2	模型 2－3
Aduit	0.001*** (0.008)	0.013 (0.016)	0.025*** (0.007)	－0.015*** (0.005)	－0.012** (0.010)	－0.023*** (0.004)
Debt	－0.072** (0.029)	－0.220*** (0.057)	0.009 (0.019)	0.038** (0.019)	0.099*** (0.036)	0.005 (0.017)
Pccsf	0.008 (0.008)			－0.015*** (0.005)		
Size	－0.002* (0.001)	0.003 (0.004)	－0.003*** (0.001)	0.001* (0.001)	0.001 (0.002)	0.001** (0.001)
Age	0.007 (0.006)	0.005 (0.013)	0.009 (0.007)	－0.001 (0.004)	－0.010 (0.008)	0.003 (0.003)
Area	－0.006 (0.010)	－0.023 (0.024)	－0.002 (0.011)	－0.007 (0.007)	0.004 (0.015)	－0.011 (0.010)
Cont	0.019** (0.010)	－0.006 (0.026)	0.025** (0.012)	－0.012** (0.006)	0.004 (0.016)	－0.016* (0.008)
Year	Yes	Yes	Yes	Yes	Yes	Yes
Industry	Yes	Yes	Yes	Yes	Yes	Yes
C	0.968*** (0.024)	0.961*** (0.073)	0.963*** (0.020)	0.041*** (0.015)	0.014 (0.046)	0.047*** (0.017)
R^2	0.031	0.250	0.050	0.060	0.173	0.048
$A-R^2$	0.027	0.172	0.024	0.038	0.085	0.022
F 值	2.23**	1.72**	2.31**	2.73***	1.98**	1.95**
样本量	480	106	374	480	106	374

注：*、**、*** 分别代表 10%、5% 和 1% 的显著性水平；( ) 中为标准误，均经过 White 异方差修正。

第七节　本章小结

本章从企业基金会及其治理特殊性视角出发，基于利益相关者理论分析了外部审计、债权人等外部治理机制治理有效性的内在机理，以及不同性质企业背景和捐赠行为存有差异的基金会外部治理机制治理有效性的差异，并利用 2011 ~2014 年企业基金会样本给出了实证证据。其中，治理机制的有效性或者说治理效应运用组织绩效衡量，绩效主要利用业务活动成本率和管理费用率两个指标进行测算，外部审计变量主要运用“中注协”百强会计师事务所进行确认，债权人变量利用资产负债率进行测算。

在外部审计治理机制有效性方面，实证结果发现，选择百强事务所的企业基金会拥有更好的绩效，即更高的业务活动成本率，更低的管理费用率。其原因在于：一方面，高质量的外部审计机构可能拥有更为丰富的审计经验，有助于更好地发挥监督作用。相较于低质量的会计师事务所，高质量的会计师事务所不仅可能拥有更为丰富的知识积累和应对复杂情况的经验，而且更不容易受到可能来自发起企业的影响和干预，进而能够更加有效地监督企业基金会的运作。另一方面，高质量的外部审计机构有更强的维护声誉的动力，进而能够更好地发挥监督作用。在同等条件下，一旦会计师事务所出现审计失误或者失败的状况，相较于品牌声誉较低的会计师事务所，品牌声誉越高的会计师事务所的专业性和独立性越可能遭受质疑，进而失去更多的潜在客户，这就使声誉越高的事务所更加有出具高质量审计结果的动力，进而维护自身较高的声誉。因此，出于维护自身声誉的考虑，高质量的会计事务所有意愿且更有能力更好地参与企业基金会治理，提升企业基金会绩效。进一步地，实证结果发现，相较于国有企业背景的基金会，非国有企业背景的基金会选择高质量的外部审计能够获得更好的绩效。另外，实证结果还发现，相较于捐赠项目多样化程度高和持续率小的企业基金会，捐赠项目多样化程度低和持续率大的企业基金会选择高质量的外部审计能够获得更好的绩效。其原因可能是：因为履行社会责任的动机、目标、内容等方面存在差异，在我国特殊制度背景下，国有企业比非国有企业和捐赠行为多样化程度高、持续率小的企业基金会的发起企业有更强地参与企业基金会治理的意愿和力度，这会对外部审计在国有企业背景和捐赠行为多样化程度高、持续率小的企业基金会中发挥治理效用产生一定的“挤出效应”。

在债权人治理机制有效性方面，实证结果发现，企业基金会资产负债率与业务活动成本率显著负相关，而与管理费用率显著正相关。其原因可能在于：一方面可能是企业基金会负债比率普遍较小，通过负债获取资金不仅不足以缓解企业基金会对发起企业的资源依赖，进而无法抑制企业基金会对发起企业的约束，且因固有的还本付息的特性使负债对企业基金会投入公益业务的资源产生挤出效应，且分配在管理费用中而提高管理费用率。另一方面，企业基金会负债比率较小，这也可能意味着债权人监督企业基金会运作的动力和能力较弱。进一步地，实证结果发现，国有企业背景的基金会通过负债获取资金对绩效造成的负面影响更加明显。另外，实证结果还发现，相较于持续率大的企业基金会，捐赠项目持续率小的企业基金会通过负债获取资金对绩效造成的负面影响更加明显。其原因可能在于：在国有企业和捐赠项目持续率小的企业基金会的发起企业有着更强的参与企业基金会治理的意愿情况下，债权人更可能因国有企业参与治理对其产生“挤出效应”而难以发挥治理效用，进而负债固有的还本付息的特性被放大，对组织绩效产生负面影响。

本章研究结论可能具有的理论和实践意义在于：在理论意义方面，从企业基金会及其治理特殊性出发，考察企业基金会外部治理机制对其绩效的影响，不仅补充了企业基金会及其治理研究，而且拓展了社会组织外部治理的研究；从不同性质企业因不同的慈善动机而存有不同的参与企业基金会治理的意愿与力度的视角考察了不同性质企业背景的企业基金会外部治理机制有效性的差异，不仅丰富了企业慈善活动动机的研究，而且丰富了外部治理机制间关系的研究。在实践意义方面，研究结论不仅能够为企业基金会从强化外部约束入手寻找提升组织运作绩效的途径提供经验证据，而且为企业基金会更为合理地选择获取资金的途径提供依据。首先，企业基金会应当尽可能地选择高质量的外部审计，如百强会计师事务所，尤其是非国有企业背景和捐赠行为多样化程度低、持续率大的企业基金会。而对于国有企业背景和捐赠行为多样化程度高、持续率小的企业基金会，选择高质量的外部审计固然重要，但应在确保发起企业适度参与基金会治理的前提下。其次，企业基金会应当慎重地对待通过负债获取资金的途径，尤其是国有企业背景和捐赠项目持续率小的企业基金会。

| 第七章 |

研究结论、启示、不足与未来展望

第一节 研究结论

由营利性企业长期化且专业化地间接从事慈善活动而设立的企业基金会日益成为我国慈善事业中的重要组成部分。然而，自其诞生起就饱受质疑。其主要原因就在于，企业基金会作为公共物品和服务的重要提供者，具有其他非营利组织拥有的特征，即正式化、私人化、非利润分配、自主管理、志愿服务五个特征，生存于社会组织需求和企业经济利益需求的结合地带。这自然就使企业基金会本应持有的公益本性遭受一定质疑，即可能成为营利性企业实现慈善动机的工具，甚至沦为其附庸。虽然从法律意义上讲，企业基金会是独立承担民事责任的法人组织，就组织宗旨角度而言，与其他类型的非公募基金会并无差别，但因其与营利性发起企业存在紧密关系，而表现出同由非营利性个人、团体或者组织发起设立的其他类型非公募基金会不一样的特征，如企业基金会的运作资金主要依赖营利性企业、理事会成员大多是发起企业的高管等。这些差异的存在引发本书第一个研究问题，即企业基金会与其他类型非公募基金会之间表现出怎样的行为和绩效差异？另外，在不同性质企业参与慈善活动的动机、目标等方面存有差异的情况下，拥有不同性质企业背景的企业基金会又会表现出怎样的行为和绩效差异？进一步地，对于营利性企业而言，合理设计治理体系能够提升组织决策的科学性，对于企业基金会也不例外。虽然同其他类型基金会一样，企业基金会不仅具有“所有者缺位”的共性，而且具备“非分配约束”这一最突出的特点，而不存在所有权与控制权分离的代理问题，但存在着捐赠人与决策人、决策人与管理者之间的代理问题。同时，因为企业基金会拥有双重组织身份，一种身份是独立的法人组织，另一种身份则是服务于发起企业的战略慈善的组织，这使企业基金会面临的治理问题更具特殊性，如在运作过程中受发起企业的约束和控制而缺乏自主性，使企业基金会决策缺失公平性等。在这种情况下，构建有效的内外部治理机制，保障其他利益相关者参与治理对于企业基金会的良好运作至关重要。那么，面对这样一种企业基金会极具特殊性的跨社会性与经济性的组织，本书研究的第三个问题是，企业基金会诸如理事会、监事会、外部审计、债权人等内外部治理机制是否具有治理效应，以及如何发挥治理效应？进一步地，将发起企业视为企业基金会外部利益相关主体，也可以说是治理主体，在两种性质企业因存有不同的慈善动机和目标而对参与其设立的基金会治理的意愿和力度存有差异的情况下，这引发了另一研究问题，即这些内外部治理机制在拥有国有企业和非国有企业背景的企业基金会中发挥的治理效用存在怎样的不同？同时，捐赠行为存有差异的企业基金会的发起企业治理参与的意愿和力度也会存在不同，这引发了又一研究问题，即这些内外部治理机制在捐赠行为特征不同的企业基金会中发挥的治理效用存在怎样的不同？

针对以上研究问题，本书研究结果表明，相较于其他类型非公募基金会，企业基金会的捐赠行为与绩效均存有特殊性，意味着营利性企业参与基金会运作是一把“双刃剑”，即企业基金会实际上是发起企业实现其基于经济性或者政治性考虑的慈善活动动机的代理人，同时发起企业会参与企业基金会治理，或者监督基金会的运作。深入企业基金会层面，拥有不同性质企业背景的企业基金会的捐赠行为与绩效也有区别。进一步地，考察企业基金会理事会、监事会、外部审计、债权人等内外部治理机制的有效性，发现各个机制发挥的治理效应存有差异。而且在不同性质企业背景和捐赠行为特征不同的企业基金会中，治理机制的治理效应也存有差异，意味着发起企业参与基金会治理会对其造成“挤出”效应。具体而言，有以下内容。

（一）企业基金会表现出“广撒网”的捐赠行为特殊性，即资助项目多样化和非关联性，尤其是国有企业背景的基金会更为凸显

在捐赠行为方面，实证结果发现，企业基金会与其他类型非公募基金会之间的捐赠行为存在差异，表现为资助项目更多，资助项目持续率更低，说明企业基金会的确是发起企业从事慈善活动的真正代理人。从资源依赖理论和委托代理理论视角来看，企业基金会在运作过程中不仅要应对发起企业的慈善动机，而且可能受到其行为干预，进而表现出具有特殊性的捐赠行为。具体而言，一方面，营利性企业面临更多利益相关者群体的利益诉求，如解决大量消费者和员工面临的以及政府方面希望由企业出面解决的各种社会问题，并且有着营造良好形象或者声誉的强烈意愿，进而有进行利益相关者管理、形象管理等方面的慈善动机，这就使企业基金会的捐赠行为表现出资助项目多的特殊性；另一方面，营利性企业通过从事基于市场或者政治目的考虑的慈善活动而获取具有承诺性社会支持的可能性不大，这就意味着企业更可能追求一种象征性关联价值，通俗地讲就是向外界传达“做了”慈善的信号。而且，这种能够获得社会支持的象征性关联价值比任何一种特定的捐赠行为产生的影响力持续时间更长。那么，企业基金会在应对发起企业进行利益相关者管理、形象管理等动机的过程中，更可能会动态地更换资助项目，继而拥有较低的资助项目持续率。

另外，在我国制度背景下，不同性质的企业从事慈善活动动机、目标、内容等的不同使不同类型企业基金会的捐赠行为存有差异。一方面，国有企业是国家所有制的主要体现形式，这意味着国有企业在从事慈善活动的过程中，不仅拥有经济性方面的目标，更可能拥有政治性方面的目标，而非国有企业从事慈善活动的动机更可能仅限于经济性方面，这可能意味着相较于非国有企业，国有企业需要满足更多利益相关者群体的利益诉求，以及维护更好的形象或者声誉；另一方面，由于国有企业具有履行社会责任的天然属性，因而基于市场或者政治的考虑从事慈善活动更不可能获得具有承诺关系的社会支持，这使国有企业可能更加注重象征性价值的获取。由此，在应对发起企业从事慈善活动动机和受到其行为干预的过程中，相较于非国有企业发起设立的基金会，国有企业发起设立的基金会的资助项目更多，且项目持续率更低。

（二）企业基金会拥有更好的组织绩效，且国有企业背景的基金会绩效更优

在绩效特殊性方面，实证结果发现，企业基金会比其他类型非公募基金会的绩效更好，即拥有更高的业务活动成本率、更低的管理费用率。从资源依赖理论和委托代理理论视角来看，较之于其他类型非公募基金会，一方面

企业基金会不仅能够从发起企业获取运作资金、硬件支持（办公设场所或者设备）等有形资源，还能够获得更加丰富的管理经验、技术支持、竞争经验等无形资源。同时，在存有紧密关系的组织间会发生知识转移的情况下，企业基金会还能获得更为有效的控制成本的经验方法；另一方面，因企业基金会的良好运作能够为发起企业带来潜在的无形或者有形收益，这使发起企业有更强的监督，或者说参与企业基金会治理的意愿和力度，同时企业拥有抑制管理者机会主义行为更为丰富的经验，这些都使企业基金会表现出比其他类型非公募基金会更好的绩效水平。

另外，不同性质企业慈善动机、目标、内容等的不同也使不同性质企业背景的企业基金会的绩效存有差异，主要体现在国有企业背景的企业基金会管理费用率比非国有企业背景的企业基金会更低。其原因可能在于国有企业比非国有企业有更强地参与企业基金会治理的意愿。与非国有企业在从事慈善活动过程中更加注重经济性利益的实现不同，国有企业不仅要关注经济性利益的实现，还要考虑政治性利益的达成，甚至政治性方面的考虑要超过经济性利益。企业基金会运作低效，不单单意味着企业资源的无效配置，而且在我国制度背景下，一旦企业基金会出现不良运作，必然会对发起企业及其管理者的声誉、形象等方面造成不好的影响，这不仅会对发起企业的经济性利益产生负面影响，而且也更可能对国有发起企业高管的政治性方面的利益造成损害，且政治性方面利益受损所付出的代价可能要远高于经济性方面利益受损所付出的代价，如政治生涯的终结。同时，对于国有企业而言，企业基金会良好的运作能够向政府传递一种发起企业是实现国家福利事业的良好代理人的信号，进而可以为国有企业高管晋升、获得政策优惠等增添筹码，这也会使国有企业可能有较强的意愿参与企业基金会治理。

（三）理事会作为内部治理机制能够较好地发挥治理效用，且在非国有企业背景，以及捐赠项目数量较少和持续率较大的基金会中更加有效

在理事会治理机制有效性方面，实证结果发现，理事会规模越大的企业基金会拥有更好的绩效，即更高的业务活动成本率、更低的管理费用率，尤其在非国有企业背景的企业基金会中更为凸显。其原因可能在于：一方面，理事会规模较大有助于促进企业基金会决策公平性。在企业基金会可能沦为发起企业实现慈善动机的工具而欠缺决策公平的情况下，规模较大的理事会

在做出组织公益决策时更可能出现是否考虑发起企业的利益，甚至将其放在首位的观点“碰撞”，而不容易受到发起企业的约束与控制。同时，在企业基金会的理事会被冠以公益名声的前提下，规模较大的理事会中的成员如果一味地服务于发起企业的利益，可能受到更大的声誉压力。除此之外，规模较大的理事会能够代表更多利益相关者的利益。另一方面，较大规模的理事会拥有更为丰富的认知和经验。对于大多来源于营利性发起企业高管团队的理事会成员来说，他们更可能拥有丰富的获取经济性利益的经营管理、危机处理与监督等方面的经验，而对于如何做好社会性慈善的经验可能相对较为缺乏，所以在较大规模的理事会中，成员拥有的知识和信息涉及面更广，能够产生更强的互补性，这就使较大规模的理事会能够更为有效地进行决策和监督。进一步地，实证结果发现，相较于国有企业背景的基金会，非国有企业背景的基金会理事会规模越大、绩效越好。另外，实证结果还发现，相较于捐赠项目多样化程度高和持续率小的企业基金会，捐赠项目多样化程度低和持续率大的企业基金会理事会规模越大，绩效越好。其原因可能是：因为履行社会责任的动机、目标、内容等方面存在差异，国有企业比非国有企业，以及捐赠项目多样化程度低和持续率大的企业基金会的发起企业有更强地参与企业基金会治理的意愿和力度，这使国有企业背景，以及捐赠项目多样化程度高和持续率小的基金会理事会的自主性受到更大的影响，甚至丧失组织决策和监督的“话语权”，从而无法对组织绩效产生影响。

而女性理事比例与组织绩效之间没有显著的相关关系，但有对组织绩效造成负面影响的倾向。一方面，虽然在女性理事更为关注履行社会责任的情况下，理事会中引入女性理事能够促使企业基金会更为倾向于以真正的组织社会公益价值最大化为目标进行运作，但受限于我国女性长期受“男主外，女主内”“三从四德”的思想观念影响，存在明显的顺从、缺乏主见，不愿意承担风险、保守等特点，这有可能导致企业基金会的理事会在决策过程中更容易受到发起企业的约束，进而降低企业基金会的决策公平性，不利于组织绩效的提升；另一方面，女性理事能够发挥积极作用的常常依赖于理事会中存在较多的女性成员。但从目前企业基金会理事会中女性成员数量和所占比例来看，男性理事仍旧占据绝大多数，那么，这意味着女性理事在决策过程中很难获得话语权，无法对理事会的决策产生影响。

在监事会治理机制有效性方面，实证结果发现，监事会规模以及女性监事比例与组织绩效之间均没有显著的相关关系，且均有对组织绩效产生负面影响的倾向。其可能的原因在于：一是监事会与发起企业和企业基金会理事会之间存在很强的依附关系，监事会更可能服务于发起企业的慈善动机，无法保证其监管独立性；二是监事会的规模远远小于理事会规模，在企业基金会更可能被发起企业约束和控制的情况下，无法起到监督的效果，甚至可能产生一定的负面影响。同时，女性监事同样存在上述女性理事的特点，这使女性监事也无法发挥有效的监督作用，尤其是在人数较少的情况下发挥监督作用的可能性更小。

（四）高质量的外部审计能够提升企业基金会组织绩效，且在非国有企业背景，以及捐赠项目数量较少和持续率较大的基金会中更加有效

在外部审计治理机制有效性方面，实证结果发现，选择百强事务所的企业基金会拥有更好的绩效，即更高的业务活动成本率、更低的管理费用率。其原因在于：一方面，高质量的外部审计机构可能拥有更为丰富的审计经验，有助于发挥更好的监督作用。相较于低质量的会计师事务所，高质量的会计师事务所不仅可能拥有更为丰富的知识积累和应对复杂情况的经验，而且更不容易受到可能来自发起企业的影响和干预，进而能够更加有效地监督企业基金会的运作。另一方面，高质量的外部审计机构有更强的维护声誉的动力，进而能够更好地发挥监督作用。在同等条件下，一旦会计师事务所出现审计失误或者失败的状况，相较于品牌声誉较低的会计师事务所，品牌声誉越高的会计师事务所的专业性和独立性越可能遭受质疑，进而失去越多的潜在客户，这就使声誉越高的事务所越有出具高质量审计结果的动力，进而维护自身较高的声誉。因此，出于维护自身声誉的考虑，高质量的会计事务所有意愿且更有能力更好地参与企业基金会治理，提升企业基金会绩效。进一步地，实证结果发现，相较于国有企业背景的基金会，非国有企业背景的基金会选择高质量的外部审计能够获得更好的绩效。另外，实证结果还发现，相较于捐赠项目多样化程度高和持续率小的企业基金会，捐赠项目多样化程度低和持续率大的企业基金会选择高质量的外部审计能够获得更好的绩效。其原因可能是：因为履行社会责任的动机、目标、内容等方面存在差异，在我国制度背景下，国有企业比非国有企业，以及捐赠行为多样化程度高和持续率小的企业基金会的发起企业有更强地参与企业基金会治理的意愿和力度，这会对外部审计在国有企业背景，以及捐赠行为多样化程度高和持续率小的企业基金会中发挥治理效用产生一定的“挤出”效应。

（五）通过负债获取资金有损于企业基金会组织绩效，尤其在国有企业背景和捐赠项目持续率较小的基金会中负债的负面影响更大

在债权人治理机制有效性方面，实证结果发现，企业基金会资产负债率与业务活动成本率显著负相关，而与管理费用率显著正相关。其原因可能在于：一方面可能是企业基金会负债比率普遍较小，通过负债获取资金不仅不足以缓解企业基金会对发起企业的资源依赖，进而无法抑制企业基金会对发起企业的约束，且因固有的还本付息的特性使负债对企业基金会投入公益业务的资源产生“挤出”效应，且分配在管理费用中而提高管理费用率。另一方面，企业基金会负债比率较小，这也可能意味着债权人监督企业基金会运作的动力和能力较弱。进一步地，实证结果发现国有企业背景的基金会通过负债获取资金对绩效造成的负面影响更加明显。另外，实证结果还发现，相较于持续率大的企业基金会，捐赠项目持续率小的企业基金会通过负债获取资金对绩效造成的负面影响更加明显。其原因可能在于：在国有企业和捐赠项目持续率小的企业基金会的发起企业有着更强地参与企业基金会治理的意愿情况下，债权人更可能因国有企业参与治理对其产生“挤出”效应而难以发挥治理效用，进而负债固有的还本付息的特性被放大，对组织绩效产生负面影响。

第二节 启示意义

整体而言，本书加深了对跨经济性和社会性的企业基金会及其治理的理论上的认识，而且能够为企业基金会的健康发展提供有益借鉴。

一、理论启示

（一）从资源依赖理论和委托代理理论视角剖析企业基金会的捐赠行为与绩效的特殊性，丰富经济性组织与社会性组织交叉领域的研究

企业基金会是由营利性企业发起设立的社会组织，不仅具有一般基金会所拥有的非分配约束、公益性等方面的非营利组织共性，更具有其特殊性，即与营利性企业存在紧密关系而成为跨经济性与社会性的边界组织。因为这种特殊性的存在，从资源依赖理论和委托代理理论视角来看，相较于由大学、医院等非营利属性的个体或者组织设立的基金会，企业基金会在有形（资金、物品）和无形资源（管理经验）获取方面更具优势，以及受到更强的监督意愿与力度，进而能够获得更好的组织绩效，但同时企业基金会的行为也可能受到发起企业慈善目的之外的额外动机的影响而表现出特殊性，如满足多种利益相关者群体的利益诉求、进行形象管理等。本书基于企业基金会及其治理的特殊性，从资源依赖理论、委托代理理论等视角出发，研究发现企业基金会同其他类型非公募基金会存有不同的行为特征和绩效水平，即捐赠行为表现出多样化和非关联性，以及更高的业务活动成本率和更低的管理费用率，这不仅丰富营利性企业从事慈善活动的研究，而且丰富经济性组织与社会性组织交叉领域的研究。

（二）考察不同性质企业背景基金会之间的捐赠行为与绩效差异，拓展营利性企业参与慈善事业动机的研究

先前相关研究大多认为，满足利益相关者的利益诉求，进而获得经济利益的动机是企业从事慈善活动主要考虑的因素。之后，有研究根据我国的制度背景考察发现，不同性质的企业从事慈善活动的动机、目标等方面存有差异。在我国的制度背景下，国有企业与民营企业拥有不同的资源禀赋，相较于国有企业，民营企业资源相对匮乏，为了获取更多的资源，民营企业从事慈善活动的动机更偏向于经济性动机。而国有企业作为政府的合法代理，从建立时被赋予履行社会责任的应当性，不仅存在经济性动机，还包括政治性动机，甚至政治性方面的动机要强于经济性方面的动机。这些就可能使两种性质的企业对其设立的基金会的支持、监督以及干预等存有差异，进而表现出不同的捐赠行为和绩效。本书研究发现拥有不同性质企业背景的企业基金会存有不同的行为特征和绩效水平，不仅丰富企业基金会的研究，而且拓展营利性企业参与慈善事业动机的研究。

（三）从利益相关者理论视角挖掘企业基金会内外部治理机制的治理效用，深化企业基金会治理研究

在公司治理向社会组织治理转型的过程中，企业基金会治理研究成为重要的研究议题。设计相适宜的企业基金会治理机制，保障企业基金会健康发展成为企业基金会治理研究中的重中之重。尽管有少量文献涉及企业基金会治理问题的研究，但大多局限于定性分析，而未有研究系统性地采用定量研究，更未有研究基于企业基金会治理特殊性考察其内外部治理机制的有效性。另外，作为极具特殊的跨经济性与社会性的边界组织，企业基金会拥有双重身份，一种是独立的法人组织身份，另一种是服务于发起企业慈善动机的组织身份，而使其面临更为复杂的治理问题：一方面是委托人与代理人之间的代理问题，另一方面是营利性发起企业的约束和控制问题。这就使除发起企业之外的，诸如理事会、监事会、外部审计等利益相关者参与治理显得尤为重要。本书进一步研究发现企业基金会内外治理机制对绩效存在影响，如理事会规模较大，选择高质量的外部审计等企业基金会的绩效更好，深化企业基金会治理研究。

（四）考察发起企业参与治理对企业基金会治理机制治理效应的影响，拓展治理主体间关系的研究

发起企业作为企业基金会外部利益相关主体，为了维护自身利益不受损害，存有参与基金会治理的意愿的权力，这会对其他治理机制的治理效用产生影响。同时，在不同性质企业存有不同的履行社会责任动机、目标等情况下，国有企业与非国有企业参与基金会治理的意愿和力度可能存在差异，这就会使在国有企业和非国有背景的基金会中，内外部治理机制的治理效用存在差异。另外，捐赠行为特征不同的企业基金会的发起企业也存有不同的参与治理的意愿和力度，这也会使它们之间的内外部治理机制的治理效用存有差异。本书研究发现，在拥有不同性质企业背景和捐赠行为特征不同的企业基金会中，理事会、外部审计等内外部治理机制对组织绩效的影响存在差异，也就是说，发起企业作为企业基金会的外部治理主体对其他企业基金会治理机制发挥治理效用造成“挤出”效应，如国有企业背景，以及捐赠项目数量较多和持续率较小的基金会理事会难以发挥治理效用，拓展企业基金会治理主体间关系的研究。

二、实践启示

（一）发起企业加大支持企业基金会运作力度的同时，适度参与企业基金会治理，最大化经济性组织参与社会性事务的优势

企业基金会作为营利性企业长期性和专业化地从事慈善活动的间接途

径，不仅能够从发起企业获取运作资金、办公设备等有形资源，而且可以获得丰富的管理、危机处理、成本控制等方面的无形资源，这都有助于企业基金会更为有效地实现公益使命。根据上述理论分析与实证结论，从营利性企业角度给出建议，营利性企业应当在加大支持企业基金会运作力度的同时，适度参与企业基金会治理，发挥经济性组织参与社会性事务的优势。一方面，发起企业应当减少对基金会的行为干预，不应当将基金会视为其实现慈善动机的工具；另一方面，发起企业应当发挥适度的监督作用，防止其过度参与基金会治理对其他治理机制造成“挤出”效应。

（二）企业基金会需要优化理事会、监事会建设，加强履行职能的自主性

理事会作为企业基金会运作的核心，肩负着决策与监督的双重职能。鉴于规模较大的理事会不仅能够代表更多利益相关者的利益，而且拥有更加丰富和互补的经验，同时又不容易受到发起企业约束和控制，根据本书相关研究结论，建议企业基金会通过适度地增加理事会人数、减少来源于发起企业的成员、因需引入女性理事等途径，优化理事会建设，加强其履行职能的自主性，进而提供更为科学的组织决策。而监事会作为企业基金会内部监督主体，为提高其治理效应，根据本书相关研究结论，建议企业基金会通过适当地增加监事会人数、引入社会公众代表等途径降低监事会对发起企业的依附，增强监督自主性和监督动机，提升组织绩效。另外，对于国有企业背景，以及捐赠项目较多和持续率较小的基金会而言，应当在规范发起企业适度地参与治理的前提下，进一步优化理事会、监事会建设，防止发起企业对理事会、监事会发挥治理效用造成“挤出”效应。

（三）企业基金会应勇于聘用高声誉会计师事务所，强化外部约束

目前企业基金会的外部审计现状参差不齐，一些基金会甚至没有聘用会计师事务所进行审计。然而，根据本书相关研究结论发现，会计师事务所作为独立的外部审计机构，能够改善企业基金会的治理，提升组织绩效，降低代理成本。因此，企业基金会因尽可能地聘用声誉较高的会计师事务所，不仅能够向外界传递组织良好运作的信号，也可以揭露组织运作中的问题和隐患，促进组织更好的发展。另外，对于国有企业背景，以及捐赠项目较多和持续率较小的基金会而言，选择高质量的外部审计固然重要，但应在确保发

起企业适度参与基金会治理的前提下，防止发起企业对高质量外部审计治理效用造成“挤出”效应。

（四）企业基金会应当选择适宜的融资渠道，合理配置组织资源

理论上讲，通过负债获取资金能够引入债权人这一外部利益相关者参与企业基金会治理，为监督组织运作提供一份力量。但根据本书研究结论，企业基金会因为对发起企业存有高度依赖，债权人不仅难以发挥监督作用，更可能因负债具有的还本付息的特性使组织资源无法得到有效配置，具体表现为对用于业务支出的资金产生“挤出”效应，并分摊在管理费用上。因此，企业基金会因根据自身情况选择适宜的融资渠道，对通过负债获取资金的途径应当保有慎重态度，着力于通过增强自身“造血”能力获取运作资金，尤其是国有企业背景和捐赠项目持续率较小的基金会。

（五）政府及监管部门着力完善相关制度，提供更适于企业基金会发展的外部环境

政府及监管部门应推进企业基金会相关制度的完善，提供更适于企业基金会健康发展的外部环境。首先，针对企业基金会理事会和监事会规模普遍偏小的情况，监管部门应当进一步完善企业基金会理事会、监事会等制度；其次，对于目前企业基金会外部审计大多是自愿性的情况，政府相关部门可以推进企业基金会的强制性外部审计制度；最后，对于目前企业基金会信息披露不完善的情况，政府及监管部门应当进一步规范企业基金会信息披露制度等。

第三节　研究不足与未来展望

尽管本书突破了传统上认为非营利组织仅具有单一边界的研究，为研究跨社会性与经济性的企业基金会这一边界组织打开突破口，尽可能地抛砖引玉，从考察其捐赠行为与绩效特殊性的视角提供了企业基金会是发起企业实现慈善动机的真正代理人，以及发起企业有参与基金会治理动力的证据，并进一步探究企业基金会内外部治理机制的有效性，为构建完善的企业基金会治理体系提供有益借鉴，但本书也仅是一些探索性研究，关于企业基金会的更为深入、更加精彩的内容并未研究。

本书所指的企业基金会仅限于由单一企业发起设立的非公募基金会，而对由企业家发起设立的基金会没有涉及。随着民营企业，尤其是家族企业的向前发展，都不可避免地面临换代问题，也就是企业“传承”必然是未来理论界与实践界关注的重点议题之一。而且，我国已有企业家利用设立基金会的方式传承的案例，如“河仁基金会”“老牛基金会”“熠辉基金会”等。这类基金会不仅与企业家所在的企业存有关联，而且牵涉企业家自身财富传承问题，可能不仅受到企业组织层面的影响，而且受到企业家个体层面的影响，进而可能更具复杂性。因此，企业家基金会也极具研究价值，可作为下一步研究的重点。

本书从企业基金会组织层面，以发起企业与其之间拥有紧密关系而拥有治理特殊性为研究视角，基于资源依赖理论和委托代理理论，剖析并实证检验了因营利性发起企业的存在，企业基金会表现出的捐赠行为与绩效特殊性，并未就企业基金会的运作如何影响发起企业进行深入研究。因为本书考察的企业基金会的发起企业大多属于非上市公司，囿于信息披露不完整，无法获取发起企业具体的经营行为、业绩等方面的信息，所以无法进一步考察企业基金会的运作对发起企业的影响。待未来企业信息披露制度的逐步完善，非上市公司也能够如上市公司一样有较为完整的信息披露，从发起企业组织层面，实证考察其间接从事慈善活动的具体后果，如经营业绩等必然成为研究的另一个重点。另外，对于捐赠行为仅限于探讨基金会项目数量和持续率之间的差异，以及不同行为特征对企业基金会内外部治理机制效应的影响，没有深入探究更为具体的捐赠行为特征，以及其对组织绩效和治理机制有效性等方面的影响，这成为本书研究的又一不足之处。例如，捐赠受益人是否是发起企业内部员工，捐赠项目所属地区是否是企业产品主要销售地区等。随着相关信息的披露日益规范和完整，这也会成为深入研究企业基金会具体运作及其影响的又一突破口。

本书对企业基金会内部治理机制的研究主要关注理事会和监事会的规模，以及女性成员比例等变量，囿于披露信息的局限和收集相关信息的困难度，而未对理事会和监事会的其他方面特征进行考察。随着企业基金会的信息披露趋于完整，下一步可以扩展到理事会和监事会成员个体属性层面进行研究。一方面，借鉴公司治理研究领域中的高阶理论，探讨企业基金会高层管理者个体层面的任职背景、年龄、学历背景、专业背景等，以及理事会团队异质性对其捐赠决策、运作绩效的影响。另一方面，根据社会网络理论，考察企业基金会高层管理者社会关系、政治关系等对其捐赠决策、运作绩效的影响，如理事长或者秘书长是否在其他社会组织内部任职、企业基金会高管是否曾任或现任官员等。此外，本书主要考察了外部审计这一最可能直接介入企业基金会内部进行审查、监督的外部治理机制的治理效应，未来研究还可以将媒体监督纳入研究框架。当然，本书企业基金会治理机制研究关注的是单一治理机制的治理效应，而两种或者两种以上治理机制之间的相互作用，如替代或者协助效应，也有待进一步考察。最后，本书主要关注的是企业基金会因由营利性企业发起设立而表现出与非公募基金会不同的捐赠行为特征和绩效水平，进而证实发起企业参与基金会运作存在“双刃剑”影响，并在这一情景下考察企业基金会治理机制的治理效应，而未从治理机制差异视角探究企业基金会与非公募基金会之间绩效水平存在差异的内在机理，这也是接下来着重研究的问题之一。

附录

企业基金会研究样本

上海华杰仁爱基金会
北京光华慈善基金会
南航“十分”关爱基金会
香江社会救助基金会
山西省葵花公益基金会
深圳市新浩爱心基金会
中远慈善基金会
西部阳光农村发展基金会
江苏新英慈爱基金会
安徽梦都慈善基金会
飞鹤乳业有限公司助学基金会
山西省潞安扶贫助学基金会
江苏国泰国际集团企业发展研究基金会
凯风公益基金会
江苏远东慈善基金会
江苏联创爱心基金会
南都公益基金会
云南省俊发教育扶贫基金会
中国人寿慈善基金会
腾讯公益慈善基金会
广东省豪爵慈善基金会
浙江海亮慈善基金会
天津市宏志教育基金会
常州罗溪南港港机慈善基金会
厦门建安慈善基金会
广东省易方达教育基金会
山西省西山慈善基金会
浙江省康恩贝慈善救助基金会
羚锐老区扶贫帮困基金会
辽宁省周延慈善基金会
人保慈善基金会
歌华文化创意产业发展基金会
广东省鹏峰慈善基金会
北京万通公益基金会
江苏振达帮困助学基金会
东风日产阳光关爱基金会
绍兴县中厦慈善基金会
江苏太平洋技工教育基金会

江苏兴达爱心基金会
江苏华夏慈善基金会
福建喜盈门慈善基金会
浙江中信金通教育基金会
江苏牛尾英才助学基金会
万科公益基金会
北京远洋之帆公益基金会
江苏捷安特自行车文体基金会
广东省绿景慈善基金会
安徽天徽慈善基金会
长江证券公益慈善基金会
荣成市大鱼岛福利基金会
江苏海澜教育发展基金会
通化矿业集团扶贫济困基金会
海仓慈善基金会
威盛信望爱公益基金会
国家电网公益基金会
浙江省网易慈善基金会
浙江省红黄蓝儿童慈善基金会
宏大青少年人才发展基金会
宁波华茂教育基金会
陕西宏府慈善基金会
招商局慈善基金会
浙江永强慈善基金会
浙江省娃哈哈慈善基金会
中国移动慈善基金会
兴发之星教师奖励基金会
福建省亚通助学助残基金会
宁夏黄河银行助学基金会
广东省顺丰慈善基金会
山西省华宇公益基金会
扬州市翔宇妇女儿童基金会
深圳市博时慈善基金会
南通泰慕士爱心基金会
江苏沙钢公益基金会
福建省兴业慈善基金会
宜兴振球慈善基金会
广东省钻石世家慈善基金会
广东省鹏城拥军优抚基金会
浙江正泰公益基金会
浙江圣爱慈善基金会
兴隆大家庭大病救助基金会
湖北省国中医药公益基金会
青岛市天泰公益基金会
华润慈善基金会
北京市阳光保险爱心基金会
吉林省神华社会救助基金会
湖北省全洲慈善公益基金会
新疆汇嘉十分孝心基金会
神华公益基金会
比亚迪慈善基金会
宋河老子国学教育基金会
烟台市枫林公益基金会
北京利星行慈善基金会
浙江省舟山中浪慈善基金会
湖南天龙慈善基金会
四川成都蓝光助学基金会
上海民生艺术基金会
广东省嘉宝莉助学基金会
河南省兴达爱心基金会
泛海公益基金会
江苏熔盛爱心基金会
江苏华佳关爱基金会
顶新公益基金会
湖北省新纪元公益基金会
山西省汾酒集团公益基金会
广发证券社会公益基金会
安利公益基金会

浙江华汇建设美好生活基金会
北京蔚蓝公益基金会
余姚市高级中学教育基金会
连云港正大天晴爱心基金会
安徽国祯爱心慈善基金会
浙江泰隆慈善基金会
上海华信公益基金会
深圳市佳兆业公益基金会
江苏中南慈善基金会
亿利公益基金会
永恒慈善基金会
新疆溢达杨元龙教育基金会
河南省中原发展研究基金会
广东省海鸥文教基金会
温州百润教育基金会
卓如医疗慈善救助基金会
广东省南方基金慈善基金会
浙江安正慈善基金会
宁波鄞州银行公益基金会
浙江圣奥慈善基金会
吉林省春雨仁爱基金会
中原老龄产业发展基金会
阿里巴巴公益基金会
上海国泰君安社会公益基金会
丹东市双灵慈善基金会
深圳市花样盛年慈善基金会
深圳市华会所生态环保基金会
富源县雄达教育基金会
北京中金公益基金会
湖南省步步高福光慈善基金会
深圳市华强公益基金会
汇丰兴业集团公益基金会
北京启明星辰慈善公益基金会
东风公益基金会
山西省恒富助学奖学基金会
深圳市 TCL 公益基金会
青海省天佑德教育基金会
中国海油海洋环境与生态保护公益基金会
北京梦无缺慈善基金会
深圳市同维爱心公益基金会
浙江盛威普世慈善基金会
浙江嘉兴南湖国际教育基金会
紫金矿业慈善基金会
浙江富通感恩慈善基金会
上海复星公益基金会
南山老龄事业发展基金会
富中教育集团教育发展基金会
浙江宏达教育基金会
浙江省实方慈善基金会
中兴通讯公益基金会
包商银行公益基金会
白山发电厂爱心救助基金会
浙江华坤教育基金会
重庆协信公益基金会
山西省通力达司法救济基金会
山西省德盛昌慈善基金会
思利及人公益基金会
河南省原动力公益基金会
浙江硕源教育基金会
广东省大成慈善基金会

参考文献

[1] [美] W. 理查德·斯格特:《组织理论:理性、自然和开放系统》,黄洋译,华夏出版社2002年版。

[2] [美] 彼得·德鲁克:《非营利组织的管理》,吴振扬译,机械工业出版社2007年版。

[3] 陈丽红、张龙平:《慈善基金会特征、审计师选择与捐赠决策》,载于《审计研究》2014年第5期。

[4] 程昔武、朱小平:《非营利组织治理结构:特征分析与框架构建》,载于《审计与经济研究》2008年第5期。

[5] 胡建锋:《基于利益相关者理论的我国非营利组织治理机制的构建》,载于《湖北社会科学》2012年第4期。

[6] 黄速建、余菁:《国有企业的性质、目标与社会责任》,载于《中国工业经济》2006年第2期。

[7] 贾生华、陈宏辉、田传浩:《基于利益相关者理论的企业绩效评价——一个分析框架和应用研究》,载于《科研管理》2003年第4期。

[8] 况学文、陈俊:《董事会性别多元化、管理者权力与审计需求》,载于《南开管理评论》2011年第8期。

[9] 李健、陈传明:《企业家政治关联、所有制与企业债务期限结构——基于转型经济制度背景的实证研究》,载于《金融研究》2013年第3期。

[10] 李晗、张立民、汤胜:《媒体监督能影响基金会绩效吗?——来自我国的初步经验证据》,载于《审计研究》2015年第2期。

[11] 李维安:《公司治理学(第二版)》,高等教育出版社2009年版。

[12] 李维安:《社会组织治理转型:从行政型到社会型》,载于《南开管理评论》2015年第2期。

[13] 李维安、郝臣：《中国上市公司监事会治理评价实证研究》，载于《上海财经大学学报》2006 年第 3 期。

[14] 李维安、王鹏程、徐业坤：《慈善捐赠、政治关联与债务融资——民营企业与政府的资源交换行为》，载于《南开管理评论》2015 年第 1 期。

[15] 刘春湘：《非营利组织治理结构研究》，中南大学，2006。

[16] 刘丽珑：《我国非营利组织内部治理有效吗——来自基金会的经验证据》，载于《中国经济问题》2015 年第 2 期。

[17] 刘宏鹏：《非营利组织理事会角色与责任研究——基于中美比较分析的视角》，载于《南开管理评论》2006 年第 1 期。

[18] 李新天、易海辉：《公益慈善中的代理问题及其治理——以企业基金会为视角》，载于《浙江工商大学学报》2015 年第 4 期。

[19] 刘有贵、蒋年云：《委托代理理论述评》，载于《学术界》2006 年第 1 期。

[20] 马迎贤：《组织间关系：资源依赖视角的研究综述》，载于《管理评论》2005 年第 2 期。

[21] 沈煜、佟仁城：《美国国家科学基金会审计监督制度对我国的启示》，载于《科研管理》2009 年第 4 期。

[22] 疏礼兵：《基于需要满足的民营企业社会责任行为动机研究》，载于《软科学》2012 年第 8 期。

[23] 苏蕊芯、仲伟周：《基于企业性质的社会责任履责动机差异及政策含义》，载于《财经理论与实践》2011 年第 32 期。

[24] 汪凤桂、欧晓明、胡亚飞等：《慈善捐赠与企业财务绩效关系研究——对 345 家上市公司的实证分析》，载于《华南农业大学学报（社会科学版）》2011 年第 1 期。

[25] 王鹏、周黎安：《中国上市公司外部审计的选择及其治理效应》，载于《中国会计评论》2006 年第 2 期。

[26] 温素彬、方苑：《公司社会责任与财务绩效关系的实证研究——利益相关者视角的面板数据分析》，载于《中国工业经济》2008 年第 10 期。

[27] 徐传谌、邹俊：《国有企业与民营企业社会责任比较研究》，载于《经济纵横》2011 年第 10 期。

[28] 徐晞、叶民强：《从公司治理到非营利组织法人治理：基于理论基础比较研究》，载于《生产力研究》2008 年第 22 期。

[29] 颜克高：《公益基金会的理事会特征与组织财务绩效研究》，载于《中国经济问题》2012 年第 1 期。

[30] 颜克高、陈晓春：《非营利组织信息披露机制的理论构建》，载于《华东经济管理》2010 年第 12 期。

［31］颜克高、罗欧琳：《关联理事的筹资效应：基于高校教育基金会与校友会的关系研究》，载于《中国非营利组织》2015 年第 1 期。

［32］颜克高、薛钱伟：《非营利组织理事会治理与财务绩效研究》，载于《商业研究》2013 年第 10 期。

［33］杨平波：《产权视角下非公募慈善基金会信息披露探讨》，载于《财会月刊》2010 年第 15 期。

［34］于东智、池国华：《董事会规模、稳定性与公司绩效：理论与经验分析》，载于《经济研究》2004 年第 4 期。

［35］曾颖、叶康涛：《股权结构代理成本与外部审计需求》，载于《会计研究》2005 年第 10 期。

［36］张川、娄祝坤、高新梓：《国有企业社会责任与财务绩效的实证研究》，载于《会计之友》2012 年第 31 期。

［37］张春敏、刘文纪：《从国有企业的性质看国有企业的社会责任》，载于《前言》2007 年第 12 期。

［38］赵存丽．企业社会责任对财务绩效的影响研究——基于企业性质视角．东北财经大学，2014。

［39］赵俊男．中国慈善事业治理研究．吉林大学，2013。

［40］张立民、曹丽梅、李晗：《审计在基金会治理中能够有效发挥作用吗?》，载于《南开管理评论》2012 年第 2 期。

［41］张立民、李晗：《非营利组织公共危机救助活动审计制度安排与创新：中国红十字基金会抗震救灾审计的案例研究》，载于《审计研究》2009 年第 3 期。

［42］张立民、李晗：《我国基金会内部治理机制有效吗?》，载于《审计与经济研究》2013 年第 2 期。

［43］张敏、张胜、王成方、申慧慧：《政治关联与信贷资源配置效率——来自我国民营上市公司的经验证据》，载于《管理世界》2010 年第 11 期。

［44］张冉：《社会转型期我国非营利组织声誉研究：危机溯源与重塑路径》，载于《浙江大学学报》2014 年第 1 期。

［45］郑杲娉、徐永新：《慈善捐赠、公司治理与股东财富》，载于《公司治理》2011 年第 2 期。

［46］Aggarwal R. K.，Evans M.，Nanda D. Nonprofit Boards：Size，Performance and Managerial Incentives. *Journal of Accounting and Economics*，Vol. 53，No. 1/2，September 2011，pp. 466－487.

［47］Akaah I. P.，Differences in Research Ethics Judgments Between Male and Female Marketing Professionals. *Journal of Business Ethics*，Vol. 5，No. 8，May 1989，pp. 375－381.

[48] Alhumaid S., The Nonprofit Sector: Comments on Recent Scholarly Contributions. *Public Administration Review*, Vol. 73, No. 1, January 2013, pp. 197 – 203.

[49] Allen F., Qian J., Qian M., Law, Finance, and Economic Growth in China. *Journal of Financial Economics*, Vol. 77, No. 1, April 2005, pp. 57 – 116.

[50] Anheier H. K., Foundations in Europe: A Comparative Perspective. Civil Society Working Paper, No. 18, 2001.

[51] Atkinson L., Galaskiewicz J. Stock Ownership and Company Contributions to Charity. *Administrative Science Quarterly*, Vol. 33, No. 1, March 1988, pp. 82 – 100.

[52] Babiak K., Thibault L. Challenges in Multiple Cross – Sector Partnerships. *Non – Profit and Voluntary Sector Quarterly*, Vol. 38, No. 1, December 2009, pp. 177 – 143.

[53] Baker W. E., Market Networks and Corporate Behavior. *American Journal of Sociology*, Vol. 96, No. 3, November 1990, pp. 589 – 625.

[54] Barnea A., Haugen R. A., Senbet L. W. Market Imperfections, Agency Problems, and Capital Structure: A Review. *Financial Management*, Vol. 10, No. 3, Summer 1981, pp. 7 – 22.

[55] Blair M. M., For Whom Should Corporation is Run: An Economic Rationale for Stakeholder Management. *Long Range Planning*, Vol. 31, No. 2, April 1998, pp. 195 – 200.

[56] Bormann C. J. Effectiveness in Company – Sponsored Foundations: A Utilization of the Competing Values Framework. University Of North Texas, 1984.

[57] Bowen F., Newenham – Kahindi A., Herremans I., When Suits Meet Roots: The Antecedents and Consequences of Community Engagement Strategy. *Journal of Business Ethics*, Vol. 95, No. 2, January 2010, pp. 297 – 318.

[58] Bradshaw P., Murray V., Wolpin J., Do Nonprofit Boards Make a Difference? An Exploration of the Relationship Among Board Structure, Process, and Effectiveness. *Nonprofit and Voluntary Sector Quarterly*, Vol. 21, No. 3, September 1992, pp. 227 – 249.

[59] Brayden K. G., Whetten D., A Social Identity Formulation of Organizational Reputation and Legitimacy. *Corporate Reputation Review*, Vol. 11, No. 3, 2008, pp. 192 – 207.

[60] Bronn P. S., Vidaver – Cohen D., Corporate Motives for Social Initiative: Legitimacy, Sustainability, or the Bottom Line? *Journal of Business Ethics*, Vol. 87, No. 1, June 2009, pp. 91 – 109.

[61] Brown W. A., Exploring the Association Between Board and Organizational Performance in Nonprofit Organizations. *Nonprofit Management and Leadership*, Vol. 15, No. 3, March 2005, pp. 317 – 339.

[62] Brown W. O., Helland E., Smith J K., Corporate Philanthropic Practices. *Journal of Corporate Finance*, Vol. 12, No. 5, January 2006, pp. 855 – 877.

[63] Burt R. S. , Corporate Philanthropy as a Cooptive Relation. *Social Forces*, Vol. 62, No. 2, 1983, pp. 419 - 449.

[64] Callen J. L. , Falk H. , Agency and Efficiency in Nonprofit Organizations: The Case of "Specific Health Focus" Charities. *The Accounting Review*, Vol. 62, No. 1, 1993, pp. 48 - 65.

[65] Callen J. L. , Klein A. , Tinkelman D. Board Composition, Committees, and Organizational Efficiency: The Case of Nonprofits. *Nonprofit and Voluntary Sector Quarterly*, Vol. 32, No. 4, December 2003, pp. 493 - 520.

[66] Callen J. L. , Klein A. , Tinkelman D. , The Contextual Impact of Nonprofit Board Composition and Structure on Organizational Performance: Agency and Resource Dependence Perspectives. *Volunters: International Journal of Voluntary and Nonprofit Organizations*, Vol. 21, No. 1, March 2010, pp. 101 - 125.

[67] Choi J. H. , Wong T J. Auditors' Governance Functions and Legal Environments: An International Investigation. *Contemporary Accounting Research*, Vol. 24, No. 1, November 2007, pp. 13 - 46.

[68] Carroll A. B. , A Three - Dimensional Conceptual Model of Corporate Performance. *Academy of Management Review*, Vol. 4, No. 4, October 1979, pp. 497 - 505.

[69] Carroll A. B. , The Pyramid of Corporate Social Responsibility: Towards the Moral Management of Organization Stakeholders. *Business Horizons*, Vol. 34, No. 4, July - August 1991, pp. 39 - 48.

[70] Datar S. , Feltham G. , Hughes J. , The Role of Audits and Audit Quality in Valuing New Issues. *Journal of Accounting and Economics*, Vol. 14, No. 1, March 1991, pp. 3 - 49.

[71] De Jong A. , Veld C. , An Empirical Analysis of Incremental Capital Structure Decisions Under Managerial Entrenchment. *Journal of Banking and Finance*, Vol. 25, No. 10, July 2001, pp. 1857 - 1895.

[72] Deangelo L. E. , Auditor Independence, 'Low Balling', and Disclosure Regulation. *Journal of Accounting & Economics*, Vol. 3, No. 2, August 1981, pp. 113 - 127.

[73] Defond M. L. , The Association Between Changes in Client Firm Agency Costs and Auditor Switching. *Auditing - A Journal of Practice & Theory*, Vol. 11, No. 1, 1992, pp. 16 - 31.

[74] Defond M. L. , Wong T. J. , Li S. , The Impact of Improved Auditor Independence on Audit Market Concentration in China. *Journal of Accounting and Economics*, Vol. 28, December 2000, pp. 269 - 305.

[75] Dye R. A. , Auditing Standards, Legal Liability, and Auditor Wealth. *Journal of Political Economy*, Vol. 101, No. 5, October 1993, pp. 887 - 914.

[76] Emery F. E. , Trist E. , The Causal Texture of Organizational Environments. *Human*

Relations, Vol. 18, No. 1, 1965, pp. 21 – 32.

[77] Emerson R. M., Power – Dependence Relations. *American Sociological Review*, Vol. 27, No. 1, 1962, pp. 31 – 41.

[78] Fama E. F., Jenson M. C., Separation of Ownership and Control. *Journal of Law and Economics*, Vol. 26, No. 2, June 1983, pp. 301 – 325.

[79] Fama E. F., Jenson M. C., Agency Problems and Residual Claims. *Journal of Law & Economics*, Vol. 26, No. 2, June 1983, pp. 327 – 349.

[80] Fan J. P. H., Wong T. J., Do External Auditors Perform a Corporate Governance Role in Emerging Markets? Evidence from East Asia. *Journal of Accounting Research*, Vol. 43, No. 1, December 2005, pp. 35 – 72.

[81] Feng X. M., China's Charitable Foundations: Development and Policy – Related Issues. *The Chinese Economy*, Vol. 48, No. 2, April 2015, pp. 130 – 154.

[82] Fombrun C. J., Gardberg N. A., Barnett M. L., Opportunity Platforms and Safety Nets: Corporate Citizenship and Reputational Risk. *Business Society Review*, Vol. 105, No. 1, February 2000, pp. 85 – 106.

[83] Fombrun C. J., Shanley M., What's in a Name? Reputation Building and Corporate Strategy. *Academy of Management Journal*, Vol. 33, No. 2, June 1990, pp. 233 – 258.

[84] Fondas N., Sassalos S., A Different Voice in The Boardroom: How the Presence of Women Directors Affects Board Impudence Over Management. *Global Focus*, No. 1, January 2000, pp. 13 – 22.

[85] Freeman R. E., Reed D., Stockholders and Stakeholders: A New Perspective on Corporate Governance. *California Management Review*, Vol. 25, No. 3, 1983, pp. 88 – 106.

[86] Froelich K. A., Diversification of Revenue Strategies: Evolving Resource Dependence in Nonprofit Organizations. *Nonprofit & Voluntary Sector Quarterly*, Vol. 28, No. 3, Sepetember 1999, pp. 246 – 268.

[87] Frooman J., Stakeholder Influence Strategies. *Academy of Management Review*, Vol. 24, No. 2, 1999, pp. 191 – 205.

[88] Fry L. W., Meiners R. E., Corporate Contributions: Altruistic or For – profit? *Academy of Management Journal*, Vol. 25, No. 1, 1982, pp. 94 – 106.

[89] Galaskiewicz J., Colman S. M., Collaboration between Corporations and Nonprofit Organizations. *In The Nonprofit Sector*, (*2nd edn*). Yale University Press, 2006.

[90] Godfrey P. C., The Relationship Between Corporate Philanthropy and Shareholder Wealth: A Risk Management Perspective. *Academy of Management Review*, Vol. 30, No. 4, October 2005, pp. 777 – 798.

[91] Goerke J., Taking the Quantum Leap: Nonprofits are Now in Business: An Australian Perspective. *International Journal of Nonprofit and Voluntary Sector Marketing*, Vol. 8, No. 4, January 2003, pp. 317 - 327.

[92] Goh S. C., Managing Effective Knowledge Transfer: An Integrative Framework and Some Practical Implications. *Journal of Knowledge Management*, Vol. 6, No. 1, March 2002, pp. 23 - 30.

[93] Greening D. W., Turban D. B., Corporate Social Performance as a Competitive Advantage in Attracting a Quality Workforce. *Business & Society*, Vol. 39, September 2000, pp. 254 - 280.

[94] Grossman S., Hart O., The Costs and Benefits of Ownership: A Theory of Vertical and Lateral Integration. *Journal of Political Economy*, Vol. 94, No. 4, February 1986, pp. 691 - 719.

[95] Harris M., Raviv A., Capital Structure and the Informational Role of Debt. *Journal of Finance*, Vol. 45, No. 2, June 1990, pp. 321 - 349.

[96] Harris M., Raviv A., The Theory of Capital Structure. *Journal of Finance*, Vol. 46, No. 1, March 1991, pp. 297 - 355.

[97] Hart O. D., Moore J. Property Rights and Nature of the Firm. *Journal of Political Economy*, Vol. 98, No. 6, October 1990, pp. 1119 - 1158.

[98] Harvey C. R., Lins K. V., Roperd A. H., The Effect of Capital Structure When Expected Agency Costs are Extreme. *Journal of Financial Economics*, Vol. 74, No. 1, July 2004, pp. 3 - 30.

[99] Heald M., *The Social Responsibilities of Business*. Cleveland: Case Western Reserve University Press, 1970.

[100] Herlin H., Pedersen J. T., Corporate Foundations Catalysts of NGO - Business Partnerships? *Journal of Corporate Citizenship*, No. 50, 2013, pp. 58 - 90.

[101] Hillman A. J., Dalziel T., Boards of Directors and Firm Performance: Integrating Agency and Resource Dependence Perspective. *The Academy of Management Review*, Vol. 28, No. 3, July 2003, pp. 383 - 396.

[102] Huse M., Solberg A., Gender - Related Boardroom Dynamics: How Scandinavian Women Make and Can Make Contributions on Corporate Boards. *Women in Management Review*, Vol. 21, No. 1, January 2009, pp. 113 - 130.

[103] Ibrahim N. A., Angelidis J. P., The Corporate Social Responsiveness Orientation of Board Members: Are There Differences Between Inside and Outside Directors? *Journal of Business Ethics*, Vol. 14, No. 5, May 1995, pp. 405 - 410.

[104] Jegers M., On the Capital Structure of Non - Profit Organizations: A Replication

and Extension with Belgian Data. *Financial Accountability & Management*, Vol. 27, No. 1, February 2011, pp. 18 - 31.

[105] Jegers M., Verschueren I., On the Capital Structure of Non - Profit Organizations: An Empirical Study for Californian Organizations. *Financial Accountability & Management*, Vol. 22, No. 4, January 2007, pp. 309 - 329.

[106] Jensen M. C., Agency Cost of Free Cash Flow, Corporate Finance, and Takeovers. *American Economic Review*, Vol. 76, No. 2, May 1986, pp. 323 - 329.

[107] Jensen M. C., Eclipse of the Public Corporation. *Harvard Business Review*, Vol. 67, No. 5, September - October 1989, pp. 61 - 74.

[108] Jensen M. C., Meckling W., Theory of the Firm: Managerial Behavior, Agency Costs, and Ownership Structure. *Journal of Financial Economics*, Vol. 3, No. 4, July 1976, pp. 305 - 360.

[109] Jones C. L., Roberts A. A., Management of Financial Information in Charitable Organizations: The Case of Joint - Cost Allocations. *The Accounting Review*, Vol. 81, No. 1, January 2006, pp. 159 - 178.

[110] Kane N. M., Hospital Profits, a Misleading Measure of Financial Health. *Journal of American Health Policy*, Vol. 1, No. 1, January 1991, pp. 27 - 35.

[111] KietliŃska K., Mikołajczyk B., Corporate Foundations in Poland and Their Role in the Management of the Company. *Procedia - Social and Behavioral Sciences*, Vol. 150, No. 15, September 2014, pp. 993 - 1001.

[112] Kitching K., Audit Value and Charitable Organizations. *Account Public Policy*, Vol. 28, No. 6, November 2009, pp. 510 - 524.

[113] Koushyar J., Longhofer W., Roberts P. W., A Comparative Analysis of Company - Sponsored and Independent Foundations. *Sociological Science*, Vol. 22, No. 1, August 2013, pp. 582 - 596.

[114] Krishnan R., Yetman M. H., Yetman R. J., Expense Misreporting in Nonprofit Organizations. *The Accounting Review*, Vol. 81, No. 2, September 2006, pp. 399 - 420.

[115] KwieciŃska M., Corporate Foundation'S Relationship with the Founding Company and Its Role in Image Building and Corporate Community Involvement Progrommes. *Argumenta Oeconomica*, Vol. 35, No. 2, January 2015, pp. 169 - 184.

[116] Lindenberg M., Reaching Beyond the Family: New Nongovernmental Organization Alliances for Global Poverty Alleviation and Emergency Response. *Nonprofit and Voluntary Sector Quarterly*, Vol. 30, No. 3, September 2001, pp. 603 - 615.

[117] Magnus S. A., Smith D. G., Wheeler J. R. C., Agency Implications of Debt in

Not – For – Profit Hospitals: A Conceptual Framework and Overview. *Research in Healthcare Financing Management*, Vol. 8, No. 1, January 2003, pp. 7 – 17.

[118] Magnus S., Wheeler J. R., Smith D. G., The Association of Debt Financing with Not – For – Profit Hospitals' Operational and Capital Investment Efficiency. *Journal of Health Care Finance*, Vol. 30, No. 4, February 2004, pp. 33 – 45.

[119] Margolis J. D., Walsh J. P., Misery Loves Companies: Rethinking Social Initiatives by Business. *Administrative Science Quarterly*, Vol. 48, No. 2, June 2003, pp. 268 – 305.

[120] Minciullo M., Pedrini M., Knowledge Transfer Between For – Profit Corporations and Their Corporate Foundations: Which Methods are Effective? *Nonprofit Management & Leadership*, Vol. 25, No. 3, February 2015, pp. 215 – 234.

[121] Mindlin S. A., A Study of Governance Practices in Corporate Foundations. *Revista De Administração*, Vol. 47, No. 3, July – September 2012, pp. 461 – 472.

[122] Olson D. E., Agency Theory in the Not – For – Profit Sector: Its Role at Independent Colleges. *Nonprofit and Voluntary Sector Quarterly*, Vol. 29, No. 2, June 2000, pp. 280 – 296.

[123] O'Regan K., Oster S. M., Does the Structure and Composition of the Board Matter? The Case of Nonprofit Organizations. *Journal of Law, Economics, and Organization*, Vol. 21, No. 1, April 2005, pp. 205 – 227.

[124] Pablo A., Natalia M. C, Elena R. M., The Governance of Nonprofit Organizations: Empirical Evidence from Nongovernmental Development Organizations in Spain. *Nonprofit and Voluntary Sector Quarterly*, Vol. 40, No. 4, December 2011, pp. 588 – 604.

[125] Padanyi P., Gainer B., Peer Reputation in the Non – Profit Sector: Its Role in Nonprofit Sector Management. *Corporate Reputation Review*, Vol. 6, No. 3, October 2003, pp. 252 – 265.

[126] Parket I., Eibert H., Social Responsibility: The Underlying Factors. *Business Horizons*, Vol. 18, No. 4, February 1975, pp. 5 – 10.

[127] Pedrini M., Minciullo M., Italian Corporate Foundations and the Challenge of Multiple Stakeholder Interests. *Nonprofit Management & Leadership*, Vol. 22, No. 2, Winter 2011, pp. 173 – 197.

[128] Perrault E., Why Does Board Gender Diversity Matter and How Do We Get There? The Role of Shareholder Activism in Deinstitutionalizing Old Boy'S Networks. *Journal of Business Ethics*, Vol. 128, No. 1, January 2015, pp. 149 – 165.

[129] Petrovits C. M., Corporate – Sponsored Foundations and Earnings Management. *Journal of Accounting and Economics*, Vol. 41, No. 3, September 2006, pp. 335 – 362.

[130] Pfeffer J., Salancik G. R., *The External Control of Organizations: A Resource De-*

pendence Perspective. New York: Harper & Row Press, 1978.

[131] Porter M. E., Kramer M. R., The Competitive Advantage of Corporate Philanthropy. *Harvard Business Review*, Vol. 80, No. 12, December 2002, pp. 56 - 68.

[132] Porter M. E., Kramer M. R., Creating Shared Value. *Harvard Business Review*, Vol. 89, No. 1/2, January - February 2011, pp. 62 - 77.

[133] Pratt J. W., Zeckhauser R., Proper Risk Aversion. *Econometrica*, Vol. 55, No. 1, January 1987, pp. 143 - 154.

[134] Pridgen A., Wang K., The Role of Audit Committees in Nonprofit Organizations: An Empirical Investigation. Proceedings of the American Accounting Association, 2005.

[135] Ramanadham V. V., *The Economics of Public Enterprise*. New York: Routledge Publish Press, 1991.

[136] Rchardson G. B., The Organization of Industry. *Economic Journal*, Vol. 82, No. 8, 1972, pp. 2.

[137] Regan K., Oster S., Does Government Funding Alter Nonprofit Governance? Evidence from New York City Nonprofit Contractors. *Journal of Policy Analysis and Management*, Vol. 21, No. 4, June 2002, pp. 359 - 379.

[138] Rey - Garcia M., Martin - Cavanna J., Alvarez - Gonzalez L. I., Assessing and Advancing Foundation Transparency: Corporate Foundations as a Case Study. *Foundation Review*, Vol. 4, No. 3, October 2012, pp. 77 - 89.

[139] Rose C., Does Female Board Representation Influence Firm Performance? The Danish Evidence. *Corporate Governance*, Vol. 15, No. 2, March 2007, pp. 404 - 413.

[140] Rumsey G. G., White C., Strategic Corporate Philanthropic Relationships: Nonprofits' Perceptions of Benefits and Corporate Motives. *Public Relations Review*, Vol. 35, No. 3, May 2009, pp. 301 - 303.

[141] Salamon L. M., Anheier H. K., In Search of the Nonprofit Sector I: the Question of Definitions. *International Journal of Voluntary and Nonprofit Organization*, Vol. 3, No. 2, November 1992, pp. 125 - 151.

[142] Sansing R., Yetman R., Governing Private Foundations Using the Tax Law. *Journal of Accounting and Economics*, Vol. 41, No. 3, September 2006, pp. 363 - 384.

[143] Seifert B., Morris S. A., Bartkus B. R., Having, Giving, and Getting: Slack Resources, Corporate Philanthropy, and Firm Financial Performance. *Business and Society*, Vol. 43, No. 2, June 2004, pp. 135 - 161.

[144] Steinberg R., Profits and Incentive Compensation in Nonprofit Firms. *Nonprofit Management and Leadership*, Vol. 1, No. 2, Winter 1990, pp. 137 - 152.

[145] Stout W. D. , Materiality and Nonprofit Organizations: An Empirical Investigation of Materiality Thresholds of Financial Statement Users. Unpublished Doctoral Dissertation, University of South Florida, 1997.

[146] Thompson J. D. , Mcewen W. J. , Organizational Goals and Environment: Goal – Setting as an Interaction Process. *American Sociological Review*, Vol. 23, No. 1, February 1958, pp. 23 – 31.

[147] Tinkelman D. , An Empirical Study of the Effect of Accounting Disclosures Upon Donations to Nonprofit Organizations. Unpublished Doctoral Dissertation, New York University, 1996.

[148] Toepler S. , On the Problem of Defining Foundations in Comparative Perspective. *Nonprofit Management & Leadership*, Vol. 10, No. 2, Winter 1999, pp. 215 – 225.

[149] Trussel J. , Assessing Potential Accounting Manipulation: the Financial Characteristics of Charitable Organizations with Higher than Expected Program – Spending Ratios. *Nonprofit and Voluntary Sector Quarterly*, Vol. 32, No. 4, December 2003, pp. 616 – 634.

[150] Venable B. T. , Rose G. M. , Bush V D. , Gilbert F. W. , The Role of Brand Personality in Charitable Giving: An Assessment and Validation. *Journal of The Academy of Marketing Science*, Vol. 33, No. 3, June 2005, pp. 295 – 312.

[151] Walker E. T. , Signaling Responsibility, Deflecting Controversy: Strategic and Institutional Influences on the Charitable Giving of Corporate Foundations in the Health Sector. *Research in Political Sociology*, No. 21, October 2013, pp. 181 – 214.

[152] Wang J. , Coffey B. S. , Board Composition and Corporate Philanthropy. *Journal of Business Ethics*, Vol. 11, No. 10, October 1992, pp. 771 – 778.

[153] Watts R. , Zimmerman J. , Agency Problems, Auditing and the Theory of the Firm: Some Evidence. *Journal of Law and Economics*, Vol. 26, No. 3, October 1983, pp. 613 – 633.

[154] Weisbrod B. , Dominguez N. , Demand for Collective Goods in Private Nonprofit Markets: Can Fundraising Expenditures Help Overcome Free – Rider Behavior? *Journal of Public Economics*, Vol. 30, No. 1, June 1986, pp. 83 – 96.

[155] Werbel J. D. , Carter S. M. , The CEO's Influence on Corporate Foundation Giving. *Journal of Business Ethic*, Vol. 40, No. 1, September 2002, pp. 47 – 60.

[156] Westhues M. , Einwiller S. , Corporate Foundations: Their Role for Corporate Social Responsibility. *Corporate Reputation Review*, Vol. 9, No. 2, June 2006, pp. 144 – 153.

[157] Williams R. J. , Women on Corporate Boards of Directors and Their Influence on Corporate Philanthropy. *Journal of Business Ethics*, Vol. 42, No. 1, January 2003, pp. 1 – 10.

[158] Yermack D. , Higher Market Valuation of Companies with a Small Board of Direc-

tor. *Journal of Financial Economics*, Vol. 40, No. 1, February 1996, pp. 185 - 212.

[159] Yetman J., Demand for Charity Donations in Private Nonprofit Markets: The Case of the U. K. *Journal of Public Economics*, Vol. 40, No. 1, November 1989, pp. 187 - 200.

[160] Zald M. N., *Power in Organizations*. State of Tennessee: Vanderbilt University Press, 1970.